Prostitution in Recht und Gesellschaft

Würzburger Schriften zur Kriminalwissenschaft

Herausgegeben von Klaus Laubenthal

Band 19

PETER LANG

Frankfurt am Main · Berlin · Bern · Bruxelles · New York · Oxford · Wien

Katrin Malkmus

Prostitution in Recht und Gesellschaft

PETER LANG
Europäischer Verlag der Wissenschaften

Bibliografische Information Der Deutschen Bibliothek
Die Deutsche Bibliothek verzeichnet diese Publikation in der Deutschen Nationalbibliografie; detaillierte bibliografische Daten sind im Internet über <http://dnb.ddb.de> abrufbar.

Zugl.: Würzburg, Univ., Diss., 2004

Gedruckt auf alterungsbeständigem,
säurefreiem Papier.

D 20
ISSN 1618-078X
ISBN 3-631-53278-4

Printed in Germany 1 2 3 4 5 7

www.peterlang.de

Vorwort

Diese Arbeit lag im Sommersemester 2004 als Dissertation bei der Juristischen Fakultät der Universität Würzburg vor. Literatur und Rechtsprechung wurden bis März 2004 berücksichtigt.

Herrn Prof. Dr. Klaus Laubenthal sage ich für die umfassende Betreuung sowie die Aufnahme in die Reihe der „Würzburger Schriften zur Kriminalwissenschaft" herzlichen Dank.
Danken möchte ich ferner Herrn PD Dr. Helmut Baier für zahlreiche wertvolle Anregungen.
Christoph Holthusen danke ich für die tatkräftige Hilfe bei der Erstellung der Druckvorlage.
Besonderer Dank gebührt nicht zuletzt meinen Eltern, auf deren Unterstützung ich während Studium und Promotion stets zählen konnte.

Würzburg, im August 2004 Katrin Malkmus

Inhaltsverzeichnis

Abkürzungsverzeichnis

aA.	andere(r) Ansicht
abl.	ablehnend
Abs.	Absatz
AcP	Archiv für die civilistische Praxis
ADG	Antidiskriminierungsgesetz
a.F.	alte Fassung
Agisra	Arbeitsgemeinschaft gegen internationale sexuelle und rassistische Ausbeutung
AIDS	Acquired Immunodeficiency Syndrome
ALR	Allgemeines Preußisches Landrecht
Alt.	Alternative
a.M.	am Main
Anh.	Anhang
Anm.	Anmerkung
AO	Abgabenordnung
Art.	Artikel
AuA	Arbeit und Arbeitsrecht
AuR	Arbeit und Recht
AuslG	Ausländergesetz
BAG	Bundesarbeitsgericht
BAGE	Entscheidungen des Bundesarbeitsgerichtes
BayObLG	Bayerisches Oberstes Landesgericht
Bd.	Band
BFHE	Entscheidungen des Bundesfinanzhofs
BGB	Bürgerliches Gesetzbuch
BGBl.	Bundesgesetzblatt
BGH	Bundesgerichtshof
BGHSt	Entscheidungen des Bundesgerichtshofes in Strafsachen
BGHZ	Entscheidungen des Bundesgerichtshofes in Zivilsachen
BR-Drs.	Drucksache des Bundesrates
BSeuchenG	Bundesseuchengesetz
BT	Bundestag
BT-Drs.	Drucksache des Bundestags
BVerwG	Bundesverwaltungsgericht
BVerwGE	Entscheidungen des Bundesverwaltungsgerichts
bzw.	beziehungsweise
ders.	derselbe

DB	Der Betrieb
DM	Deutsche Mark
Diss.	Dissertation
DVAuslG	Verordnung zur Durchführung des Ausländergesetzes
DVBl	Deutsche Verwaltungsblätter
EGStGB	Einführungsgesetz zur Strafgesetzbuch
Erg.-Bd.	Ergänzungsband
EStG	Einkommensteuergesetz
etc.	et cetera
EU	Europäische Union
EuGH	Gerichtshof der Europäischen Gemeinschaften
EuR	Europarecht
EuZW	Europäische Zeitschrift für Wirtschaftsrecht
EWiR	Entscheidungen zum Wirtschaftsrecht
FamRZ	Ehe und Familie im privaten und öffentlichen Recht. Zeitschrift für das gesamte Familienrecht.
Fn.	Fußnote
GA	Goltdammer`s Archiv für Strafrecht
GastG	Gaststättengesetz
GeschlKrG	Gesetz zur Bekämpfung der Geschlechtskrankheiten
Gesundh.-Wesen	Das Gesundheitswesen
GewArch	Gewerbearchiv
GewO	Gewerbeordnung
GG	Grundgesetz für die Bundesrepublik Deutschland
GK-AuslR	Gemeinschaftskommentar zum Ausländerrecht
Halbs.	Halbsatz
HIV	Human immuno-deficiency virus/ humane Immunschwäche Viren
Hrsg.	Herausgeber
h.L.	herrschende Lehre
h.M.	herrschende Meinung
idR.	in der Regel
i.E.	im Ergebnis
IfSG	Infektionsschutzgesetz
iSd.	im Sinne der/ des
iSv.	im Sinne von
iVm.	in Verbindung mit

Jhdt.	Jahrhundert
JR	Juristische Rundschau
JuS	Juristische Schulung
JW	Juristische Wochenschrift
JZ	Juristenzeitung
KG	Kammergericht
KK	Karlsruher Kommentar zum Gesetz über Ordnungswidrigkeiten
krit.	kritisch
KritV	Kritische Vierteljahresschrift für Gesetzgebung und Rechtswissenschaft
LG	Landgericht
LK	Leipziger Kommentar zum Strafgesetzbuch
MDR	Monatsschrift für Deutsches Recht
Mrd.	Milliarden
MSchrKrim	Monatsschrift für Kriminologie und Strafrechtsreform
MüKo	Münchener Kommentar zum Bürgerlichen Gesetzbuch
n.Chr.	nach Christi Geburt
n.F.	neue Fassung
NJW	Neue Juristische Wochenschrift
Nr.	Nummer
NS	Nationalsozialisten
NStZ	Neue Zeitschrift für Strafrecht
NVwZ	Neue Zeitschrift für Verwaltungsrecht
NZA	Neue Zeitschrift für Arbeitsrecht
o.ä.	oder ähnliches
OLG	Oberlandesgericht
OWiG	Gesetz über Ordnungswidrigkeiten
PKS	Polizeiliche Kriminalstatistik
ProstG	Gesetz zur Regelung der Rechtsverhältnisse der Prostituierten
PrStGB	Preußisches Strafgesetzbuch
RG	Reichsgericht
RGBl.	Reichsgesetzblatt
Rn.	Randnummer

RStGB	Reichsstrafgesetzbuch
S.	Satz/ Seite
SGB	Sozialgesetzbuch
SK-StGB	Systematischer Kommentar zum Strafgesetzbuch
sog.	sogenannte(r)
StÄG	Strafrechtsänderungsgesetz
StGB	Strafgesetzbuch
StrRG	Gesetz zur Reform des Strafrechts
StVert	Strafverteidiger
StVStat	Strafverfolgungsstatistik
u.a.	unter anderem/ und andere
u.ä.	und ähnliches/ ähnliche
UN	United Nations
u.U.	unter Umständen
v.a.	vor allem
Var.	Variante
v.Chr.	vor Christi Geburt
Verf.	Verfasser/in
VG	Verwaltungsgericht
vgl.	vergleiche
Vorbem	Vorbemerkung
z.B.	zum Beispiel
ZFSH/SGB	Zeitschrift für Sozialhilfe und Sozialgesetzbuch
ZRP	Zeitschrift für Rechtspolitik
ZStW	Zeitschrift für die gesamte Strafrechtswissenschaft
z.T.	zum Teil

Einleitung

Prostitution ist in allen größeren deutschen Städten eine feste, oft traditionell in bestimmten Stadtteilen angesiedelte Erscheinung. Die konsumorientierte und von sexuellen Leitbildern geprägte Gesellschaft verfügt über ein vielfältiges Spektrum an Sexualdienstleistungsangeboten sämtlicher Preiskategorien. Prostituierte arbeiten etwa in Clubs, Massagesalons, Bordellen, auf der Straße oder in privaten Einrichtungen. Schätzungen zufolge werden ihre Leistungen von über einer Million Männern täglich in Anspruch genommen. Aufgrund dieses Ausmaßes stellt das „älteste Gewerbe" in der Bundesrepublik Deutschland einen Wirtschaftszweig mit erheblichem Anteil am Bruttosozialprodukt dar. Rund um den Gewerbezweig werden Milliardenumsätze erwirtschaftet[1], von denen nicht nur die am Prostitutionsgeschäft unmittelbar Beteiligten profitieren, sondern auch angrenzende Lokalitäten, Vermieter von Zimmern zur Prostitutionsausübung, die Alkohol-, Tabak-, Sexindustrie und nicht zuletzt der Staat in Form steuerlicher Einnahmen.

Ungeachtet dieser Tatsache handelt es sich bei der Sexualdienstleistungsbranche um einen Erwerbsbereich, der gegen zahlreiche Klischees, Vorurteile und Diskriminierungen sozialer wie rechtlicher Art zu kämpfen hat. Die rechtliche Diskriminierung Prostituierter stützte sich bis zum Beginn des 21. Jahrhunderts vor allem auf das Verdikt der Sittenwidrigkeit und das der Gemeinschaftsschädlichkeit. Als sittenwidrige Tätigkeit stellte Prostitution eine mit dem Anstandsgefühl aller billig und gerecht Denkenden unvereinbare Betätigung dar, die keinerlei Schutz durch die Rechtsordnung genoss. Diese Rechtsauffassung erschwerte Betroffenen massiv jede materielle und soziale Existenzsicherung, denn wesentliche im Prostitutionssektor abzuschließende Verträge – etwa die Vereinbarung zwischen Prostituierter und Freier über die Vornahme entgeltlicher sexueller Handlungen oder Arbeitsverträge zwischen Prostituierten und Bordellbetreibern – galten aufgrund der Sittenwidrigkeit ihres Inhalts als zivilrechtlich unwirksam. Die rechtliche Einordnung der Prostitution als „gemeinschaftsschädliche" bzw. „sozialschädliche" Tätigkeit beruhte auf einer Entscheidung des Bundesverwaltungsgerichts[2] aus dem Jahre 1965, in welcher das Gericht die in der Bundesrepublik Deutschland nicht strafbare Prostitutionsausübung ohne weitere Begründung dem Berufsverbrechertum gleichstellte. Die Rechtsprechung beschränkte sich jahrzehntelang darauf, die Prostitution schlagwortartig unter dem Verweis auf Sittenwidrigkeit und Sozialschädlichkeit aus dem rechtlich geschützten Bereich zu verbannen und ließ eine differenzierte Betrachtungsweise derselben in ihren vielfältigen Erscheinungsformen und Beweggründen regelmäßig vermissen.

---

[1] Vgl. BT-Drs. 14/4456, S. 5.

[2] BVerwGE 22, S. 286, 289.

Seit den achtziger Jahren des 20. Jahrhunderts, in denen sich die Situation Prostituierter im Zusammenhang mit der Aids-Problematik drastisch verschärfte, ist eine zunehmende Selbstorganisation und Gegenoffensive erkennbar[3]. In vielen deutschen Städten entstanden zu jener Zeit Prostituiertenselbsthilfegruppen[4], in denen sich Prostituierte - teilweise in Zusammenarbeit mit ausgestiegenen Prostituierten und Sozialarbeiterinnen - zusammenschlossen, um ihren Berufsstand zu vertreten und an der Beseitigung tradierter Vorurteile zu arbeiten. Die Projektarbeit der Selbsthilfegruppen gliedert sich meist in die beiden Bereiche der Selbsthilfe und der Öffentlichkeitsarbeit. Während der Selbsthilfeaspekt die Unterstützung und Beratung Prostituierter in all ihren Alltagsproblemen erfasst, besteht die Öffentlichkeitsarbeit aus Stellungnahmen zur Prostitution und der Interessenvertretung Prostituierter gegenüber Politikern, Medien und Verbänden[5]. Ziel aller Prostituiertenprojekte ist es, die rechtliche und soziale Diskriminierung abzubauen und die Anerkennung der Prostitution als Dienstleistung zu erreichen.
Der Beginn der Selbstorganisation erweist sich nicht nur als Zeichen eines neuen Selbstbewusstseins Prostituierter, er löste zugleich einen Prozess des Umdenkens aus. Im Jahre 1990 brachte die Bundestagsfraktion der Partei „Die Grünen" den in Zusammenarbeit mit verschiedenen Prostituiertenorganisationen erstellten Entwurf eines Gesetzes zur Beseitigung der rechtlichen Diskriminierung von Prostituierten in den Deutschen Bundestag ein[6]. Im Jahre 1996 legte die Deutsche Hurenbewegung - ein Zusammenschluss von Prostituiertenorganisationen verschiedener Städte - einen detailliert begründeten Reformvorschlag vor, der die vollständige berufliche Anerkennung sowie die Abschaffung sämtlicher Sondergesetze zur Prostitution beinhaltete. Nach Vorlage weiterer Gesetzesentwürfe zur Entdiskriminierung Prostituierter durch verschiedene Bundestagsfraktionen[7] mündete der Reformprozess schließlich im Erlass des am 1.1.2002 in Kraft getretenen Gesetzes zur Verbesserung der rechtlichen und sozialen Situation der Prostituierten (Prostitutionsgesetz). Das Gesetz befreite die Prostitution vom Verdikt der Sittenwidrigkeit und bezweckt, Prostituierten ein höheres Maß an rechtlicher und sozialer Sicherheit zu gewährleisten[8].
Die im modernen Industriezeitalter vielfältigen Erscheinungsformen der Prostitution, ihre rechtliche und soziale Entwicklung werden erst durch eine histori-

[3] Vgl. etwa: Biermann, 1982, Wir sind Frauen wie andere auch; Hübner/ Roper, 1988, Protest im Spitzenhöschen.
[4] So etwa Hydra als ältestes autonomes Prostituiertenprojekt der Bundesrepublik Deutschland oder die im Jahre 1984 gegründete Selbsthilfegruppe HWG („Huren wehren sich gemeinsam").
[5] Prostituiertenprojekt Hydra, Beruf: Hure, 1991, S. 168 ff.
[6] BT-Drs. 11/7140
[7] BT-Drs.14/ 4456 (Entwurf der Bundestagsfaktion der PDS); BT-Drs. 14/5958 (Entwurf der Bundestagsfraktionen von SPD und Bündnis 90/ Die Grünen).
[8] BT-Drs. 14/5958, S. 4.

sche Beleuchtung des Gewerbes verständlich, denn die jahrtausendlange Geschichte der Prostitution erweist sich zugleich als eine Geschichte von Reglementierungen, die den sexualmoralischen Vorstellungen der jeweiligen Epoche entsprechend angepasst wurden. Der erste Teil dieser Arbeit besteht daher in einem historischen und rechtshistorischen Überblick, der frühere Erscheinungsformen der Prostitution sowie rechtliche und soziale Beschränkungen, die das Gewerbe in der Vergangenheit erfuhr, aufzeigen soll. Teil 2 befasst sich unter besonderer Berücksichtigung der sich aus dem Prostitutionsgesetz ergebenden Rechtsänderungen mit gesetzlichen Bestimmungen zur Prostitution. Im Rahmen dieser Erörterungen stellt sich die Frage, inwieweit der deutsche Gesetzgeber sein Vorhaben, die rechtliche und soziale Situation von Prostituierten zu verbessern, tatsächlich umsetzte. Hier wird sich zeigen, dass die Rechtsordnung der Prostitutionsausübung nach wie vor straf- und ordnungsrechtliche Beschränkungen auferlegt, die mit der grundlegenden zivilrechtlichen Wertung des Prostitutionsgesetzes, welches Prostitution als schützenswerte, nicht mehr sittenwidrige Erwerbstätigkeit begreift, in Widerspruch stehen. Der 3. Teil vermittelt schließlich theoretisches Hintergrundwissen zu den verschiedenen in der Literatur vertretenen Prostitutionsbegriffen, den prostitutiven Erscheinungsformen sowie zur gesellschaftlichen und sozialen Bedeutung von Prostitution. Daneben greifen die Ausführungen auch verschiedene Theorien über die Ursachen der Prostitutionstätigkeit auf, die sich mitunter in der Bestätigung gängiger Vorurteile erschöpfen. Mit dem Anspruch der Wissenschaftlichkeit nährten vor allem ältere Erklärungsansätze das gesellschaftliche Stereotyp der Prostituierten als promiskes, wahl- und haltloses, indifferentes Opfer sozial unterprivilegierter Zustände.
Die Ausführungen in dieser Arbeit beziehen sich ausschließlich auf die freiwillige weiblich-heterosexuelle Prostitution. Die rechtlichen Erläuterungen lassen sich jedoch unproblematisch auf die Konstellationen der männlich-heterosexuellen bzw. der gleichgeschlechtlich männlichen oder weiblichen Prostitution übertragen. Die Bereiche von Zwangsprostitution, Menschenhandel, Beschaffungsprostitution sowie der Prostitution von Minderjährigen weisen spezifische Probleme auf.

Teil I:

Historischer und rechtshistorischer Überblick zur Prostitution

Die Beurteilung der Prostitutionsfrage bleibt wesentlich dem Wandel sittlicher Wertvorstellungen unterworfen. Ein Blick auf die geschichtliche Entwicklung zeigt, dass der gesellschaftliche und rechtliche Umgang mit dem Gewerbe stets die Sexualmoral einer Gesellschaft kennzeichnete. Die staatliche Reglementierung von Prostitution wurde in der Vergangenheit regelmäßig den Moralvorstellungen der jeweiligen Zeit angepasst.

A. Prostitution in der Antike

Die Geschichte der Prostitution lässt sich bis zur Antike zurückverfolgen. Zu jener Zeit existierten religiöse, gastliche und gewerbsmäßige Prostitution nebeneinander, wobei die gewerbsmäßige sich im Laufe der Zeit aus den beiden anderen Prostitutionsformen[9] entwickelte.

I. Orient

Erste Spuren der Prostitution fanden sich um 1400 v. Chr. in Babylon, wo sich zunächst religiöse und gastliche Prostitution etablierten.
Die religiöse Tempelprostitution basierte auf einem Fruchtbarkeitskult, der bereits erste gewerbsmäßige Züge beinhaltete. Nach einem Gesetz des Königs Hammurabi mussten sich alle jungen Babylonierinnen einmal in ihrem Leben zu Ehren der Götter in einem Tempel einem Fremden zum Geschlechtsverkehr hingeben, der ihnen zum Zeichen seiner Aufforderung ein Geldstück in den Schoß warf. Die Münzen galten als geheiligt und wurden später dem Priester übergeben. Der Sinn dieser in vielen alten Hochkulturen gebräuchlichen Fruchtbarkeitshandlung[10] bestand nach damaligen Vorstellungen in der Gunst der Götter und dem Segen des Priesters[11].
In etwa zeitgleich existierte die gastliche Prostitution als ein Relikt patriarchalischer Zeiten[12]. Die Frau war verpflichtet, sich jedem Fremden hinzugeben, der als Gast im Hause ihres Mannes weilte. Sie galt als Eigentum ihres Ehegatten,

---

9 Zu den heutigen Erscheinungsformen der Prostitution vgl. Teil 3, Punkt C.
10 Röhr, 1972, S. 25.
11 Dieses religiös-mythische Zeremoniell wird auch als „Melitta-Kult“ bezeichnet (dazu ausführlich Bloch, 1912, S. 77 ff.).
12 Feustel, 1993, S. 10; Röhr, 1972, S. 24.

an welchem dieser den Gast als Zeichen von Wertschätzung und Gastfreundschaft teilhaben ließ. Nach den Vorstellungen jener Zeit brachte dieses Ritual dem Hause Glück.
Das Charakteristikum der beiden antiken Prostitutionsformen bestand im Fehlen des Berufscharakters. Im Unterschied zur gewerbsmäßigen Prostitution verdienten die Frauen durch die Erbringung sexueller Leistungen nicht ihren Lebensunterhalt, sondern gaben sich dem anderen Geschlecht allein aufgrund eines Brauchtums hin[13]. In der zeitgenössischen Literatur besteht Einigkeit darüber, dass dem materiellen Moment im Rahmen des Prostitutionsbegriffs[14] eine entscheidende Bedeutung zukommt. Aus diesem Grunde erfolgt zum Teil der Hinweis, diese antiken Erscheinungsformen als Bestandteile eines bestimmten Zeremoniells könnten nicht unter den Prostitutionsbegriff im eigentlichen Sinne subsumiert werden[15].

II. Griechenland

Von Babylon breitete sich die Prostitution entlang des Mittelmeeres nach Griechenland aus, wo der griechische Gesetzgeber Solon (630 bis 560 v. Chr.) erste staatliche Bordelle errichtete[16]. Diese Maßnahme erfolgte aufgrund verschiedener Motive. Zum einen erkannte Solon, dass die Priesterschaft durch die religiöse Prostitution hohe Einkünfte erwirtschaftete. Diesen materiellen Vorteil wollte er auch dem Staat zukommen lassen[17]. Zum anderen glaubte er, durch die staatliche Institutionalisierung von Prostitution junge und unverheiratete Athenerinnen vor männlicher Belästigung schützen zu können, ohne dem männlichen Geschlecht die Möglichkeit zu versagen, Bedürfnisse nach außerehelichem Geschlechtsverkehr auszuleben[18]. Drittens war im antiken Griechenland die Homosexualität in Form der Knabenliebe[19] weit verbreitet, so dass er im Bordellwesen ein „Heilmittel gegen die Homosexualität" erblickte[20].
Das Prostitutionswesen der griechischen Antike unterschied drei verschiedene Prostitutionsformen. In den Staatsbordellen arbeiteten ausschließlich aus staatlichen Mitteln erworbene Sklavinnen, die ihre aus der Prostitution erzielten Einnahmen an den Staat abführten. Sie genossen keinerlei gesellschaftliches Anse-

[13] Röhr, 1972, S. 24.
[14] Zum Prostitutionsbegriff siehe Teil 3, Punkt A.
[15] Bernsdorf, 1971, S. 211 ff.
[16] Kahmann/ Lanzerath, 1981, S. 6.
[17] Dufour I, 1995, S. 54.
[18] Bloch, 1912, S. 225; Sorge, 1919, S. 153.
[19] Bei diesen Knaben handelte es sich nicht – wie man nach zeitgenössischem Sprachgebrauch vermuten könnte – um unmündige Kinder, sondern um geschlechtsreife junge Männer. Sexuelle Betätigungen mit Kindern waren auch im antiken Griechenland mit Strafe bedroht (Licht, 1959, S. 289).
[20] Bassermann, 1992, S. 15; Feustel, 1993, S. 19.

hen, standen jedem Bürger zu einem bestimmten Preis zur Verfügung und wurden sittenpolizeilich beobachtet. Als Zeichen der gesellschaftlichen Ausgrenzung mussten sie sich in einer bestimmten Weise kleiden, die sie für jedermann kenntlich machte[21]. Neben diesen „Dikteriaden" existierten die freien „Flötenspielerinnen", die ihre Kunden zusätzlich durch künstlerische Darbietungen animierten. Die höchste Rangstufe bildeten die geistig und gesellschaftlich hoch angesehenen Hetären[22]. Sie unterhielten häufig über längere Zeit andauernde Beziehungen zu den reichsten Männern Griechenlands.
Der Bordellbesuch – auch der eines verheirateten Mannes – galt zu jener Zeit nicht als anstößig, was sich im Wesentlichen auf das Eheverständnis der Griechen zurückführen lässt. Die Ehe wurde als Behinderung der persönlichen Freiheit betrachtet. Ihr Zweck bestand in erster Linie darin, der Pflicht zur Zeugung von Nachkommen zu genügen. Sexuelle Bedürfnisse stillte der Mann dagegen in der Öffentlichkeit[23].

III. Rom

Nach griechischem Vorbild etablierten sich auch in Rom allmählich Bordelle (Lupanare), die allerdings nicht unter staatlicher, sondern privater Leitung standen und sich in erster Linie außerhalb der Stadt in der Nähe der Stadtmauer befanden. Römische Moralisten erblickten in der Prostitution ein Sicherheitsventil. Sie argumentierten, das Gewerbe biete Junggesellen und Ehemännern die Gelegenheit, Neigungen nach vor- oder außerehelicher Sexualität bei „gefallenen Weibern" auszuleben, so dass die Ehe und ehrbare Bürgerinnen durch den Rückgriff auf Prostituierte geschützt würden[24]. Aufgrund der stetigen Zunahme an Prostitution erfolgte eine straffe Regelung und Organisation der Gewerbsunzucht[25]. Die Dirnen waren zur Einholung der „licentia stupri" verpflichtet, womit eine Eintragung und Besteuerung ihres Gewerbes einherging. Diese amtliche Erfassung schloss eine Bestrafung wegen Unzucht für die registrierten Frauen aus. Zudem existierten strenge Kleidervorschriften[26]. Die Dirne sollte sich schon rein optisch von der ehrbaren Römerin unterscheiden. Die Einhaltung der genannten Regelungen kontrollierte die römische Straßenpolizei, die zugleich auch mit der Wahrnehmung sittenpolizeilicher Aufgaben betraut war.
In zunehmendem Maße vollzog sich in Rom ein moralischer Verfall. Die Grenze zwischen Prostituierten und bürgerlichen Frauen verwässerte allmählich. Im

---

[21] Bassermann, 1992, S. 22; Feustel, 1993, S. 19.
[22] Bargon, 1982, S. 49; Blaschko in: Elster/ Conrad/ Lexis/ Loening, 1910, S. 1228.
[23] Röhr, 1972, S. 31.
[24] Hesse, 1968, S. 340; Middendorff, 1959, S. 280.
[25] Feustel, 1993, S. 33; Sorge, 1919, S. 211.
[26] Die Kleidervorschriften sahen für Dirnen Haube, blonde Perücke und rote Schuhe vor (Hanauer, 1919, S. 5).

Gegensatz zu Griechenland suchten sowohl Männer als auch Frauen sexuelle Befriedigung außerhalb der Ehe[27]. Um dieser Entwicklung Einhalt zu gebieten, erließ Kaiser Augustus neue Ehegesetze, in denen er den Ehebruch mit der Todesstrafe ahndete. Teilweise mussten sich des Ehebruchs ertappte Frauen zur Strafe auch öffentlich prostituieren[28]. Diese Regelungen vermochten die Sittenproblematik jedoch nicht zu lösen. Nach einer Zeit der Nichtbeachtung hob man sie schließlich wieder auf[29].

B. Sexualethik des frühen Christentums

Mit dem Einfluss des Christentums etablierte sich im Laufe der Zeit die christliche Sexualmoral. Das frühe Christentum konzentrierte sich stark auf das Jenseits. Das Leben sollte in Erwartung des Jüngsten Gerichts ganz auf geschlechtliche Enthaltsamkeit und Askese ausgerichtet werden. Sexualität galt nicht mehr als Naturkraft, sondern als mit dem ewigen Heil unvereinbares Teufelswerk. Wer sie dennoch praktizierte, durfte dies allenfalls innerhalb der Ehe. Die Ehe wurde als letztes Mittel gegenüber der Versuchung des Fleisches betrachtet. So heißt es im Korintherbrief[30]: „Heiraten ist gut, nicht heiraten besser. Um der Hurerei willen soll ein jeglicher sein eigenes Weib und eine jegliche ihren eigenen Mann haben." Auch der Sexualität von Ehepartnern blieben enge Grenzen gesetzt. In erster Linie erfüllte sie den Zweck der Kindeszeugung[31].
Aus den christlichen Forderungen und der Erhebung der Ehe zum Sakrament folgte, dass alle geschlechtlichen Beziehungen, denen die kirchliche Legitimation fehlte, mit Strafe bedroht waren. Sexualität und Sünde schienen untrennbar miteinander verbunden, und zum Sündenfall kam es durch eine Frau. Dementsprechend galt die Prostituierte unter der christlichen Ära als Sünderin, allerdings als eine solche, die gerettet werden konnte, wenn sie sich auf den richtigen, vom Christentum vorgezeichneten Weg begab. Als Reaktion auf diese christliche Weltanschauung gaben zahlreiche Prostituierte nach dem Vorbild der Maria Magdalena ihr Gewerbe auf und begannen ein zurückgezogenes, keusches Leben[32].
Mit der Prostitutionsfrage beschäftigten sich verschiedene kirchliche Konzilien, die dem Gewerbe ambivalent gegenüberstanden. Prostitution galt als notwendiges soziales Übel zum Schutz vor Gewalttaten und Ehebruch, das zwar nicht verhindert, aber doch zumindest eingedämmt oder verheimlicht werden kann.

---

[27] Röhr, 1972, S. 32.
[28] Bassermann, 1992, S. 56; Bauer, 1960, S. 95; Hanauer, 1919, S. 5.
[29] Borelli-Starck, 1957, S. 14.
[30] 1. Kor. 7, 38.
[31] Röhr, 1972, S. 35.
[32] Bassermann, 1992, S. 101; Hanauer, 1919, S. 6.

Diese Denkweise verdeutlicht eine Aussage des heiligen Augustinus, der anführte[33]: „Gibt es etwas Traurigeres, Niederträchtigeres und Abscheulicheres als Dirnen, Zuhälter und ähnliche Pest? Nichtsdestoweniger aber, unterdrücket die Prostitution und ihr werdet unsere Gesellschaft in Zügellosigkeit ertränken!“ Die Resultate der kirchlichen Konzilien beeinflussten die Gesetzgebung der christlichen Kaiser, die sich um eine Begrenzung der größten Auswüchse und eine scharfe Trennung der Prostitution von der bürgerlichen Welt bemühten. Die Kuppelei erfuhr als Quelle des Übels eine besonders harte Sanktion[34].

[33] Zitiert nach Hesse, 1968 S. 340.
[34] Borelli/ Starck, 1957, S. 15; Hanauer, 1919, S. 7.

C. Prostitution bei den Germanen

Bei den Germanen kam der Prostitution zunächst lediglich eine untergeordnete Bedeutung zu, was die historische Literatur auf verschiedene Ursachen zurückführt: Während der großen Völkerwanderungen musste jede Unterhaltsbelastung des umherziehenden Trosses vermieden werden, weshalb die Zahl der anwesenden Frauen eine deutliche Begrenzung erfuhr. Für die Inanspruchnahme von Prostitution fehlte es zu jener Zeit schon an ökonomischen Mitteln[35].
Darüber hinaus gestattete die lange Abwesenheit von zu Hause den Männern eine größere Promiskuität. Die Einengung durch eine bestehende Ehe war gering, so dass es bereits an dem Bedürfnis nach Prostitution gefehlt haben soll[36].
Historische Berichte schreiben den Germanen zudem ein besonders hohes Maß an Sittlichkeit zu. Die Geschlechtsehre der Frau galt in den meisten Stämmen viel und wurde teilweise mittels drakonischer Gesetze geschützt. Schon einfachste Liebkosungen, wie das Berühren von Hand oder Unterarm, unterlagen bestimmten Sanktionen. Eine Frau galt bereits als Hure, wenn sie außerhalb der Ehe mit einem Mann sexuell verkehrte[37]. Zumindest bei den Westgoten und den Franken existierten zur Zeit der Völkerwanderung strenge Gesetze gegen Prostituierte[38]. Die lex Ripuariorum (7. Jahrhundert) ahndete Prostitution und Kuppelei mit der Todesstrafe.
Durch den häufigen Umgang mit den ihnen unterlegenen Römern gaben die Germanen ihre strengen Sittlichkeitsvorstellungen im Laufe der Zeit allmählich auf[39]. Der zunehmende Handelsverkehr in den Städten, der daraus resultierende Wohlstand, die Ehelosigkeit des Klerus und der Lebensstil des Adels stellten hinsichtlich der Prostitution begünstigende Faktoren dar. Zur Zeit Karls des Großen war Prostitution noch verboten. Dies konnte die Entwicklung hin zu einer Ausbreitung der gewerbsmäßigen Unzucht jedoch nicht verhindern. Sie vollzog sich – ungeachtet aller Verbote - heimlich[40].

---

35 Sorge, 1919, S. 263.
36 Borelli-Starck, 1957 S. 16; Middendorff, 1959, S. 278.
37 Bargon, 1982, S. 52; Brinitzer, 1933, S. 7.
38 Middendorff, 1959, S. 278.
39 Hanauer, 1919, S. 7; Henne am Rhyn, 1918, S. 276; Hügel, 1865, S. 44.
40 Bauer, 1960, S. 103.

D. Prostitution im Mittelalter

I. Bedeutung der Prostitution

Im Mittelalter stellte Prostitution eine feste Institution dar. Die Duldung des Gewerbes basierte indirekt auf den Worten Thomas von Aquins[41], der anführte: „Die Prostitution gleicht der Kloake des Palastes, wenn sie beseitigt wird, wird der Palast ein unreiner, stinkender Ort.“ Prostitution galt folglich als unumgängliche soziale Einrichtung zur Vermeidung größerer Übel. Die mittelalterliche Sichtweise scheint dementsprechend von großer Zwiespältigkeit geprägt[42]. Prostitution war offiziell anerkannt, die Dirnen sogar in Zünften organisiert, was dem Gewerbe einen offiziellen und anerkannten Charakter verlieh. Andererseits zählten Prostituierte jedoch zur Gruppe der „unehrlichen Leute“, worunter die mittelalterliche Bevölkerung all diejenigen fasste, deren Erwerbstätigkeit zwar sozial erwünscht schien, deren Betreiber aber gleichzeitig gesellschaftliche Ächtung erfuhren. Für sie galten üblicherweise strengere Kleidungs-, Aufenthalts- und Verhaltensvorschriften[43]. Zudem durften die Dirnen keinerlei Luxussymbole, wie etwa Schmuck oder Samt, tragen. Diese für unehrliche Leute geltenden Sonderregelungen stellten Indikatoren der gesellschaftlichen Ausgrenzung dar, was auch von offizieller Seite ausdrücklich bestätigt wurde. Die Kleiderordnungen dienten „zu einem zeichen, damit man unterscheid unter frommen und bosen frauen habe“[44]. Die Farbe der Kleidung versinnbildlichte die Zugehörigkeit zu einer bestimmten Schicht. Nach einem Frankfurter Ratsbeschluss aus dem Jahre 1488 sollten sich die Dirnen so kleiden, dass man ihnen ihren Wert ansehen konnte[45]. In vielen mittelalterlichen Städten trugen Prostituierte gelbe Kleidung. Die Farbenlehren jener Zeit beinhalteten keinerlei Hinweise auf eine Beziehung zwischen der Farbe Gelb und Sexualität. Vielmehr galt Gelb als Farbe der damals geächteten Juden. Prostituierte sollten gleichsam den Juden ins gesellschaftliche Abseits gedrängt werden[46].

---

41 Zitiert nach Middendorff, 1959, S. 279.

42 Als Beispiel für den doppelmoralischen Umgang mit der Prostitution sei § 1 einer Hamburger Polizeiverordnung angeführt, die in etwa noch einer Hurenhausordnung aus dem Mittelalter entspricht: „Zuförderst sollen alle Bordellwirte, Wirtinnen und eingezeichneten Mädchen stets eingedenk sein, dass ihr an sich schändliches Gewerbe nur geduldet, nicht aber erlaubt oder gutgeheißen wird. Noch weniger dürfen sie sich beigehen lassen, zu glauben, oder vollends gegen anderer rechtliche darauf zu trotzen, als sei ihr Gewerbe, weil eine Abgabe von ihnen erhoben wird, mit anderen erlaubten Gewerben gleichzustellen (…)“ (zitiert nach Bauer, 1960, S. 106).

43 Borelli-Starck, 1957, S. 17; Gleß, 1999, S. 15; Kreuzer, 1989, S. 23.

44 Zitiert nach Schuster, 1995, S. 80.

45 Rudeck, 1905, S. 46.

46 Schuster 1992, S. 152.

Trotz ihres Status als „Unehrliche“ existierten bestimmte Schutzvorschriften zugunsten der Dirnen. Misshandlungen, Vergewaltigungen oder Körperverletzungen der Frauen stellten Delikte dar, die strafrechtliche Konsequenzen hervorriefen. Zudem besaßen sie - ganz im Gegensatz zur langjährigen Rechtspraxis in unserer Rechtsordnung[47] - einen Anspruch auf ihren „Dirnenlohn“[48]. Verschiedene Berichte sprechen sogar für eine partielle gesellschaftliche Einbindung Prostituierter. Insofern scheinen jedoch große regionale Unterschiede bestanden zu haben, denn auch die historische Literatur berichtet zum Teil widersprüchlich über gesellschaftliche Integration und Rechtsstellung der Dirnen[49]. In einigen Städten unterstanden sie der strengen Aufsicht des Henkers. Ein christliches Begräbnis wurde ihnen vorenthalten. Anderenorts wiederum besaßen sie Bürgerrechte und erschienen als geschlossene Gruppe auf offiziellen Stadtfesten[50].

II. Formen mittelalterlicher Prostitution

Die mittelalterliche Prostitution entwickelte sich vor allem zur Zeit der Kreuzzüge. Die Heere der Kreuzfahrer begleitete jeweils ein großer Dirnentross, weshalb zu jener Zeit sogar die Dienststellung des „Hurenweibels“ existierte, dem die Frauen unterstanden[51].
Einer für das Mittelalter charakteristischen Prostitutionsform gingen die „fahrenden Fräulein“[52] nach. Sie betrieben ihre Tätigkeit nicht an einer festen Örtlichkeit, sondern begaben sich stets in die Nähe großer Veranstaltungen, wie etwa Turnieren, Reichstagen oder Konzilien[53], wo einflussreiche und wohlhabende Männer angetroffen werden konnten. Am Konzil von Konstanz hielten sich mindestens siebenhundert Prostituierte auf[54].
Ein Großteil mittelalterlicher Prostitution fand in den Badehäusern statt, die bis in die Renaissance hinein einen allgemeinen Dreh- und Angelpunkt des öffentlichen Lebens darstellten[55]. Angehörige beider Geschlechter und jeden Alters trafen sich dort und badeten völlig unbekleidet. Angesichts der zu jener Zeit

---

[47] Dazu Punkt H.IV.2.b.
[48] Das Rechtsbuch Ruprechts von Freising (1328) enthielt eine zivilrechtliche Vorschrift hinsichtlich des Dirnenlohns (Brinitzer, 1933, S. 12).
[49] Dazu Schuster, 1992, S. 85.
[50] Dufour VI, 1995, S. 8; Hanauer, 1919, S. 9.
[51] Bassermann, 1992, S. 126; Dufour, VI 1995, S. 5.
[52] Die „fahrenden Leute“ waren im Mittelalter allgemein bekannt. Der Begriff „fahren“ bedeutete ein unstetes Leben führen bzw. wandern. Zu den „fahrenden Leuten“ gehörten insbesondere diejenigen, die für die Unterhaltung und Belustigung der Allgemeinheit sorgten, wie etwa Gaukler oder Musikanten (Henne am Rhyn, 1918, S. 281).
[53] Borelli-Starck, 1957, S. 17.
[54] Bauer, 1960, S. 109; Schuster, 1995, S. 20.
[55] Ausführlich zum mittelalterlichen Badewesen Rudeck, 1905, S. 1 ff.

herrschenden Freizügigkeit erwies sich das Knüpfen sexueller Kontakte als leicht. Trotz der Existenz zahlreicher Vorschriften, die den Dirnen den Einlass zu den Badehäusern versagten, handelte es sich bei jenen letztlich um bordellartige Einrichtungen, zu deren üblicher Ausstattung meist auch Betten und Zimmer gehörten[56].
Das weitaus bedeutendste Zentrum mittelalterlicher Prostitution bildeten jedoch die Frauenhäuser[57]. Sie standen im Eigentum der Städte oder Landesherren und wurden von diesen für einen wöchentlichen Zins an so genannte Frauenwirte, aber auch an Adelige oder geistliche Würdenträger verpachtet. Im Gegensatz zu späteren Jahrhunderten kam der Straßenprostitution[58] im Mittelalter kaum eine Bedeutung zu. Prostitution sollte aus ordnungspolitischen Gründen primär in den Frauenhäusern stattfinden, damit der Rat der Stadt oder städtische Beamte das Gewerbe besser überwachen und eine klare Trennung zwischen ehrbaren Bürgern und Prostituierten gewährleistet werden konnte[59]. Die innere Organisation der Frauenhäuser regelten eigens von den Städten erlassene Frauenhausordnungen, deren Beachtung dem Verantwortungsbereich der Frauenwirtinnen und -wirte oblag. Im Einzelnen sahen die Hausordnungen etwa vor, dass keine verheirateten oder einheimischen Frauen ins Bordell aufgenommen werden dürfen. Ehemännern, Juden und meist auch Priestern verboten sie den Zutritt. Die Wirte mussten geloben, die bei ihnen tätigen Frauen freundlich zu behandeln und sie nicht zu sehr in ihrer persönlichen Freiheit zu beschränken. Eine ausstiegswillige Dirne durfte das Bordell jederzeit gegen Zahlung von Kost- und Wohngeld verlassen und zu einem bürgerlichen Leben zurückkehren[60].
Innerhalb der Frauenhäuser herrschte eine gesellige Atmosphäre. Historischen Berichten zufolge begaben sich Besucher nicht allein der sexuellen Dienstleistungen wegen dorthin, sondern auch dann, wenn sie den Wunsch nach Gesellschaft und Unterhaltung verspürten[61]. Empfing die Stadt hohen Besuch, so entsprach es der üblichen Gewohnheit jener Zeit, diesen ins Frauenhaus zu bringen[62].

---

[56] Rossiaud, 1989, S. 13.
[57] „Frauenhaus“ war die Bezeichnung des mittelalterlichen deutschen Bordells.
[58] Dazu Teil 3, Punkt C.I.
[59] Hanauer, 1919, S. 8; Rossiaud, 1989, S. 47; Schuster, 1992, S. 41 ff.
[60] Hanauer, 1919, S. 9. Die praktische Umsetzung dieses verbrieften Rechts auf jederzeitigen Ausstieg wird jedoch zum Teil stark bezweifelt. Viele Prostituierte gerieten bei ihrem Frauenwirt in schuldnerische Abhängigkeit und durften das Frauenhaus erst nach vollständiger Begleichung ihrer Schulden verlassen (Schuster 1992, S. 90).
[61] Schuster, 1992, S. 64 ff.
[62] Bauer, 1960, S. 105; Middendorff, 1959, S. 279.

III. Prostitution und Strafrecht

Im frühen Mittelalter war Prostitution noch strafbar[63]. Mit fortschreitender Änderung sexualmoralischer Wertvorstellungen, die sich vor allem auf die Zunahme des Handels, das Aufblühen der Städte und den erhöhten Wohlstand zurückführen lässt, änderte sich auch die strafrechtliche Behandlung der Unzuchtsdelikte durch den Gesetzgeber. Prostitution als solche galt nicht mehr als strafbar[64]. Vielmehr erfolgte eine Differenzierung zwischen dem Verkehr mit einer unbescholtenen bzw. verheirateten Frau und dem mit einer Prostituierten. Sachsen- und Schwabenspiegel bedrohten zwar den Ehebruch mit Enthauptung, enthielten jedoch keinerlei rechtliche Regelungen zur Prostitution. Auch die mittelalterlichen Stadtrechte tolerierten die Prostitution, sanktionierten jedoch Verstöße Prostituierter gegen bestimmte Reglementierungen, wie Aufenthalts- oder Kleidervorschriften. Nach dem Augsburger Stadtrecht Rudolf von Habsburgs aus dem Jahre 1276 mussten sich Prostituierte etwa der Aufsicht des Scharfrichters unterordnen und durften sich während der Fastenzeit sowie in der Nacht von Samstag auf Sonntag nicht in der Stadt aufhalten. Etwas anderes galt nur dann, wenn die Stadt hohen Besuch erwartete. Verstöße gegen diese Bestimmungen konnten mit dem Abschneiden der Nase geahndet werden[65]. Die Kuppelei war nur dann strafbar, soweit es sich nicht um die obrigkeitlich geduldete Unzucht handelte[66].

---

[63] In den Kriegsgesetzen Friedrich I. Barbarossa existierte eine Bestimmung, die besagte: „Niemand soll ein Weib in seinem Quartier haben. Wer es aber trotzdem wagt, sich eins zu halten, dem soll man seine Rüstung fortnehmen und ihn für exkommuniziert betrachten. Dem Weibe aber wird die Nase abgeschnitten". (Zitiert nach Brinitzer, 1933, S. 9).

[64] His, 1935, S. 145.

[65] Brinitzer, 1933, S. 12.

[66] His, 1935, S. 162.

E. Versuch einer Ausrottung im 16. und 17. Jahrhundert

Nachdem die Frauenhäuser im 14. und 15. Jahrhundert ihre Blütezeit erlebten, vollzog sich zum 16. Jahrhundert schließlich das Ende des städtischen Bordellwesens. Die mittelalterliche Kultur mit ihrem freizügigen Verkehr in Bade- und Frauenhäusern änderte sich grundlegend. Bereits zum Ende des Mittelalters war eine deutliche Verschärfung sittlicher Wertvorstellungen zu verzeichnen, was sich auf zwei, in etwa zeitgleich eintretende Begebenheiten zurückführen lässt: den Beginn der Reformation sowie die drastische Ausbreitung der Syphilis in Europa. Welches dieser beiden Ereignisse den zentralen Grund für die Bekämpfung der Prostitution darstellt, ist in der historischen Literatur umstritten[67].

I. Sexualmoralischer Einfluss der Reformation

Mit dem Einsetzen der Reformation erfolgte ein grundlegender Wandel der Sexualideologie[68]. Assoziierte das Christentum Sexualität mit Sünde und duldete es die Institution der Prostitution allein in ihrer Ventilfunktion, so vertrat Luther als maßgeblicher Reformator die Auffassung, es sei widersinnig, die Geschlechtlichkeit des Menschen zu leugnen. Keuschheitsforderung und kirchliches Zölibat ließen nur die Flucht in die Sünde. Sexualität gehörte nach Luther zur menschlichen Natur, allerdings sollte sie ausschließlich innerhalb der Sexualgemeinschaft der Ehe stattfinden. Nur dort sei es möglich, den Geschlechtsverkehr mit der notwendigen Ehrfurcht und Keuschheit zu vollziehen[69]. Dieses Verständnis von Sexualität ließ innerhalb der Gesellschaft keinen Platz für Prostitution. In seiner Schrift „An den christlichen Adel der deutschen Nation" sprach sich Luther ausdrücklich gegen die Existenz der Frauenhäuser aus. So schrieb er[70]: „Ist das nicht ein jämmerlich Ding, dass wir Christen unter uns sollen halten freie, gemeine Frauenhäuser; so wir alle sind zu Keuschheit getauft?" Die Betrachtungsweise von der Prostitution als notwendiges Übel zum Schutze ehrbarer Frauen teilte er nicht: „Ich weiß wohl, was etliche dazu sagen (...) besser ein solches, denn eheliche und Jungfrauen-Personen oder noch ehrlichere zu Schanden machen. Sollten aber hier nicht bedenken weltlich und christlich Regiment, wie man demselben nicht mit solcher heidnischen Weise möchte zuvorkommen."[71]

Luthers Überzeugung entsprechend besaß der Mensch als Teil der göttlichen Schöpfung die Fähigkeit, Gottes Gebote zu erfüllen. Da sich die Befriedigung

---

[67] Schuster, 1992, S. 181; Schuster, 1995, S. 342.

[68] Röhr, 1972, S. 38.

[69] Vgl. Schuster, 1995, S. 353.

[70] Zitiert nach Schuster, 1992, S. 196.

[71] Zitiert nach Schuster, 1992, S. 196.

sexueller Bedürfnisse allein auf die Ehe konzentrieren sollte, der Beischlaf unter dem Aspekt der Kindeszeugung sogar zur ehelichen Pflicht gehörte, erschien Prostitution überflüssig. Männliche Sexualität bedurfte dieses Ventils nicht mehr. Jeder außereheliche Geschlechtsverkehr galt fortan als „Hurerei", Prostituierte wurden als Töchter des Teufels verfolgt[72].

II. Ausbreitung der Syphilis

Die Ausbreitung der Syphilis während der Wende vom 15. zum 16. Jahrhundert bedeutete einen zweiten herben Rückschlag für das Prostitutionsgewerbe[73]. Zu Beginn des Auftretens dieser Geschlechtskrankheit existierten noch keine gesicherten Erkenntnisse über den genauen Übertragungsweg, so dass unter anderem auch der Genuss von Schweinefleisch oder faulem Obst zur Erklärung der Krankheitssymptome herangezogen wurde. Aufgrund dieser Unwissenheit erfolgte zunächst noch keine Schließung von Bordellen, was sich jedoch nach Bekanntwerden des Infektionsweges radikal änderte. Zu jener Zeit kursierte das Sprichwort: „Wer einen Fuß im Frauenhaus hat, der hat den anderen im Spital"[74]. Der Besuch der Frauen- und Badehäuser nahm dementsprechend ab, weshalb die Schließung dieser Anstalten nicht zuletzt auch aus finanziellen Erwägungen heraus erfolgte[75].
Innerhalb der Gesellschaft siegte schließlich die Überzeugung, dass die Ursache dieser „Lustseuche"[76] in der Sittenlosigkeit des Mittelalters begründet liegt. Krankheit wurde als Strafe Gottes für ein ausschweifendes Leben angesehen. Moralische und gesundheitliche Ratschläge schienen eng miteinander verknüpft. Wer Völlerei und Unzucht betrieb, der erhitzte seinen Körper und galt als anfälliger hinsichtlich der Syphilis[77]. Zeitgleich zu diesen Erkenntnissen setzte die Verfolgung Prostituierter ein. Im Mittelalter zeigte sich allgemein die Tendenz, die Verantwortung für die Entstehung und Ausbreitung von Krankheiten gesellschaftlichen Außenseitern aufzubürden. So folgte auch der Pest eine gezielte Judenverfolgung. Hinsichtlich der Syphilis wurde die Auffassung vertreten, es seien die Dirnen, die aus Geldgier mit unnatürlichen Personen verkehrten und dadurch die Ausbreitung der Krankheit begünstigten[78]. Sie galten zur Zeit der Epidemie als die „allergefährlichsten Personen" überhaupt[79]. Auch Luther beschrieb die Prostitution als einen Hauptherd der Syphilis und wollte

[72] Röhr, 1972, S. 38.
[73] Ausführlich Bloch/ Loewenstein, 1925, S. 1 ff.
[74] Zitiert nach Rudeck, 1905, S. 64.
[75] Hanauer, 1919, S. 13.
[76] Bloch/ Loewenstein, 1925, S. 5.
[77] Schuster, 1995, S. 346.
[78] Schuster, 1995, S. 347.
[79] Feustel, 1993, S. 101, Kreuzer, 1989, S. 29; Schuster, 1992, S. 186.

gegen die „französischen“ - die syphilitischen Dirnen - die schärfsten Sanktionen angewendet wissen[80].

III. Bestrafung der gewerbsmäßigen Unzucht

Aufgrund dieser Ereignisse folgte im fortgeschrittenen 16. Jahrhundert eine Zeit strenger Sittengesetzgebung.
Zunächst sahen weder die Constitutio Criminalis Bambergensis von 1508 noch die Constitutio Criminalis Carolina von 1532 eine Bestrafung der „Hurerei“ vor. Allerdings existierten Bestimmungen, die den Ehebruch und die Verkupplung von Ehefrauen oder Kindern unter Strafe stellten.
Ergänzend zu diesen Gesetzen behandelten die Reichspolizeiordnungen von 1530, 1548 und 1577 den Schutz der Sittlichkeit, indem sie die Ehe als einzig legitime Form des Sexuallebens festlegten. Jeder außereheliche Geschlechtsverkehr sowie jede „leichtfertige Beiwohnung“ stellten strafbare Handlungen dar[81]. Mit den genannten Vorschriften löste Kaiser Karl V. zugleich sämtliche Frauenhäuser im Heiligen Römischen Reiche auf. Die genannten Reichspolizeiordnungen normierten jedoch nur eine generelle Bestrafung von Prostitution. Die konkrete Festsetzung von Strafart und –maß überließen sie der Gerichtspraxis[82]. Detailliertere Regelungen zur Behandlung der „Hurerei“ fanden sich in den Satzungen und Polizeigesetzen der Einzelterritorien[83]. Die dort üblichen Bekämpfungsmethoden variierten zwar, zielten jedoch im Wesentlichen auf den gleichen Erfolg - die Bekämpfung der Prostitution - ab. Gängige Strafen für unzüchtiges Verhalten waren insbesondere solche, bei denen man die Täter dem Gespött der Menge aussetzen bzw. sie körperlich markieren konnte[84], wie etwa das Untertauchen in Wasser, das Abschneiden der Ohren, Schnellen, Prangerstehen, Staupenschlag oder Gassenkehren. Auf diese Weise blieb für jedermann deutlich erkennbar, was die Obrigkeit nicht akzeptierte. In Frankfurt a. M. existierte sogar das so genannte „Sentenamt“, ein Sondergericht zur Verfolgung und Aburteilung der „Fleischesverbrechen“.
Diese einschneidenden strafrechtlichen Maßnahmen bewirkten in erster Linie keine Unterdrückung der Prostitution, sondern lediglich eine Umwandlung der ursprünglich geduldeten Frauenhausprostitution in andere Prostitutionsformen[85].

---

80 Bloch/ Loewenstein, 1925, S. 53.
81 Bargon, 1982, S. 62; Brinitzer, 1933, S. 31.
82 Brinitzer, 1933, S. 31.
83 So bestimmte etwa die Polizei- und Landordnung für Mecklenburg-Schwerin vom 2. Juli 1572: „Wir verbieten auch hiemit alle uneheliche Beywohnungen, Copelerey, Hurerey, und dergleichen laster, bey straff des Prangers, Staupschlags und verweisung des Landes, oder anderer gebürlichen straff, nach Gelegenheit eines jeden zutragenden fals“. (Abgedruckt bei Brinitzer, 1933, S. 34).
84 Bargon, 1982, S. 63; Hanauer, 1919, S.13.
85 Bauer, 1960, S. 111; Schuster, 1995, S. 396; Schuster, 1992, S. 203.

Nach der Vertreibung der Dirnen aus Frauenhäusern und Städten mussten diese anderenorts unterkommen und sich ernähren[86]. Aufgrund der erlittenen körperlichen Brandmarkungen, die sie dauerhaft als Prostituierte kennzeichneten, erwies sich der Weg zurück in ein bürgerliches Leben als nahezu aussichtslos. In anderen Städten fanden sie aus Angst vor der Syphilis keine Aufnahme. Daher blieb vielen nicht anderes übrig, als sich Diebes- oder Bettlerbanden anzuschließen bzw. ihr Gewerbe im Untergrund heimlich weiter auszuüben, was die stetige Ausbreitung der Syphilis begünstigte[87].

[86] Zur Zeit der ersten Frauenhausschließungen fühlten sich die Städte den Dirnen gegenüber noch verpflichtet und bemühten sich darum, ihnen den Weg in ein sündenfreies Leben zu erleichtern. Teilweise wurde ihnen sogar gestattet, sich als Bürgerinnen niederzulassen. In den Jahrzehnten nach den ersten Schließungen wich diese Bereitschaft jedoch der Strafung und Schmähung Prostituierter (Schuster, 1992, S. 205).

[87] Bauer, 1960, S. 114; Kreuzer, 1989, S. 30.

F. Das 18. Jahrhundert

I. Einfluss der Aufklärung

Die geschichtliche und rechtsgeschichtliche Entwicklung des 18. Jahrhunderts vollzog sich wesentlich unter dem geistigen Einfluss der Aufklärung. Zu jener Zeit erfolgte ein grundlegender Umdenkungsprozess, der durch die Abkehr vom christlich geprägten mittelalterlichen Weltbild gekennzeichnet war. Nicht die biblisch vorgegebene Wahrheit, sondern die Vernunft bildete von nun an den Maßstab menschlichen Handelns. Dementsprechend galten Straftaten nicht mehr als Verstöße gegen Gottes Gebote und der Gesetzgeber nicht mehr als Vollstrecker göttlichen Willens. Verbrechen und Sünde stellten nach aufgeklärtem Denken vielmehr zwei voneinander unabhängige Erscheinungen dar. Auch die Syphilis wurde zu jener Zeit nicht mehr als Strafe Gottes für begangene Sünden, sondern als eine Bedrohung der Volksgesundheit aufgefasst, der durch rationale Maßnahmen begegnet werden sollte.

Mit der Verkündung der Menschenrechte fanden sich zunehmend Vertreter, die die bestehenden Strafgesetze mit ihren zum Teil grausamen Rechtsfolgen scharf kritisierten[88] und stattdessen forderten, der Gesetzgeber möge sich hinsichtlich des Strafmaßes an dem der Gesellschaft zugefügten Schaden orientieren[89]. Für die Prostitution bedeutete dies, dass eine Bestrafung der Dirne vor allem dann angezeigt schien, wenn sie trotz des Wissens um eine bestehende Geschlechtskrankheit ihr Gewerbe weiterhin ausübte, zu einer Ausbreitung der Infektion beitrug und auf diese Weise die Gesellschaft schädigte[90]. Dagegen sollten die Strafgesetze nicht mehr der Aufrechterhaltung der Sittlichkeit dienen. Aufgeklärtem Denken entsprach es, dass sich sittliches Handeln nicht durch Gesetze herbeiführen lässt, sondern dem Verantwortungsbereich des Einzelnen obliegt. Während des 18. Jahrhunderts lebte das Bordellwesen allmählich wieder auf[91]. Die vergangenen beiden Jahrhunderte lehrten, dass die Ausrottung der Prostitu-

---

[88] Als einer der bedeutendsten Vertreter sei Cesare Beccaria genannt, der in seinem bahnbrechenden Werk „dei delitti e delle pene“ – „Über Verbrechen und Strafen“ - aus dem Jahre 1764 ein humaneres Strafrecht sowie die Abschaffung von Todesstrafe und Folter forderte.

[89] Beccaria, S. 72.

[90] Diese Entwicklung sei verdeutlicht anhand einer Aussage Henne am Rhyns, zitiert nach Dufour VI, 1995, S. 97: „Da durch die im Verborgenen geübte freiwillige Unzucht wohl die Moralität, aber kein Recht Dritter verletzt wird, so bestraft der Staat dieselbe an sich so wenig, wie andere, kein Recht verletzende unsittliche Handlungen, weil dies ausser seiner Sphäre, ja ausser seiner Macht liegt. Aber er muss darüber wachen, dass daraus weder Rechtsverletzungen noch anderweitige Schädigungen erwachsen. Da der Staat namentlich auch für die Erhaltung der öffentlichen Gesundheit zu sorgen hat, so muss er dies auch gegenüber der Unzucht thun, welche bekanntlich die Gefahr der Ansteckung von Krankheiten in sich birgt“.

[91] Bauer, 1960, S. 114; Kreuzer, 1989, S. 35.

tion durch strenge Rechtsvorschriften ein unmögliches Unterfangen darstellt. Das Ziel rechtlicher Bestimmungen zur Prostitution bestand fortan darin, die mit ihr verbundenen Gesundheitsgefahren so weit wie möglich einzudämmen und das Gewerbe unter dem Aspekt der Verbreitung von Geschlechtskrankheiten zu kontrollieren. Es war daher zu jener Zeit im Wesentlichen eine Entwicklung von einem Verbot hin zu einer gesetzlich geregelten und gesundheitlich beobachteten Prostitution zu verzeichnen.

II. Polizeiliche Kontrolle der Prostitution

Der Umgang mit der Prostitution kennzeichnete sich im 18. und 19 Jahrhundert im Wesentlichen durch eine Abwechslung von Verbot und Erlaubnis des städtischen Bordellwesens, was die Hilflosigkeit im Hinblick auf die Bekämpfung der Geschlechtskrankheiten verdeutlicht[92]. In Berlin, wo im Jahre 1698 die Aufhebung sämtlicher Frauenhäuser erfolgte, wurden Bordelle - trotz bestehenden Bordellverbots - bereits seit der Mitte des 18. Jahrhundert wieder geduldet. Die Obrigkeit ging dazu über, die Prostitutionsausübung zur Vermeidung größeren Unheils anzuerkennen. Das Berliner Generaldirektorium traf im Jahre 1791 folgende Feststellung: „Bei einem Zusammenfluß von Menschen männlichen Geschlechtes in einer großen Stadt, wovon ein Theil, und zwar in dem Alter, in welchem der Begattungstrieb am heftigsten wüthet, noch nicht im Stande ist, zu heirathen, ein anderer aber, nach seiner Lage und Bestimmung, niemals dazu in den Stand kommt, sind Hurenanstalten leider ein nothwendiges Übel, um größere durch keine Gesetze und Gewalt zu steuernde Unordnungen, die aus nicht zu beengender Brust entstehen, zu vermeiden“[93].
Basierend auf dieser Erkenntnis trat am 2.2.1792 die „Verordnung wider die Verführung junger Mädchen zu Bordells und zur Verhütung der Ausbreitung venerischer Übel“ - auch als Preußisches Bordellreglement von 1792 bekannt - in Kraft, welches grundlegende gesundheitspolizeiliche Regelungen zur Prostitution beinhaltete. Der Sinn dieses Polizeireglements bestand nicht in der Entkriminalisierung von Prostitution, sondern in deren staatlicher und gesundheitlicher Überwachung[94]. Hurenwirte und Prostituierte blieben straffrei, sofern sie die Vorgaben des Reglementierungssystems beachteten und sich polizeilicher Kontrolle unterstellten. Vor Eröffnung eines Bordells mussten die Hurenwirte bei der Polizei eine schriftliche Erlaubnis beantragen und ihr Gewerbe (§ 1) sowie die bei ihnen tätigen Frauen anmelden (§ 2). Gegen die unangemeldeten,

[92] Feustel, 1993, S. 129.
[93] Reskript des Berliner Generldirektoriums vom 5.2.1791, zitiert nach Brinitzer, 1933, S. 75.
[94] Gleß, ZRP 1994, S. 437.

auf den Straßen befindlichen „Gassenhuren“ erfolgte ein entschiedenes staatliches Vorgehen[95].
Die Bemühungen im Kampf gegen die Syphilis zeigten sich insbesondere in den detaillierten Gesundheitsvorschriften[96]. Grundlage der Gesundheitsvorsorge bildeten regelmäßige Untersuchungen Prostituierter auf bestehende Geschlechtskrankheiten (§ 10), zu deren Finanzierung die Verordnung eine gesonderte „Heilungskasse“ vorsah. Zudem erfolgte eine gesundheitliche Aufklärung Prostituierter. Die Vermittlung medizinischer Kenntnisse intendierte, dass Krankheitsbilder von Geschlechtskrankheiten sowohl am eigenen Körper als auch an dem des Freiers rechtzeitig erkannt werden konnten. Eine geschlechtskranke Dirne durfte nicht arbeiten[97]. Verschwieg sie ihre Erkrankung und infizierte auf diese Weise eine andere Person, so sanktionierte das Polizeireglement diesen Verstoß mit der Zuchthausstrafe (§ 11 Abs. 2).
Zum Schutze Prostituierter vor willkürlicher Behandlung durch ihren Hurenwirt sah das Reglement vor, dass deren Rechte, Pflichten und Arbeitsbedingungen in einem bei der Polizei abzuschließenden Vertrag festgeschrieben werden mussten. Ungeachtet einer bestehenden Arbeitspflicht durfte ein Bordellbetreiber keiner Prostituierten die Aufgabe der Prostitution verweigern. Dies galt zum Schutze der Frauen auch dann, wenn eine Dirne bei ihrem Wirt verschuldet war und der Bordellaustritt diesen an der Geltendmachung seiner Forderung hinderte (§ 4 Abs. 1).

---

[95] § 20 des Reglements bestimmte: „Die im Finstern auf den Straßen herumwandernden Gassenhuren sollen durchaus nicht geduldet, sondern, wo sie sich betreffen lassen aufgegriffen, und nach ihrer Heilung, wenn sie mit einem venerischen Übel behaftet sind, auf sechs bis zwölf Monate ins Zuchthaus gebracht werden“.

[96] Ähnliche Regelungen zur Gesundheitsvorsorge waren auch in Polizeiverordnungen anderer Städte zu finden. So etwa in dem als „Blaues Buch“ bekannt gewordenen Hamburger Reglement, vollständig abgedruckt bei Dufour VI, 1995, S. 71 ff.:
§ 23. „Alle acht Tage, oder wenn es nötig erscheint, in noch kürzerem Zeitraum, müssen die öffentlichen Mädchen sich der ärztlichen Untersuchung unterwerfen, welche, wenn irgend möglich in den Morgenstunden vorgenommen werden muss. Kein Mädchen, welches sich an den Geschlechtsteilen krank fühlt oder seine Periode hat, darf einem Manne den Beischlaf verstatten. Eben so wenig darf derselbe einem venerisch angesteckten oder auch nur solcher Ansteckung verdächtiger Manne erlaubt werden (…)“.
§ 26. „Sobald ein Mädchen bemerkt, dass es an den Geschlechtsteilen krank ist, so hat es dies sofort dem Wirt anzuzeigen, oder, wenn es allein wohnt, sich unverzüglich auf der Polizei zu melden (…)“.

[97] Gleß, 1999, S. 22.

III. Prostitutionsbestimmungen des Allgemeinen Preußischen Landrechts von 1794

Die Grundlage der im Allgemeinen Preußischen Landrecht enthaltenen Prostitutionsbestimmungen bildete das Berliner Bordellreglement von 1792, welches hinsichtlich seiner Vorschriften harmonisiert und weiterentwickelt wurde[98]. Prostitution galt unter dem Landrecht als grundsätzlich verbotene Tätigkeit mit Erlaubnisvorbehalt[99] und war im zwölften Abschnitt über die „fleischlichen Verbrechen“ geregelt. Diese systematische Stellung im Gesetz verdeutlichte, dass der Gesetzgeber das Gewerbe weiterhin mit Kriminalität assoziierte[100].
Im Unterschied zum Polizeireglement von 1792 gestattete § 999 ALR die Prostitutionsausübung ausschließlich in angemeldeten, polizeilich kontrollierten Bordellen[101], die - im Bemühen um eine räumliche Ausgrenzung der Prostitution - ausschließlich an abgelegenen Orten errichtet werden sollten[102]. Das Gesetz nahm Prostituierte von der Strafbarkeit wegen Unzucht aus, wenn sie ihre Tätigkeit im Bordell ausübten[103] und ihr Hurenwirt sie vor Aufnahme ins Bordell bei der Polizei angemeldet hatte[104]. Das ALR intendierte, die Verbreitung von Geschlechtskrankheiten einzudämmen, indem es Prostituierten und Hurenwirten eine Reihe gesundheitlicher Pflichten auferlegte, deren Kontrolle und Überwa-

98 Bargon, 1982, S. 70; Gleß, 1999, S. 25.

99 Gleß, 1999, S. 27.

100 Gleß, 1999, S. 28 ff.

101 Nach § 18 des Berliner Bordellreglements durften Prostituierte ihre Tätigkeit auch außerhalb der Bordelle betreiben: „Einzelne auf ihre eigene Hand zur Unzucht mit Mehreren sich feil haltende Frauenzimmer müssen sich gleichfalls beim Polizeidirektorium zur Aufzeichnung melden, eben so wie die Lohnhuren in den Bordellen, ihre Visitation durch den Wundarzt des Reviers, in welchem sie wohnen unweigerlich erleiden, monatlich sechs Groschen zur Heilungskasse erlegen, und sich überhaupt allen den Vorschriften, wie die Bordellwirthschaften und Lohnhuren, sowie, wenn sie dawieder handeln, allen darauf gesetzten Strafen unterwerfen“.

102 Gemäß § 1000 ALR waren Bordelle nur „in großen, volkreichen Städten, und nicht anders als in abgelegenen, und von öffentlichen Wegen und Straßen entfernten Orten zu dulden“.

103 Für den Fall des Zuwiderhandelns bestimmte § 1023 ALR: „Weibspersonen, die von der Hurerey ein Gewerbe machen, ohne sich ausdrücklich unter die besondere Aufsicht der Polizey zu begeben, sollen aufgegriffen, und zu dreymonatlicher Zuchthausarbeit verurtheilt werden“.
§ 1024 ALR sah zudem vor: „Nach ausgestandener Strafe sind sie in Arbeitshäuser abzuliefern, und daselbst so lange zu verwahren, bis sie zu einem ehrlichen Unterkommen Lust und Gelegenheit erhalten“.

104 § 999 ALR: „Liederliche Weibspersonen, welche mit ihrem Körper ein Gewerbe treiben wollen, müssen sich in die unter der Aufsicht des Staats geduldten Hurenhäuser begeben“.
§ 1004 ALR: „ Ohne Vorwissen und Erlaubniß der Polizey, muß kein Hurenwirth oder Hurenwirthin, bey fünfzig Thaler Strafe für jeden Uebertretungsfall, eine Weibsperson aufnehmen“.

chung zentrale Aufgaben der Polizei darstellten[105]. Sofern sich eine Prostituierte mit einer Geschlechtskrankheit infizierte, musste der Wirt oder die Wirtin dies unverzüglich der Polizei anzeigen und dafür Sorge tragen, dass weitere Ansteckungen vermieden wurden (§ 1013 ALR)[106]. Verschwieg eine Prostituierte eine bestehende Geschlechtskrankheit und infizierte sie auf diese Weise weitere Personen, so ahndete das ALR diesen Verstoß mit einer Zuchthausstrafe von sechs Monaten bis zu einem Jahr (§ 1015 ALR).
Neben diesen gesundheitspolizeilichen Vorschriften zur Bekämpfung der Syphilis beinhaltete das ALR ferner Vorschriften zum Schutze der in den Bordellen tätigen Frauen. Diese betrafen etwa: das Verbot, minderjährige Mädchen in die Hurenanstalten aufzunehmen (§ 1007 ALR), das Verbot, Frauen durch List oder Gewalt zur Aufnahme der Prostitution zu bewegen (§ 1005 ALR), das Verbot, austrittswilligen Prostituierten das Verlassen des Bordells verweigern oder zu erschweren (§ 1020 ALR)[107], sowie Vorschriften für die Phasen von Schwangerschaft und Wochenbett (§§ 1008 ff. ALR).
Insgesamt bleibt festzuhalten, dass das Allgemeine Preußische Landrecht die Prostitution im Sinne der Aufklärung regelte. Religiöse und moralische Grundfragen blieben bei der Bestrafung der Unzuchtsdelikte außer Acht, wenngleich die systematische Stellung der Prostitutionsbestimmungen als Unterpunkt zu den „fleischlichen Verbrechen“ die grundsätzliche Ablehnung des Gewerbes ausdrückte. Der Gesetzgeber jener Zeit war im Wesentlichen darum bemüht, die faktischen Gegebenheiten unter gesundheitlichem Aspekt vernünftig zu regeln. Dieses Ziel verfolgte er nach dem Prinzip der Duldung von Bordellen unter polizeilicher Beaufsichtigung zum Schutze der öffentlichen Sicherheit und Ordnung. Die Aufgabe der Polizei beschränkte sich dabei auf die Aufrechterhaltung der öffentlichen Sicherheit und Ordnung[108].

---

105 § 1002 ALR: „Die Polizey muß dergleichen Häuser unter beständiger ganz genauer Aufsicht halten; und öftere Visitationen mit Zuziehung eines Arztes darinn vornehmen; auch alles anwenden, was zur Vermeidung der weitern Verbreitung venerischer Krankheiten dienlich ist“.
§ 1016: „ Überhaupt muß die Polizey die Verbreitung der venerischen Krankheit durch schickliche Anstalten zu verhüten suchen“.

106 Zuwiderhandlungen gegen dieses Gebot sanktionierte § 1014 ALR mit Gefängnisstrafe.

107 Dies galt auch, wenn eine Prostituierte bei ihrem Hurenwirt verschuldet war.
§ 1021 ALR: „Selbst wegen gegebener Vorschüsse, oder sonst gemachter Schulden, darf der Wirth eine solche Person, bey Verlust der Forderung, wider ihren Willen nicht zurückbehalten“.

108 Wolzendorff, 1911, S. 247.

G. Das 19. Jahrhundert

I. Prostitution und Bürgertum

Während des 19. Jahrhunderts vollzog sich eine drastische Zunahme an gewerbsmäßiger Prostitution[109]. Schätzungen zufolge lebten gegen Ende dieses Jahrhunderts in ganz Deutschland 100.000 bis 200.000 Prostituierte, kurz vor dem 1. Weltkrieg sollen es sogar 330.000 gewesen sein[110]. Die Zunahme des Prostitutionsangebotes lässt sich vor allem auf die einsetzende Industrialisierung und die damit verbundene Veränderung der sozialen Lebens- und Arbeitsbedingungen von Frauen zurückführen. Das beginnende Industriezeitalter entzog zahlreichen Kleingewerbetreibenden und Bauernfamilien die Lebensgrundlage, so dass Frauen, die zuvor in Haus und Hof ihren Dienst für die Familie leisteten, zur Annahme abhängiger Lohnarbeit gezwungen waren. Sie betätigten sich etwa als Fabrikarbeiterinnen, Kellnerinnen oder Verkäuferinnen und sahen sich durch den etwa zehn- bis zwölfstündigen Arbeitstag zu niedrigen Frauenlöhnen und die zusätzliche Hausarbeit einer extremen Doppelbelastung ausgesetzt[111]. Diese Situation begünstigte vor allem in Großstädten die Zunahme des Prostitutionsangebotes, da sich dort die Menschen im Zuge der Industrialisierung mehr und mehr konzentrierten[112].
Der ökonomische Umwälzungsprozess veränderte die gesellschaftliche Klassenstruktur und mündete schließlich in der Herausbildung von Proletariat und Bürgertum[113]. Nach bürgerlichen Wertvorstellungen galt die Bewahrung der Jungfräulichkeit als unerlässliche Vorbedingung einer gut bürgerlichen Ehe. Von der bürgerlichen Frau wurde Anstand im Bereich der Sexualität erwartet. Sie sollte ihre ganze Existenz – auch ihr Geschlechtsleben - auf Ehe und Familie ausrichten[114]. Die Prostitution als geächtete Tätigkeit diente zu jener Zeit der Aufrechterhaltung grundlegender sexualmoralischer Wertvorstellungen. Indem das Bürgertum den „gefallenen Mädchen" die bürgerliche Existenz vollständig absprach, erklärte es die Unsittlichkeit im eigenen Umfeld als nicht vorhanden. Da sich für die Frau bürgerliche Existenz und sexuelle Freizügigkeit gegenseitig ausschlossen, kannte das Bürgertum in seinen Kreisen keine unsittlichen Frauen. Die darin zum Ausdruck gebrachte subtile Drohung fesselte die bürgerlichen Frauen und Töchter im eigenen Normensystem[115].

---

109 Blaschko, 1910, S. 9.
110 Schmackpfeffer, 1989, S. 13; siehe auch Flexner, 1914, S. 26; zum Prostitutionsumfang des 21. Jahrhunderts siehe Teil 3, Punkt C.I.
111 Pudenz, 1977, S. 86.
112 Blaschko, 1910, S. 16 ff.; Schmackpfeffer, 1989, S. 13 ff.
113 Schmackpfeffer, 1989, S. 13.
114 Schulte, 1994, S. 167.
115 Schulte, 1994, S. 170.

Daneben erfüllte die Prostitution eine weitere Funktion. Das strenge Monogamiegebot für Frauen führte dazu, dass diese sich in der Regel nicht zu vor- oder außerehelicher Sexualität bereit erklärten. Die Existenzsicherung der Frau schien zu jener Zeit abhängig von einem Mann als Versorger, so dass nicht zuletzt auch die Frau selbst ein Interesse an der monogamen Ehe hatte[116]. Das gleichwohl bestehende Bedürfnis nach außerehelichem Geschlechtsverkehr verlagerte sich daher auf Prostituierte[117]. Die Prostitution stellte sittlich nicht mehr verletzbare Frauen zur Verfügung und schützte auf diese Weise die eigenen Frauen und Töchter[118].

II. Die Entwicklung bis 1851

Die nach dem Allgemeinen Preußischen Landrecht vorgesehene konzessionierte Bordellierung währte nicht mehr lange. Der Wohlanständigkeit des Bürgertums entsprechend, wendete man sich in zunehmendem Maße gegen diese Praxis[119] und bemühte sich um eine klare Trennung zwischen Prostitution und Bürgertum.

Erste Reformdiskussionen erfolgten bereits im Jahre 1809. Der König erließ zu jener Zeit an den Berliner Polizeipräsidenten eine Kabinettsorder, in der er ausführte[120]: „Die Bordellwirtschaften sind wegen des großen Einflusses, welchen sie auf Moralität und Gesundheit haben, ein sehr wichtiger Gegenstand der Polizeiverwaltung. Wir wollen es dahingestellt sein lassen, ob es ratsam sei, sie zu unterdrücken oder zu dulden. Auf jeden Fall bleibt es aber immer unschicklich und schädlich, sie zu konzessionieren und ihnen dadurch eine gewisse Sanktion zu geben. Am wenigsten können sie in frequenten Gegenden einer Stadt geduldet werden. Es ist vielmehr alles aufzubieten, um denselben in allen nur möglichen Beziehungen und bei jeder irgend vorkommenen Gelegenheit recht auffallend den verdienten Stempel der tiefsten Verworfenheit und Schandbarkeit aufzudrücken".

Als Reaktion auf diese eindeutige Aufforderung kam es in der Folgezeit zur räumlichen Ausgrenzung sämtlicher Berliner Bordelle an den Stadtrand. Daneben beschloss die Obrigkeit „wegen des niederträchtigen Charakters ihres Gewerbes"[121] den Entzug des Bürgerrechts für alle Bordellwirte. Einwände der zuständigen Polizeiinspektoren, die Beschränkung oder gar Aufhebung des Bordellwesens könne zu weit größerem Unheil in Form der Zunahme an gehei-

[116] Schulte, 1994, S. 167.
[117] Blaschko, 1910, S. 13.
[118] Schulte, 1994, S. 170.
[119] Brinitzer, 1933, S. 89.
[120] Brinitzer, 1933, S. 89; Mahling, 1916, S. 6.
[121] Ministerial-Reskript vom 8.11.1809.

mer Prostitution führen, fanden keinerlei Beachtung[122]. Im Jahre 1814 untersagte der Polizeiminister die Erteilung von Gewerbescheinen für Bordelle „weil es unter der Würde des Staates ist, von diesem Gewerbe pekuniären Vorteil zu ziehen“. Diese Maßnahme sollte eine Gleichstellung der Prostitutionsausübung mit ehrlichen Gewerben verhindern, da das preußische Verwaltungsrecht diese nie - wie andere Gewerbe - gesetzlich erlaubte, sondern lediglich polizeilich duldete[123]. Im Jahre 1846 vollzog sich schließlich die vollständige Aufhebung des Bordellwesens[124]. Die selbständige Prostitution unter polizeilicher Aufsicht blieb jedoch weiterhin erlaubt[125].
Der immerwährende Kreislauf zwischen Verbot und Erlaubnis des Bordellwesens nahm damit aber noch kein Ende. Bereits die Ausgrenzung der Bordelle in verruchte Viertel Berlins führte zu einer Zunahme der Winkelprostitution. Die gänzliche Aufhebung des Bordellwesens erwies sich als noch nachteiliger: Die Folgen dieser Maßnahme bestanden in einer weiteren Zunahme der Winkelhurerei, der Ausbreitung venerischer Krankheiten sowie der Gefährdung der öffentlichen Sicherheit[126]. Aufgrund dieser Misserfolge räumte die Obrigkeit der Polizei durch königliche Kabinetts-Ordre aus dem Jahre 1850 die Befugnis ein, in größeren Städten Bordelle zur Vermeidung dieser Übel doch wieder zu dulden[127]. Nachdem die städtischen Bordelle 1851 kurzzeitig wiedereröffnet wurden, erfolgt nur fünf Jahre später die erneute Schließung[128].

---

122 Wolzendorff, 1911, S. 229.
123 Wolzendorff ,1911, S. 230.
124 Dem Berliner Polizeipräsidenten wurde am 26.8.1844 mitgeteilt, „daß des Königs Majestät...mittels allerhöchster Ordre vom 5. August die gänzliche Aufhebung der hier bestehenden Bordelle mit der Maßgabe zu befehlen geruhet, daß dieselbe mit dem 1. Januar 1846 eintreten solle“. (Zitiert nach Brinitzer, 1933, S. 94).
125 Gleß 1999, S. 41.
126 Behrend, 1850, S. 206; Brinitzer, 1933, S. 94.
127 Behrend, 1850, S. 206.
128 Feustel, 1993, S. 130; Wolzendorff, 1911, S. 234.

III. Das preußische Strafgesetzbuch von 1851

Ungeachtet aller Bedenken gegen Prostitutionsverbote, erklärte das preußische Strafgesetzbuch die gewerbsmäßige Unzucht grundsätzlich für strafbar. § 146 PrStGB lautete: „Weibspersonen, welche den polizeilichen Anordnungen zuwider gewerbsmäßige Unzucht treiben, werden mit Gefängnis bis zu 8 Wochen bestraft". Zusätzlich konnte das Gericht nach Beendigung der Gefängnisstrafe die Verbringung Prostituierter in ein Arbeitshaus anordnen.
Der zweideutige Wortlaut dieser Vorschrift schaffte Unklarheiten und ließ verschiedene Auslegungsmöglichkeiten zu: Die unterinstanzlichen Gerichte vertraten die Auffassung, eine Strafbarkeit nach § 146 PrStGB setze das Bestehen besonderer polizeilicher Anordnungen voraus, die die gewerbsmäßige Unzucht eindeutig verbieten, und erachteten die Prostitutionsausübung somit als grundsätzlich straffrei. Aus verschiedenen Gesetzesentwürfen ließ sich jedoch entnehmen, dass es dem Willen des Gesetzgebers entsprach, die gewerbsmäßige Unzucht generell zu pönalisieren, es sei denn, eine Prostituierte unterwarf sich den polizeilichen Anordnungen[129].
Die auf Grundlage dieser Vorschrift erlassenen Anordnungen erwiesen sich als rechtsstaatlich bedenklich. Die Unbestimmtheit der Norm gestattete dem Staat weitgehende Eingriffsmöglichkeiten in die Rechtssphäre Prostituierter. Die Weisungen sahen etwa vor: das Verbot für Prostituierte, bestimmte Örtlichkeiten oder Veranstaltungen zu besuchen, das Gebot, sich regelmäßig in ärztliche Kontrolle zu begeben, die Befugnis der Polizei, die Wohnungen Prostituierter zu jeder Tages- und Nachtzeit zu durchsuchen[130].
Die straflose Errichtung konzessionierter Bordelle war nach dem Strafgesetzbuch von 1851 nicht mehr vorgesehen. § 147 PrStGB bestimmte: „Wer gewohnheitsmäßig oder aus Eigennutz durch seine Vermittlung oder durch Gewährung oder Verschaffung von Gelegenheit der Unzucht einer oder mehrerer Personen des einen oder anderen Geschlechts Vorschub leistet, wird wegen Kuppelei bestraft".
Diese Vorschrift erfasste die Betreiber sämtlicher Bordelle, auch die der konzessionierten. In der Praxis bewirkte der Straftatbestand jedoch keineswegs die Schließung aller Einrichtungen. Paradoxerweise erteilte die preußische Regierung bald nach Inkrafttreten des PrStGB abermals Konzessionen zur Betreibung bordellartiger Betriebe. Trotz dieser Konzessionen bestraften die preußischen Gerichte die Konzessionsinhaber aus § 147 PrStGB[131].
Die sittenpolizeiliche Überwachung der Bordelle erwies sich zu jener Zeit als kompliziert und doppelmoralisch. Die Situation wird wie folgt beschrieben:

---

[129] Ausführlich Brinitzer, 1933, S. 95.
[130] Gleß, 1999, S. 51 ff.
[131] Brinitzer, 1933, S. 98.

„Die Polizei soll regeln, was gesetzlich gar nicht bestehen darf und erfahrungsgemäß doch zugelassen werden muss."[132] Bordelle galten nach bestehender Rechtslage eindeutig als verboten, bestanden aber dennoch in zahlreichen Städten unter polizeilicher Duldung fort[133]. Auf diese Weise hoffte man, das Gewerbe wenigstens teilweise beeinflussen und kontrollieren zu können[134].

IV. Das Reichsstrafgesetzbuch von 1871 und seine Novellierung

1. § 361 Nr. 6 RStGB

Die §§ 146, 147 des preußischen Strafgesetzbuches bildeten die Grundlage der prostitutionsbezogenen Regelungen des Reichsstrafgesetzbuches. § 361 Nr. 6 RStGB in der Fassung vom 15.5.1871 glich nahezu wörtlich der Vorschrift des § 146 PrStGB und bestimmte: „Mit Haft wird bestraft eine Weibsperson, welche polizeilichen Anordnungen zuwider gewerbsmäßige Unzucht treibt".
Gleichsam der Vorgängernorm führte auch diese Vorschrift zu einer erheblichen Rechtsunsicherheit. Es blieb unklar, in welcher Art und Weise die Polizei Anordnungen zur Kontrolle des Gewerbes treffen durfte, womit der Willkür Tür und Tor geöffnet waren. Die den Prostituierten auferlegten Bestimmungen beschränkten die Strichgänge zum Teil auf bestimmte Straßengänge, verboten ihnen den Besuch öffentlicher Veranstaltungen oder verpflichteten sie dazu, geeignete Vorkehrungen zu treffen, damit die Polizei die Wohnung Prostituierter auch in deren Abwesenheit betreten konnte[135]. Durch die Übernahme der umstrittenen preußischen Vorschrift bestand auch der nach dem preußischen Strafgesetzbuch bestehende Meinungsstreit, ob die Strafbarkeit der Prostitution die Existenz besonderer polizeilicher Anordnungen erfordert, weiter[136].
Aufgrund dieser Schwierigkeiten erfolgte im Jahre 1876 eine grundlegende Novellierung der Norm. Die Neufassung des § 361 Nr. 6 RStGB lautete: „Mit Haft wird bestraft eine Weibsperson, welche wegen gewerbsmäßiger Unzucht einer polizeilichen Aufsicht unterstellt ist, wenn sie in den in dieser Hinsicht zur Sicherung der Gesundheit, der öffentlichen Ordnung und des öffentlichen Anstandes erlassenen polizeilichen Vorschriften zuwiderhandelt oder welche, ohne einer solchen Aufsicht unterstellt zu sein, gewerbsmäßig Unzucht treibt". Mit

---

[132] Dufour VI, 1995, S. 98.
[133] Blaschko, 1910, S. 39.
[134] Zu diesem sittenpolizeilichen Verfahren Bauer, 1960, S. 116; Dufour VI, 1995, S. 98.
[135] Mit weiteren Beispielen Gleß, 1999, S. 55.
[136] Dazu oben, Punkt G.III.

dieser Lösung beendete der Gesetzgeber den bestehenden Meinungsstreit zugunsten einer generellen Strafbarkeit der Gewerbsunzucht[137].
Die Neufassung beinhaltete zwei verschiedene Begehungsalternativen. Die erste Variante erfasste die der polizeilichen Aufsicht unterstellten Dirnen und normierte eine Strafbarkeit, sofern diese den polizeilichen Vorschriften zuwiderhandelten. Die zweite Alternative kriminalisierte Prostituierte, die ihr Gewerbe ausübten, ohne sich in polizeiliche Aufsicht zu begeben. In diesem Fall blieb die Beachtung bestehender Anordnungen unerheblich.
Zur genauen Ausgestaltung des polizeilichen Reglementierungssystems existierten keine einheitlichen Reichsvorschriften, weshalb die einzelnen Länder unterschiedliche Maßnahmen ergriffen. Dieses örtlich in verschiedene Systeme zersplitterte und rechtlich unterschiedlich gehandhabte System führte in der Folgezeit zu einem Zustand grundlegender Rechtsunsicherheit[138]. Die Reichsvorgaben der für den Erlass der Anordnungen zuständigen Behörden bestanden lediglich darin, dass die getroffenen Maßnahmen der „Sicherung der Gesundheit, der öffentlichen Ordnung oder des öffentlichen Anstandes" dienlich sein mussten. Aufgrund der entgegenstehenden Regelung des § 361 Nr. 6 RStGB durften die Länder darüber hinaus kein generelles Prostitutionsverbot aussprechen. Im Wesentlichen schufen die verschiedenen Reglementierungssysteme den Status der „Kontrollmädchen", indem sie vorsahen, dass Prostituierte sich in Städten ab einer Einwohnerzahl von 20.000 freiwillig oder unter Zwang in so genannte „Inskribierlisten" eintragen mussten. Diese Eintragung bedeutete den Ausschluss aus der bürgerlichen Gesellschaft[139]. Die einzige Voraussetzung einer amtlichen Erfassung bestand darin, dass die zu beaufsichtigende Person der gewerbsmäßigen Unzucht überführt wurde[140]. Im Rahmen der Zwangseinschreibung existierte eine leichte und eine schwere Kontrolle. Die schwere Kontrolle für Frauen, die bereits wegen gewerbsmäßiger Unzucht vorbestraft waren, bedeutete einen tiefen Einschnitt in deren persönliche Freiheit, denn das Reglementierungssystem gestattete ihnen meist nur den Aufenthalt in bestimmten Straßen oder Bordellen. Bei den unter leichter Kontrolle stehenden Mädchen bestand lediglich eine Vermutung zugunsten der gewerbsmäßigen Unzucht. Die strengen Aufenthaltsvorschriften galten für diese Frauen nicht, allerdings muss-

[137] So heißt es in den Motiven zur Gesetzesnovelle (abgedruckt bei Brinitzer, 1933, S. 111) hinsichtlich des bestehenden Meinungsstreits zur alten Fassung: „Diese Kontroverse lässt es geboten erscheinen, der bisherigen Vorschrift eine Fassung zu geben, welche klar ersehen lässt, dass die Strafbarkeit der gewerbsmäßigen Unzucht als Regel und ausnahmsweise die Straflosigkeit nur da eintreten soll, wo die Polizeibehörde spezielle Duldung unter Kontrolle gewährt".
[138] Brinitzer, 1933, S. 119.
[139] Gleß, 1999, S. 63.
[140] Gleß, 1999, S. 59.

ten sie sich regelmäßigen ärztlichen Kontrolluntersuchungen unterziehen und konnten bei guter Führung wieder aus dem Kontrollsystem entlassen werden[141]. Hinsichtlich der Entlassung aus den Kontrolllisten erwies sich als problematisch, dass diesbezüglich kein einheitliches Verfahren existierte. Diese Entscheidung stand vielmehr im sittenpolizeilichen Ermessen, was einer ausstiegswilligen Dirne den Weg aus dem geächteten Gewerbe zurück in ein bürgerliches Leben erschwerte[142].

2. § 180 RStGB

Die Unterhaltung eines Bordells stellte nach dem Reichsstrafgesetzbuch eine verbotene Tätigkeit dar. Die Rechtsprechung wendete den dem § 147 PrStGB nachgebildeten § 180 RStGB auch auf die Betreiber konzessionierter Bordelle an[143]. Nach dieser Vorschrift machte sich der Kuppelei strafbar, „wer gewohnheitsmäßig oder aus Eigennutz durch seine Vermittlung oder durch Gewährung oder Verschaffung von Gelegenheit der Unzucht Vorschub leistet".

Ungeachtet dieser Regelung existierten jedoch in allen größeren deutschen Städten weiterhin polizeilich geduldete Bordelle[144].

§ 180 RStGB erwies sich aus einem zweiten Grunde als rechtspolitisch verfehlt. In der Praxis bestand aufgrund dieser Vorschrift die Gefahr, dass Personen schon durch das Vermieten einer Wohnung an Prostituierte - sogar bei Angemessenheit des Mietzinses - strafrechtlich belangt werden konnten, denn als eine der Unzucht Vorschub leistende Handlung galt bereits das Überlassen einer Wohnung zur Ausübung der gewerbsmäßigen Unzucht[145]. Die Rechtsprechung legte das Tatbestandsmerkmal des Eigennutzes derart weit aus, dass darunter bereits das in der Erlangung des gewöhnlichen Mietzinses liegende Vermögensinteresse subsumiert wurde[146]. In der Konsequenz durften Prostituierte daher rechtlich gesehen nicht zur Miete wohnen[147]. Die in § 180 RStGB getroffene

---

141 Bauer, 1960, S. 117.

142 Der Ausstieg aus der Prostitution gestaltete sich daher schwieriger als nach den Regelungen des ALR, die vorsahen, dass keiner Dirne das Verlassen des Bordells erschwert werden durfte (vgl. dazu Gleß, 1999, S. 63).

143 Die Existenz konzessionierter Bordelle ergab sich daraus, dass die Polizeiverwaltung vielfach der Auffassung war, aufgrund der Regelung des § 361 Nr. 6 RStGB auch zur Genehmigung von Bordellen befugt zu sein (vgl. Hellwig, 1928, S. 309).

144 Gleß, 1999, S. 65; Haldy, S. 65.

145 Nach Ausführung des Reichsgerichts konnte ein „Vorschubleisten" bereits in einer „intellektuellen Einwirkung", namentlich der Herbeiführung eines vorher nicht vorhandenen inneren Zustandes, der eine größere Geneigtheit zur Ausübung der Unzucht hervorruft, bestehen. Eine solche „intellektuelle Einwirkung" sollte daher schon in der Gewährung einer Wohnung an Prostituierte liegen (vgl. dazu Westerkamp, 1919, S. 51).

146 Brinitzer, 1933, S. 117.

147 Schmölder, 1911, S. 19.

Regelung führte zu einem deutlichen Wertungswiderspruch zu § 361 Nr. 6 RStGB[148]. Denn dieser normierte eine Straflosigkeit für die wegen gewerbsmäßiger Unzucht der polizeilichen Aufsicht unterstellten Prostituierten, die den bestehenden Anordnungen des Reglementierungssystems Folge leisteten. Diese Frauen mussten jedoch irgendwo wohnen und ihr Gewerbe ausüben. Da die wenigsten Dirnen über Eigentum verfügten, blieben sie auf den Abschluss von Mietverhältnissen angewiesen.
Die Auslegung des § 180 RStGB führte in der Folgezeit zu zahlreichen Strafverfahren gegen Vermieter. Um sich dem Verdacht der Kuppelei gar nicht erst auszusetzen, hielten sich viele mit der Vermietung von Wohnungen an Prostituierte, aber auch an allein stehende Frauen, die schnell in den Verdacht der Prostitution gerieten, zurück[149]. Für Prostituierte bedeutete diese Entwicklung daher massive Wohnungsknappheit. Daneben mussten sie zum Teil hohe Risikozuschläge ihres Vermieters beim Mietzins in Kauf nehmen.

---

148 Mahling, 1916, S. 21; Westerkamp, 1919, S. 51.

149 Ausführlich zu dieser Problematik in der Begründung zum Entwurf des Gesetzes zur Bekämpfung der Geschlechtskrankheiten vom 6. Juni 1925, abgedruckt bei Hellwig, 1928, S. 455; vgl. auch Pappritz, 1919, S. 238 ff.

H. Das 20. Jahrhundert

I. Reformbemühungen der abolitionistischen Bewegung

Gegen Ende des 19. Jahrhunderts sah sich das entwürdigende System der polizeilichen Reglementierung Prostituierter in zunehmendem Maße der Kritik sozialreformerischer Bewegungen ausgesetzt. Eine besondere Bedeutung kam zu jener Zeit der abolitionistischen Föderation, einer im Jahre 1875 von Josephine Butler gegründeten Frauenbewegung, zu, die sich gegen die Entrechtung der Frau, gegen die bestehende Doppelmoral und für die Wahrung der Menschenrechte der „gefallenen Mädchen" einsetzte. Diese in England gegründete Bewegung breitete sich bald auch auf dem europäischen Festland aus. Bedeutende Persönlichkeiten des Deutschen Zweiges der internationalen abolitionistischen Föderation waren Anna Pappritz und Katharina Scheven.
Erstmalig in der Geschichte der Prostitution fanden offene Diskussionen über Vor- und Nachteile des bestehenden Reglementierungssystems statt, innerhalb deren heftige Auseinandersetzungen zwischen Reglementaristen und Abolitionisten entbrannten. Reglementaristischen Forderungen entsprach es, das zu jener Zeit übliche System der behördlichen Aufsicht Prostituierter beizubehalten[150], um den hygienischen Schutz des die Prostitution beanspruchenden Mannes durch regelmäßige Zwangsuntersuchungen Prostituierter zu gewährleisten[151].
Nach abolitionistischem Programm stellte Prostitution an sich „ein Laster" bzw. „eine soziale Krankheitserscheinung" dar, die es durch „soziale und ethische Reformen" zu überwinden galt[152]. Der Kampf gegen die Prostitution sollte jedoch nicht in einen Kampf gegen Prostituierte münden, sondern in einen Kampf gegen die Doppelmoral des Reglementierungssystems, welches Frauen unter bestimmten Voraussetzungen bestrafte, „während das männliche Geschlecht nicht nur straffrei blieb, sondern man ihm stillschweigend, oder auch ganz offiziell, das Recht auf Benutzung der Prostitution zuerkannte"[153]. Die Überwindung der Prostitution konnte nach abolitionistischen Vorstellungen allein durch die Propagierung sittlicher Ideale sowie die Geltung gleicher Wertmaßstäbe für Männer und Frauen erfolgen, indem sich beide Geschlechter bis zur Ehe in se-

---

150 Delbanco/ Blumenfeld, 1919, S. 29.
151 Zu den Auseinandersetzungen zwischen Abolitionisten und Reglementaristen vgl. Pappritz, 1919, S. 227 ff.
152 Pappritz, 1919, S. 225.
153 Pappritz, 1919, S. 220.

xueller Enthaltsamkeit übten[154]. Die Abolitionisten sprachen sich aus diesem Grunde ausdrücklich gegen die einseitige, nur die Frau betreffende, polizeiliche Kontrolle und die damit einhergehende staatliche Anerkennung der Prostitution aus[155]. Sie bestritten das Recht des Staates, Prostituierte zwangsweise in behördliche Listen einzutragen und sie im Anschluss daran regelmäßigen entwürdigenden Pflichtuntersuchungen zu unterziehen. In öffentlichen Vorträgen bezweifelten sie auch den praktischen Nutzen dieser Vorgehensweise, denn die Zwangsuntersuchungen beschränkten sich lediglich auf Prostituierte, suggerierten nach abolitionistischer Einschätzung dem männlichen Geschlecht fälschlicherweise eine gewisse Sicherheit gegen die bestehende Ansteckungsgefahr und leisteten auf diese Weise einen Anreiz zum Bordellbesuch[156]. Zum Schutz der Allgemeinheit vor Geschlechtskrankheiten sollte es sinnvoller sein, das überkommene Reglementierungssystem durch geeignete, für beide Geschlechter gleichermaßen zur Verfügung stehende, sanitäre Einrichtungen zu ersetzen[157].
Im Zuge dieser Reformbemühungen hielten die Abolitionisten eine grundlegende Umgestaltung des strafrechtlichen Sanktionierungssystems für erforderlich. Die strafrechtlichen Forderungen bestanden in der Streichung des § 361 Nr. 6 RStGB und dessen Ersatz durch eine sich gegen beide Geschlechter richtende Strafandrohung[158], einem strengen Verbot von Bordellen[159], der Änderung des

---

[154] Die Abolitionisten vertraten die Auffassung, dass „für normale gesunde Menschen die Enthaltsamkeit bis zur Vollreife (24. – 25. Lebensjahr) nicht nur unschädlich, sondern sogar gesundheitsfördernd sei." Diese These sahen sie durch verschiedene ärztliche Befragungen bestätigt (Pappritz, 1919, S. 230).

[155] So heißt es in der Satzung des Deutschen Zweiges der abolitionistischen Föderation (abgedruckt bei Pappritz, 1919, S. 225):
„Der „Deutsche Zweig" der Internationalen Abolitionistischen Föderation bekennt sich zu deren satzungsgemäß festgelegten Grundsätzen und tritt in Deutschland für folgende Bestrebungen ein:
I. Er bekämpft die staatliche Reglementierung der Prostitution,
1. weil die Reglementierung eine sittenpolizeiliche Ausnahmemaßregel gegen das weibliche Geschlecht ist und deshalb sowohl in sozialer als moralischer Hinsicht eine Ungerechtigkeit; denn indem der Staat eine Regelung einsetzt, welche dem Manne Sicherheit und Unverantwortlichkeit in der Unsittlichkeit zu verschaffen sucht und mit den gesetzlichen Folgen des gemeinsam begangenen Aktes nur die Frau belastet, erkennt er in diesem Punkte eine verschiedene Stellung der Geschlechter vor dem Gesetz als zu Recht bestehend an".

[156] Pappritz, 1919, S. 225.

[157] Pappritz, 1919, S. 232.

[158] Die Petition der Abolitionisten an den Reichstag zur Fassung des § 361 Nr. 6 RStGB lautete: „Zur Sicherung des öffentlichen Anstandes müßte der § 361,6 ersetzt werden durch eine Strafandrohung, die sich gegen beide Geschlechter richtet und dem Sinne nach besagt: Bestraft wird, wer Unzucht treibend oder zur Unzucht anwerbend oder auffordernd, die öffentliche Ordnung und den öffentlichen Anstand verletzt. Die Strafandrohung muß so allgemein gehalten sein, daß sie auch gegen den ausschweifenden, sittenlosen Mann angewendet werden kann (...)".

§ 180 RStGB zur Beendigung der Wohnungsproblematik Prostituierter[160] sowie in der Bestrafung der gegenseitigen Ansteckung mit venerischen Erkrankungen[161].

Der Abolitionistenbewegung schlossen sich im Laufe der Zeit zunehmend Befürworter aus Kreisen von Medizinern, Juristen und Soziologen an, die gemeinsam Reformpläne zur wirksameren Bekämpfung der Geschlechtskrankheiten entwickelten. Im Bereich der Gesundheitsfürsorge tätige Mediziner unterstützten die Abschaffung von Zwangsuntersuchungen und hofften, Prostituierte würden sich im Anschluss daran freiwillig in ärztliche Kontrolle begeben, wenn sie keine weiteren strafrechtlichen Konsequenzen zu befürchten hätten[162].

Der Reformeifer griff weiter um sich: Im Jahre 1916 befasste sich ein bevölkerungspolitischer Ausschuss mit der soziologischen und medizinischen Seite der Prostitution. Bedingt durch den ersten Weltkrieg vollzog sich zu dieser Zeit eine drastische Zunahme venerischer Erkrankungen, so dass der medizinische Aspekt mehr und mehr in den Blickpunkt des öffentlichen Interesses rückte. Drei Jahre später, im Jahre 1919, forderten die weiblichen Abgeordneten der Nationalversammlung in einem gemeinsamen Antrag die Aufhebung der Reglementierung und den Ersatz der Sittenpolizei durch Organe der Gesundheitsfürsorge[163].

Dieser lange Reformprozess mündete schließlich in den Erlass des Gesetzes zur Bekämpfung der Geschlechtskrankheiten aus dem Jahre 1927.

II. Das Gesetz zur Bekämpfung der Geschlechtskrankheiten

Das Gesetz zur Bekämpfung der Geschlechtskrankheiten (GeschlKrG) von 1927[164] regelte sowohl die Bekämpfung der Geschlechtskrankheiten als auch

---

159 So heißt es in der Begründung der abolitionistischen Föderation zum Bordellverbot: „Es ist eine
von allen Kennern der Verhältnisse und auch von Polizeibehörden eingestandene Tatsache, dass die in den Bordellen internierten Mädchen sich in einer furchtbaren Zwangslage befinden, indem sie zu ihren gewissenlosen, profitsüchtigen Wirten in ein drückendes Schuld- und Abhängigkeitsverhältnis geraten, welches ihnen jede Möglichkeit zur Rückkehr in ein ehrliches Leben abschneidet, sie gänzlich entsittlicht, indem es sie zu willenlosen Werkzeugen der Unzucht degradiert. (…) Die physisch und moralisch degenerierten entlassenen Insassen der Bordelle sind naturgemäß unfähig zu tüchtiger Arbeit, und es bleibt ihnen nichts anderes übrig, als ihr bisheriges Leben im geheimem fortzusetzen“.

160 Dazu oben G.IV.2.

161 Zu den strafrechtlichen Forderungen der Abolitionisten vgl. Pappritz, 1919, S. 237.

162 Gleß, 1999, S. 72.

163 Bauer, 1960, S. 120; Kreuzer, 1989, S. 47.

164 Das GeschlKrG ist vollständig abgedruckt bei Hellwig, 1928, S. 30 ff.

die Prostitutionsfrage[165] und realisierte die Kernforderung der Abolitionisten, Prostituierte von der sittenpolizeilichen Kontrolle zu befreien. Gemäß § 3 GeschlKrG oblag die Wahrnehmung gesundheitlicher Aufgaben allein den Gesundheitsbehörden. Unter der alten Regelung hatten sich zahlreiche Frauen aus Angst, in polizeiliche Kontrolllisten eingetragen zu werden, medizinischen Untersuchungen entzogen. Die Neuregelung intendierte, dass Prostituierte sich nunmehr freiwillig und in eigenem Interesse der ärztlichen Kontrolle unterziehen. Tatsächlich nahm die Behandlung der Geschlechtskrankheiten ab dem Jahre 1927 deutlich zu[166].

1. § 361 Nr. 6 und Nr. 6a RStGB

Den Forderungen der Abolitionisten entsprechend beseitigte der Gesetzgeber das diskriminierende Reglementierungssystem. Prostituierte mussten sich fortan zur straflosen Ausübung ihres Gewerbes nicht mehr in polizeiliche Kontrolle begeben. Zur Straflosigkeit genügte vielmehr, dass sie bei Ausübung ihrer Tätigkeit die durch das Strafrecht gesteckten Grenzen beachteten. Der Gesetzgeber pönalisierte nur noch das „gemeinschaftsschädliche" Verhalten bei der Prostitutionsausübung, um „Auswüchse" zu verhindern[167]. Gemäß § 361 Nr. 6 RStGB war nunmehr strafbar, „wer öffentlich in einer Sitte oder Anstand verletzenden oder andere belästigenden Weise zur Unzucht auffordert oder sich dazu anbietet".

Die Tatbestandsmerkmale dieser Vorschrift erwiesen sich als problematisch. Nach überwiegender Ansicht beinhaltete ein öffentliches Sichanbieten zur gewerbsmäßigen Unzucht fast immer eine Verletzung von Sitte und Anstand[168], so dass Prostituierte sich auch nach dieser Novellierung rasch dem Vorwurf der Strafbarkeit ausgesetzt sahen.

§ 361 Nr. 6 a RStGB diente dem Schutz Jugendlicher und bestimmte, dass strafbar war, „wer gewohnheitsmäßig zum Zwecke des Erwerbes in der Nähe von Kirchen oder in der Nähe von Schulen oder anderen zum Besuche durch Kinder oder Jugendliche bestimmten Örtlichkeiten oder in einer Wohnung, in der Kinder oder jugendliche Personen zwischen drei und achtzehn Jahren wohnen, oder in einer Gemeinde mit weniger als fünfzehntausend Einwohnern, für welche die oberste Landesbehörde zum Schutze der Jugend oder des öffentlichen Anstandes eine entsprechende Anordnung getroffen hat, der Unzucht nachgeht".

---

[165] Der Gesetzeswortlaut sprach nicht von Prostituierten, sondern lediglich von „Personen mit häufig wechselndem Geschlechtsverkehr".

[166] Bock, 1982, S. 73; Kreuzer, 1989, S. 50.

[167] Laskowski, 1997, S. 67.

[168] Hellwig, 1928, S. 326.

Bereits der Wortlaut dieser Straftatbestände verdeutlichte, dass der Gesetzgeber sich insbesondere um die Beseitigung der nach außen hin sichtbaren Unzucht bemühte und eine Gefahr der öffentlichen Sittlichkeit durch die Prostitution vermeiden wollte. Tatsächlich trat Prostitution in der Folgezeit - vor allem in größeren Städten - stärker in Erscheinung als bisher[169].

2. § 180 RStGB

Das GeschlKrG ergänzte den Kuppeleitatbestand des § 180 RStGB um zwei weitere Absätze[170]. § 180 Abs. 2 RStGB realisierte die Forderung der Abolitionisten nach einem eindeutigen Bordellverbot, indem er unter Bezug auf das in Abs. 1 normierte Kuppeleiverbot bestimmte: „Als Kuppelei gilt insbesondere die Unterhaltung eines Bordells[171] oder eines bordellartigen Betriebes".

Die Auffassungen über den praktischen Nutzen der Abschaffung des Bordellwesens blieben zu jener Zeit jedoch geteilt. Kritiker befürchteten, diese Regelung könne Prostituierte in verborgene Winkel und schmutzige Kneipen treiben. Darüber hinaus hielten sie die gesundheitliche Überwachung der Bordelle für leichter als die der auf eigene Faust tätigen Prostituierten[172]. Letztlich basierte die Neuregelung jedoch auf der Vorstellung, für die in den Bordellen lebenden Frauen sei es aufgrund des stetigen Kontaktes zu Bordellwirten und anderen Prostituierten schwierig, sich aus dem „Sumpf" der Prostitution zu befreien. Die Neuregelung sollte ihnen den Weg zurück in ein bürgerliches Leben erleichtern[173].

Diesem Gedanken trug auch der neu geschaffene § 180 Abs. 3 RStGB Rechnung. Der Straftatbestand beendete die Wohnungsproblematik Prostituierter[174], indem er klarstellte, dass die Vermietung als solche noch keine der Unzucht Vorschub leistende Handlung iSv. Abs. 1 darstellte. § 180 Abs. 3 RStGB lautete dementsprechend: „Wer einer Person, die das achtzehnte Lebensjahr vollendet hat, Wohnung gewährt, wird auf Grund des Abs. 1 nur dann bestraft, wenn damit ein Ausbeuten der Person, der die Wohnung gewährt ist, oder ein Anwerben oder ein Anhalten dieser Person zur Unzucht verbunden ist".

---

[169] Bauer, 1960, S. 120; Bock, 1982, S. 72.
[170] Der bisherige Kuppeleitatbestand wurde zu § 180 Abs. 1 RStGB.
[171] Nach der Rechtsprechung des Reichsgerichts galt nun als Bordell jedes auf Gewinn gerichtete Unternehmen, in dem der Inhaber Dirnen, die in einem wirtschaftlichen Abhängigkeitsverhältnis zu ihm stehen, Räume zur Unzucht zur Verfügung stellt (Offergeld, 1965, S. 33).
[172] Aschaffenburg, 1923, S. 106.
[173] Hellwig, 1928, S. 311.
[174] Dazu oben G.IV.2.

3. Kasernierungsverbot

§ 17 GeschlKrG normierte ein umfassendes Kasernierungsverbot, indem er Wohnungsbeschränkungen auf bestimmte Straßen oder Häuserblocks zum Zweck der Ausübung der gewerbsmäßigen Unzucht (Kasernierungen) für rechtlich unzulässig erklärte und somit der räumlichen Ausgrenzung Prostituierter aus der bürgerlichen Welt eine klare Absage erteilte. Da diese sich nun keinerlei örtlichen Beschränkungen mehr unterwerfen mussten, hielten sie sich vornehmlich dort auf, wo potentielle Kundschaft zu erwarten war, wie etwa in stark bevölkerten Geschäftsstraßen[175].

Das Kasernierungsverbot blieb in der Folgezeit nicht unbestritten. Befürworter glaubten, dass diese Regelung mancher Frau den Ausstieg aus ihrem Gewerbe erleichtern würde, da die Zusammenrottung vieler Prostituierter in bestimmten Straßen häufig demoralisiere. Kritiker erblickten in der Aufhebung der Wohnungsbeschränkungen demgegenüber eine sittliche Gefahr, insbesondere für Kinder und Jugendliche[176].

4. Medizinische Reglementierung Prostituierter

Eine neue Grundlage zur Reglementierung Prostituierter bildete der neu geschaffene § 4 GeschlKrG. Nach dieser Norm konnten die zuständigen Gesundheitsbehörden „Personen, die dringend verdächtig sind, geschlechtskrank zu sein und die Geschlechtskrankheit weiterzuverbreiten[177], anhalten, ein ärztliches Zeugnis, nur in begründeten Ausnahmefällen ein von einem durch die zuständige Gesundheitsbehörde benannten Arzt ausgestelltes Zeugnis über ihren Gesundheitszustand, vorzulegen oder sich der Untersuchung durch einen solchen Arzt zu unterziehen".

Geschlechtskranke, die verdächtig waren, die Geschlechtskrankheit weiterzuverbreiten, konnten darüber hinaus zwangsweise einem Heilverfahren unterzo-

---

[175] Kreuzer, 1989, S. 50.

[176] Aschaffenburg, 1923, S. 103 argumentierte: „Irgendwo muß doch die Dirne wohnen, und es handelt sich, das muß nochmals wiederholt werden, um ganze Heerscharen von Dirnen in den großen Städten; irgendwo geht sie, ob geduldet oder nicht, auf Fang aus, und irgendwo findet sie Gelegenheit zur Betreibung ihres Gewerbes. Das alles beobachten die Kinder auf der Straße und schlimmer noch innerhalb der Häuser, in denen die Prostituierten wohnen und oft genug auch ihre Gäste empfangen. (...) Die Kinder verlieren die Scheu vor den Dirnen, die in ihrer Gutmütigkeit meist ihre ganze Umgebung begönnern, von denen ein Teil der Umwelt wirtschaftlich abhängig ist".

[177] Darunter fasste man sämtliche Personen mit häufig wechselndem Geschlechtsverkehr, kurz HWG-Personen genannt.

gen werden[178]. Zwar erfasste diese Regelung ihrem Wortlaut nach grundsätzlich alle Personen unabhängig davon, ob sie sich prostituierten oder nicht. In der Praxis betraf die in § 4 GeschlKrG normierte Zeugnispflicht jedoch in einseitiger Weise Prostituierte, denn diese galten nach Ansicht der Behörden grundsätzlich als dringend verdächtig, geschlechtskrank zu sein und die Krankheit weiterzuverbreiten[179]. Anhänger dieser Auffassung sprachen sich sogar dafür aus, dies im Gesetzestext zum Ausdruck zu bringen, was jedoch abgelehnt wurde[180].

§ 4 GeschlKrG sah weiter vor, dass diese einer Geschlechtskrankheit dringend verdächtigen Personen auf Antrag des untersuchenden Arztes wiederholt zur Beibringung von Gesundheitszeugnissen angehalten werden konnten. Aus der Tatsache, dass allein Ärzte diesen Antrag stellen konnten, folgerte man, dass die wiederholte Beibringung von Gesundheitszeugnissen aus medizinischen Gründen erforderlich sein musste. Hinsichtlich Prostituierter vertraten Mediziner jedoch oftmals ohne nähere Begründung die Auffassung, dass diese stets zur wiederholten Zeugnisvorlage verpflichtet seien, „da sie sich ja immer wieder infizieren können" und daher ein „dauernd auf ihnen ruhender Verdacht geschlechtskrank zu sein" bestehe[181].

In der Praxis zwang diese Regelung Prostituierte dazu, sich in regelmäßigen Zeitabständen medizinisch untersuchen zu lassen, wobei die Häufigkeit dieser Kontrolluntersuchungen in Ermangelung detaillierter Durchführungsbestimmung zum GeschlKrG in den verschiedenen Städten variierte. Letzlich existierte trotz Abschaffung des Reglementarismus eine Reglementierung der Frauen faktisch weiter[182].

III. Prostitution im Dritten Reich

Während des Nationalsozialismus erfuhren die Reformbemühungen der Abolitionisten um eine Entpolizeilichung der Prostitution einen herben Rückschlag. Prostituierte sahen sich zu jener Zeit besonderen Maßregeln zu ihrer Verfolgung ausgesetzt. Nach nationalsozialistischen Vorstellungen galt die Prostituierte als

[178] § 4 Abs. 2 GeschlKrG lautete: „Personen, die geschlechtskrank und verdächtig sind, die Geschlechtskrankheit weiterzuverbreiten, können einem Heilverfahren unterworfen werden, auch in ein Krankenhaus verbracht werden, wenn dies zur Verhütung der Ausbreitung der Krankheit erforderlich erscheint".

[179] Gleß, 1999, S. 85.

[180] Faktisch war die Rechtslage jedoch die gleiche (dazu Hellwig, 1928, S. 94).

[181] Hellwig, 1928, S. 104 ff.

[182] Ausführlich zur Reglementierung der Dirnen unter dem GeschlKrG Gleß, 1999, S. 85 ff.

minderwertig, asozial[183], schwachsinnig, gefühlskalt und nicht gewillt zu „ehrlicher“ Arbeit. Die Vorstellung, dass eine Frau sexuelle Dienstleistungen erbrachte und dafür Geld verlangte, wurde als „moralisch schwachsinnig“ verworfen[184]. Die Nationalsozialisten betrieben gezielten Rassismus gegen Prostituierte, indem sie einen Vergleich zu bekämpften Bevölkerungsgruppen - etwa Juden oder Zigeunern - herstellten und Prostituierte massiv kriminalisierten. Bereits wenige Monate nach Erlangung der Regierungsgewalt erachtete das NS-Regime die bestehenden Straftatbestände zur Prostitution für zu milde und verschärfte § 361 Nr. 6 RStGB[185]. Nunmehr war strafbar, „wer öffentlich in auffälliger Weise oder in einer Weise, die geeignet ist, einzelne oder die Allgemeinheit zu belästigen, zur Unzucht auffordert oder sich dazu anbietet.“[186] Die nicht näher ausgestaltete Formulierung „in auffälliger Weise“ sowie der Umstand, dass zur Strafbarkeit bereits ein zur Belästigung „geeignetes“ Verhalten genügte, gestat-

[183] Die amtliche Definition des Begriffs „asozial“ aus dem Jahre 1941 (abgedruckt bei Bock, 1982, S. 82) lautete: „Gemeinschaftsunfähig ist (...), wer besonders unwirtschaftlich und hemmungslos ist und aus Mangel an eigenem Verantwortungsbewusstsein weder einen geordneten Haushalt zu führen noch Kinder zu brauchbaren Volksgenossen zu erziehen vermag (...) schließlich Personen, die durch unsittlichen Lebenswandel aus der Volksgemeinschaft herausfallen bzw. ihren Lebensunterhalt dadurch verdienen“.

[184] Bock, 1982, S. 81, 92.

[185] Daneben schuf man aus § 361 Nr. 6a RStGB drei Einzeltatbestände. Danach machte sich strafbar, wer

„gewohnheitsmäßig zum Erwerbe Unzucht treibt und diesem Erwerbe in der Nähe von Kirchen oder in einer Wohnung nachgeht, in der Kinder oder jugendliche Personen zwischen drei und achtzehn Jahren wohnen;“ (Ziffer 6a)

„wer gewohnheitsmäßig zum Erwerbe Unzucht treibt und diesem Erwerbe in der Nähe von Schulen oder anderen zum Besuch durch Kinder oder Jugendliche bestimmten Örtlichkeiten oder in einem Hause, in dem Kinder zwischen drei und achtzehn Jahren wohnen, in einer diese Minderjährigen gefährdenden Weise nachgeht;“ (Ziffer 6 b)

„wer gewohnheitsmäßig zum Erwerbe Unzucht treibt und diesem Erwerbe in einer Gemeinde mit weniger als zwanzigtausend Einwohnern nachgeht, in der die Ausübung der Unzucht zum Erwerbe durch eine zum Schutz der Jugend oder des öffentlichen Anstandes erlassene Anordnung der obersten Landesbehörde verboten ist“. (Ziffer 6 c).

[186] Das OLG Dresden (JW 1934, 501) führte zur Neufassung des § 361 Nr. 6 RStGB aus: „Diese einschneidenden Abweichungen der neuen Fassung des § 361 Nr. 6 RStGB von der bisherigen Fassung bringen nach Ansicht des Senats erkennbar den Willen des Gesetzgebers zum Ausdruck, daß bereits der gewöhnliche Straßenstrich der Dirnen unter diese Strafvorschrift in ihrer neuen Fassung fallen soll (...). Es genügt (...) zur Erfüllung des äußeren Tatbestandes der mehrgenannten Gesetzesstelle in ihrer jetzigen Fassung in der Begehungsform des „Sichanbietens“ zur Unzucht nach Ansicht des Senats bereits das Aufstellen oder das Auf- und Abgehen von Dirnen zu mehreren auf öffentlichen Straßen oder Plätzen zum Zwecke der Anlockung von Männern zur Unzucht, besonders wenn es in den Nachtstunden geschieht (...). Das neue Tatbestandsmerkmal „in auffälliger Weise“ ist (...) bereits dann verwirklicht, wenn die Dirnen sich im öffentlichen Verkehr durch ihr Benehmen besonders bemerkbar machen und der Beobachtung aufdrängen, also auffallen“.

tete der Sittenpolizei sehr weitgehende Eingriffsbefugnisse und bedrohte Prostituierte, aber auch alleinstehende Frauen, stets mit einer Verhaftung[187]. Eines der Merkmale einer „Auffälligkeit“ bestand in der Feststellung von Geschlechtskrankheiten. Im Rahmen verschiedener Razzien in Gaststätten griff die Polizei in der Folgezeit zahlreiche ohne männliche Begleitung erschienene Frauen auf und zwang sie dazu, sich auf Geschlechtskrankheiten untersuchen zu lassen.

Die gegen Prostituierte ergriffenen Maßnahmen intendierten in erster Linie eine „Säuberung“ des Straßenbildes. Öffentlich sichtbare Prostitutionsformen widersprachen dem nationalsozialistischen Bild der Frau als Hüterin von Heim und Herd[188]. Prostituierte wurden zahlreich verhaftet oder in Konzentrationslager deportiert[189]. Diese Verhaftungen stützten sich auf die „Verordnung zum Schutz von Volk und Staat vom 28.2.1933“, die ein Vorgehen gegen „Asoziale“ gestattete[190]. Zahlreiche Festnahmen beruhten dabei auf anonymen Anschuldigungen.

Im Jahre 1933 erließ das Regime weitere Gesetze, die vor allem Prostituierte betrafen. Nach dem Gesetz zur Sterilisation Minderwertiger konnten die Gesundheitsbehörden überprüfen, ob eine Prostituierte die Voraussetzungen für die Vornahme einer Zwangssterilisation erfüllte[191]. Das Gewohnheitsverbrechergesetz aus dem Jahre 1933 degradierte Frauen, die gegen § 361 Nr. 6 RStGB verstießen, zu Gewohnheitsverbrecherinnen und gestattete die Einweisung in ein Arbeitshaus[192], wo man Betroffene zu einem geordneten Leben zu erziehen suchte[193].

---

[187] Paul, 1994, S. 11.

[188] Bock, 1982, S. 82 ff.

[189] Basserman, 1992, S. 336; Bauer, 1960, S. 122; Kreuzer, Kriminalistik 1990, S. 238.

[190] So heißt es etwa in Berichten aus der Arbeit der Sittenpolizei (abgedruckt bei Bock, 1982, S. 84): „Der neue Staat nimmt nach den Verordnungen des Reichspräsidenten zum Schutz des deutschen Volkes vom 4. Februar 1933 und zum Schutz von Volk und Staat vom 28. Februar 1933 eine weit schärfere Bekämpfung der öffentlichen Unsittlichkeit und der Straßenprostitution vor, die nach der Aufhebung der öffentlichen Häuser und infolge der wirtschaftlichen Verhältnisse in den letzten Jahren stark zugenommen hatte. Daraus ergibt sich zwangsläufig eine weit höhere Zahl von Frauen, die jetzt auf Grund dieser Verordnungen festgenommen wurden“.

[191] Bock, 1982, S. 92.

[192] Das Arbeitshaus erfüllte unter dem NS-Regime die Funktion einer Besserungsanstalt für Asoziale, zu denen auch Prostituierte zählten. Voraussetzung der Unterbringung war die Erforderlichkeit, Betroffene zur Arbeit anzuhalten und sie an ein gesetzmäßiges, geordnetes Leben zu gewöhnen. Hinsichtlich der Dauer dieser Erziehungsmaßnahme unterschied man zwischen erstmaliger und wiederholter Unterbringung. Die erstmalige dauerte höchstens zwei Jahre, während die wiederholte Unterbringung so lange fortgesetzt wurde, bis positiv festgestellt werden konnte, dass der Zweck des Arbeitshauses beim Betroffenen erreicht ist. Aber auch in diesem Fall bestand eine jederzeitige Widerrufsmöglichkeit der Entlassung (Frank, 1935, S. 1374).

[193] Bock, 1982, S. 94 ff.; Gleß, 1999, S. 92.

Die extreme Kriminalisierung Prostituierter intendierte jedoch nicht die Abschaffung von Prostitution. Ganz im Gegenteil: Das Gewerbe sollte möglichst erhalten bleiben, jedoch ohne nach außen hin sichtbar zu sein. Einer der Gründe für diese Entscheidung bestand in der Bekämpfung männlicher Homosexualität[194]. So argumentierte Himmler im Jahre 1937 vor SS-Gruppenführern[195]: „Wir werden auf dem Gebiet (der Prostitution) großzügig sein bis zum Gehtnichtmehr, denn man kann nicht einesteils verhindern wollen, dass die ganze Jugend zur Homosexualität abwandert und andererseits jeden Ausweg sperren".
Während des zweiten Weltkrieges vollzog sich eine gezielte staatliche Institutionalisierung der Prostitution. Das nach Auffassung der Nationalsozialisten verabscheuungswürdige Gewerbe musste dem Volkswohl dienlich sein[196]. Der Kriegsausbruch ließ die Nachfrage der Soldaten nach Prostituierten ansteigen. Das NS-Regime errichtete staatliche Bordelle unter polizeilicher Überwachung, um das Ansteckungsrisiko mit Geschlechtskrankheiten für Wehrmachtsangehörige so gering wie möglich zu halten[197]. Zu diesem Zweck erging ein Vertraulicher Runderlass des Reichsministers des Inneren vom 9.9.1939, der vorsah, dass die Polizei „Maßnahmen zur Erfassung der Prostituierten zu treffen und deren öffentliche Beaufsichtigung durch die Gesundheitsbehörden sicherzustellen habe". Die Ausübung der Prostitution war nunmehr in besonderen Häusern gestattet, in denen Kinder und Jungendliche nicht wohnen durften. Soweit solche Häuser nicht existierten, stellte die Polizei deren Errichtung an geeigneter Stelle sicher[198], wobei sie überwiegend die Häuser vertriebener Juden umfunktionierte. Entzogen sich Prostituierte dieser staatlichen Überwachung, so folgten Verhaftung oder Einweisung in ein Konzentrationslager[199].
Diese Vorgehensweise stand sowohl im Widerspruch zu dem in § 17 GeschlKrG vorgesehenen Kasernierungsverbot als auch zu dem Bordellverbot gemäß § 180 Abs. 2 RStGB. Das Kasernierungsverbot wurde zunächst eingeschränkt und schließlich durch Gesetz vom 21.10.1940 gänzlich aufgehoben[200]. § 180 Abs. 2 RStGB galt zwar unverändert fort, verlor jedoch zunehmend an Bedeutung.

---

194 Paul, 1994, S. 12.
195 Zitiert nach Paul, 1994, S. 12.
196 Bauer, 1960, S. 122.
197 „Der Geschlechtsverkehr mit nicht kontrollierten weiblichen Personen muss daher unterbunden werden, soweit dies irgend möglich ist. Nachdem eine Kontrolle der Prostituierten nur bei den Insassen der Bordelle möglich ist, erscheint es vom hygienischen und disziplinären Standpunkt zweckmäßiger, geeignete, unter ärztlicher Kontrolle stehende Bordelle für deutsche Soldaten freizugeben, als der Möglichkeit Vorschub zu leisten, dass ein deutscher Soldat der wilden Prostitution zum Opfer fällt". (Bauchtisch, Oberbefehlshaber der Wehrmacht, zitiert nach Paul, 1994, S. 101).
198 Bauer, 1960, S. 121 ff.; Bock, 1982, S. 102.
199 Paul, 1994, S. 13.
200 Gleß, 1999, S. 97.

Neben der Errichtung von Bordellen in deutschen Städten bauten die Nationalsozialisten die Zwangsprostitution systematisch aus. Für die sexuelle Versorgung der Soldaten an der Front standen Wehrmachtsbordelle in den besetzten Gebieten zur Verfügung. Daneben existierten in den Fremdarbeiterlagern Bordelle, deren Besetzung sich – der damaligen Ideologie gemäß – zum Schutze des deutschen Blutes ausschließlich aus ausländischen Frauen rekrutierte[201]. Nach einer Anordnung Himmlers wurde im Sommer 1942 im Lager Mauthausen das erste Bordell in einem Konzentrationslager errichtet[202]. Diese Maßnahme stellte Teil eines Belohnungssystems für besonders arbeitswillige Häftlinge dar, dessen konkrete Ausgestaltung die ein Jahr später in Kraft getretene „Dienstvorschrift für die Gewährung von Vergünstigungen an Häftlinge“ - kurz auch „Prämienverordnung“ genannt - regelte[203]. In den Bordellen arbeiteten sowohl Frauen, die zuvor wegen Prostitution verhaftet worden waren, als auch solche, die zu keinem Zeitpunkt der Prostitution nachgingen. Das NS-Regime bemühte sich darum, vornehmlich solche Frauen für die Bordelltätigkeit auszuwählen, bei denen „von vornherein anzunehmen ist, dass sie nach Vorleben und Haltung für ein späteres geordnetes Leben nicht mehr zu gewinnen sind“. Überwiegend handelte es sich um „Asoziale“, die innerhalb der KZ-Hierarchie der Nationalsozialisten ohnehin auf niederster Stufe standen[204].

IV. Prostitution in der Bundesrepublik

1. Überblick über die Entwicklung in den ersten Nachkriegsjahren

Mit dem Ende des Zweiten Weltkrieges verschwanden die Erscheinungsformen staatlich institutionalisierter Prostitution. In den ersten Nachkriegsjahren vollzog sich eine starke Zunahme des Prostitutionsangebotes, wobei zu jener Zeit vor allem den Formen der Überlebens- und der Besatzungsprostitution eine entscheidende Bedeutung zukam. Schätzungen zufolge soll es im Jahre 1949 im Bundesgebiet zwischen 100.000 und 150.000 Prostituierte gegeben haben[205].
Das Bild der Bundesrepublik in den Nachkriegsjahren zeichneten wirtschaftliches Chaos, Armut und massive Versorgungsengpässe. Die Tatsache, dass viele Männer nicht mehr aus dem Krieg zurückkehrten, erschütterte das traditionelle Bild von Ehe und Familie und führte zu einer Veränderung des Geschlechterverhältnisses. Zahlreiche Kriegswitwen waren nun für die Versorgung ihrer

---

[201] Kreuzer, 1989, S. 52.
[202] Paul, 1994, S. 23.
[203] Die Prämienverordnung beinhaltete eine Auflistung verschiedener Vergünstigungen wie Hafterleichterung, Verpflegungszulagen, Geldprämien, Tabakwarenbezug oder Bordellbesuch (ausführlich Paul, 1994, S. 24 ff).
[204] Zur Häftlingshierarchie in den Konzentrationslagern siehe Paul, 1994, S. 28ff.
[205] Bassermann, 1992, S. 393; Bargon, 1982, S. 74.

Familien verantwortlich und nahmen Aufgaben wahr, die nach langjähriger Rollenverteilung dem Ehemann zustanden. Dieser wirtschaftliche wie soziale Umwälzungsprozess gilt als einer der Gründe für das Aufblühen der Prostitution. Viele Frauen prostituierten sich, um den Unterhalt für sich und ihre Familien zu verdienen. Teilweise erfolgte dies auch in einem Tauschgeschäft von Lebensmitteln und Waren gegen sexuelle Leistungen. Der Übergang zwischen professioneller und Gelegenheitsprostitution war dabei fließend[206].
Neben der Überlebensprostitution stellte die Besatzungsprostitution eine für diese Zeit charakteristische Erscheinungsform dar. Aufgrund ihrer finanziellen Möglichkeiten sowie der Eigenschaft als Sieger und Befreier übten die amerikanischen Soldaten auf viele Frauen eine starke Anziehungskraft aus, so dass in der Nähe amerikanischer Kasernen und Truppenübungsplätze eine Zunahme des Prostitutionsangebotes zu beobachten war. Die Besatzungsprostitution unterschied sich von anderen Prostitutionsformen vor allem dadurch, dass feste auf materieller Basis beruhende Verhältnisse entstanden. Dies vollzog sich häufig dergestalt, dass Arbeit suchende junge Frauen einem Soldaten entgeltlich den Haushalt führten und gleichzeitig auch für die Befriedigung sexueller Bedürfnisse zur Verfügung standen. Meist betrachteten die Mädchen sich als verlobt, hofften auf eine Hochzeit und gestanden sich ihre tatsächliche Situation nicht ein. Diese Besatzungsverhältnisse wurden gleichzeitig mit Argwohn betrachtet und toleriert. Nicht selten passierte es, dass eine Frau ihren Weg als „Amiliebchen“ begann und als gewerbliche Prostituierte endete[207].
Neben dieser heimlichen Form der Besatzungsverhältnisse zeigt sich zu jener Zeit deutlich erkennbar auch eine professionelle Prostitution in Form der Straßen,- Lokal- und Bordellprostitution. In den fünfziger Jahren, dem Zeitalter der Motorisierung, entwickelte sich die Autoprostitution zu einer der lukrativsten Formen des Gewerbes[208]. Der wirtschaftliche Aufschwung der fünfziger und sechziger Jahre, das zunehmende Konsumverhalten der Gesellschaft sowie die sich allmählich lockernde Sexualmoral nach Einführung der Anti-Baby-Pille stellten prostitutionsbegünstigende Faktoren dar[209]. In allen größeren deutschen

---

[206] Kreuzer, 1989, S. 219.

[207] Kreuzer, Kriminalistik 1990, S. 239.
Vgl. hierzu auch die Erklärung des Deutschen Vereins für öffentliche und private Fürsorge, des Deutschen Städtetages und des Deutschen Landkreistages vom 20.5.1953 (abgedruckt bei Bauer, 1960, S. 123): „Ein neuer Typ der Dirne steht im Vordergrund, nachdem die Entwicklung insbesondere um den Schwerpunkt ausländischer Truppenkonzentrationen zu einem sozial gefährlichen Überhandnehmen der sogenannten festen Verhältnisse auf materieller Basis geführt hat (…) Die sogenannten „Verlobungen“ oder „Dauerverhältnisse“ sind durch einen selteneren, oft durch äußere Umstände bedingten Wechsel und das Fehlen ernsthafter und tiefer Bindungen als dirnenhaft gekennzeichnet (…)“.

[208] Kreuzer, 1989, S. 225.

[209] Bauer, 1960, S. 187; Kreuzer, Kriminalistik 1990, S. 240.

Städten vollzog sich die Errichtung verschiedener Etablissements mit einem vielfältigen Angebot sexueller Dienstleistungen.

2. Prostitution als rechtlich ungeschützte Erwerbstätigkeit

Nach Verabschiedung des Grundgesetzes im Jahre 1949 erklärte die amerikanische Militärregierung die Regelung der Prostitutionsfrage zur deutschen Angelegenheit[210]. Auch in der Bundesrepublik setzte sich das zwiespältige, doppelmoralische System im Umgang mit der Prostitution jahrzehntelang fort. Prostitution blieb zwar erlaubt, genoss jedoch keinerlei rechtlichen Schutz und galt somit als halblegale, nicht schützenswerte Erwerbstätigkeit, die der gesundheitsrechtlichen Kontrolle unterworfen war[211].

a. Gesundheitsrechtliche Kontrolle Prostituierter

Aufgrund des drastischen Anstiegs der Geschlechtskrankheiten nach Kriegsende erschien den Besatzungsmächten das Gesetz zur Bekämpfung der Geschlechtskrankheiten von 1927 als nicht mehr ausreichend. Nicht zuletzt aus Angst um die Gesundheit ihrer Soldaten drängten sie auf schärfere rechtliche Bestimmungen zur Bekämpfung der Geschlechtskrankheiten[212]. In den ersten Jahren nach Kriegsende bildeten zunächst Ländergesetze, Verordnungen und Durchführungsbestimmungen die Grundlage für den Umgang mit geschlechtskranken Personen. Das unübersichtliche Labyrith verschiedenster gesetzlicher Bestimmungen führte zur Vereinheitlichung in einem neuen Gesetz zur Bekämpfung der Geschlechtskrankheiten aus dem Jahre 1953[213], dessen Grundlage das Gesetz von 1927 bildete. Dieses und das Bundesseuchengesetz (BSeuchenG) dienten in der Folgezeit als Rechtsgrundlage zur Durchsetzung gesundheitlicher Kontrollen bei Prostituierten.

§ 15 Abs. 1 GeschlKrG normierte die Aufgabe der Gesundheitsämter, geeignete Maßnahmen zur Feststellung, Beratung und Betreuung geschlechtskranker Personen sicherzustellen. Ungeachtet der Tatsache, dass der Gesetzeswortlaut lediglich von „Personen mit häufigem Geschlechtsverkehr" sprach, betraf das Gesetz in der Praxis nahezu ausschließlich Prostituierte und diente somit in vielen Städten Deutschlands der Prostituiertenreglementierung. Nur sie - und nicht etwa ihre Kunden, die sich in gleicher Weise einem Infektionsrisiko aussetzten - wurden behördlich registriert und mussten sich in regelmäßigen Zeitabständen auf Geschlechtskrankheiten untersuchen lassen sowie ein ärztliches Gesund-

[210] Kreuzer, 1989, S. 101.
[211] Zur Rechtslage seit Inkrafttreten des ProstG siehe Teil 3, Punkt A.
[212] Kreuzer, 1989, S. 53.
[213] Bauer, 1960, S. 187.

heitszeugnis bei sich führen. Die Rechtsgrundlage dieser Vorgehensweise bildete § 4 GeschlKrG, der bestimmte: „Geschlechtskranke sowie solche Personen, die dringend verdächtig sind, geschlechtskrank zu sein und Geschlechtskrankheiten weiterzuverbreiten, haben dem Gesundheitsamt auf Verlangen, gegebenenfalls wiederholt, ein Zeugnis eines in Deutschland bestallten oder zugelassenen Arztes über ihren Gesundheitszustand vorzulegen".

Die örtlichen Gesundheitsämter handhabten Anzahl wie Art und Weise dieser Kontrolluntersuchungen unterschiedlich. In aller Regel mussten Prostituierte sich einmal wöchentlich untersuchen lassen und das Gesundheitszeugnis abstempeln lassen. Betroffene, die sich diesem Kontrollsystem widersetzten, konnten behördlich gesucht und sogar zwangsweise vorgeführt werden[214]. In der Praxis schien es auch üblich, dass die Polizei die Gesundheitszeugnisse kontrollierte. Hierfür existierte zwar keinerlei rechtliche Grundlage, allerdings hatten Prostituierte, die sich weigerten, zum Teil mit erheblichen Schikanen zu rechnen[215].

Der praktische Nutzen dieser jahrzehntelang praktizierten, diskriminierenden Verfahrensweise blieb nicht unbestritten. Mediziner wiesen darauf hin, Geschlechtskrankheiten könnten bereits lange vor einer positiven Diagnose ansteckend sein[216], so dass die Ausstellung von Gesundheitszeugnissen sich letztlich darin erschöpfte, Prostituierte und deren Kunden in trügerischer Sicherheit zu wiegen und sie zum Verzicht auf Schutzmaßnahmen zu bewegen[217].

b. Problematik des „Dirnenlohns"

Die deutsche Rechtsordnung verweigerte Prostituierten jahrzehntelang jeden zivilrechtlichen Rechtsschutz. Der so genannte „Dirnenvertrag" - die Vereinbarung zwischen Prostituierter und Kunde über die Vornahme entgeltlicher Sexualität - verstieß nach einhelliger Auffassung gegen die „guten Sitten" und galt daher gemäß § 138 Abs. 1 BGB als zivilrechtlich unwirksam[218].

---

214 Die Grundlage hierfür bildeten §§ 18, 19 GeschlKrG. Danach konnte die zuständige Verwaltungsbehörde vorführen lassen:
1. einen Geschlechtskranken, der sich weigerte, sich untersuchen oder behandeln zu lassen oder sich auf Anordnung des Gesundheitsamts in ein Krankenhaus zu begeben;
2. eine Person, die dringend verdächtig war, geschlechtskrank zu sein und Geschlechtskrankheiten weiterzuverbreiten, wenn sie sich weigerte, ein Zeugnis über ihren Gesundheitszustand vorzulegen oder sich zur Beobachtung in ein Krankenhaus zu begeben, oder wenn sie keinen festen Wohnsitz hatte (ausführlich Bauer, 1960, S. 190 ff.).

215 Laskowski, 1997, S. 112.

216 Kreuzer, 1989, S. 61.

217 Prostituiertenprojekt Hydra, Beruf: Hure, 1991, S. 201.

218 Statt vieler: BGHZ 53, 369 (375); BGHZ 67, 119 (122); OLG Düsseldorf NJW 1970, 1852; OLG Celle, NJW 1979, 1852.

Die Bestimmung dessen, was gegen die guten Sitten verstößt, richtet sich gemäß der vom Reichsgericht im Jahre 1901 entwickelten Formel nach dem Anstandsgefühl aller billig und gerecht Denkenden[219]. § 138 Abs. 1 BGB verweist somit auf die sich aus der Sittenordnung ergebenden Verhaltensgebote[220]. Bezüglich der Prostitution argumentierte der BGH: „Dass eine Prostituierte durch ihre Betätigung (zumindest im Regelfall) gegen die guten Sitten verstößt, ist im Zusammenhang mit der Vorschrift des § 138 seit jeher anerkannt"[221]. Soweit eine nähere Begründung des Sittenwidrigkeitsurteils erfolgte, stützten sich die Gerichte meist auf den Hinweis, die Prostitution verletze die Menschenwürde der sich prostituierenden Frau, indem sie „Intimbereiche, die aufs engste mit dem Kern der Persönlichkeit verknüpft sind", in verwerflicher Weise zur Ware mache[222]. Zudem sollte das sexuelle Selbstbestimmungsrecht Prostituierter nicht durch die Erfüllungspflicht privatrechtlicher Verträge beeinträchtigt werden. In der Folgezeit beriefen sich weitere Gerichte meist ohne nähere Begründung auf diese Rechtsauffassung.
Für Prostituierte bedeutete die auf der Sittenwidrigkeit beruhende zivilrechtliche Unwirksamkeit, dass sie nach Erbringung ihrer sexuellen Dienstleistung ihren mit dem Kunden vereinbarten Lohn gerichtlich nicht durchsetzen konnten und gegenüber Zahlungsverweigerungen rechtlich schutzlos standen. In der Praxis leisteten sie daher meist gegen Vorauskasse[223]. Kam es dennoch – entgegen der üblichen Praxis – zu einer Vorleistung der Prostituierten und verweigerte der Kunde im Nachhinein die Zahlung, so blieb dies für ihn rechtlich folgenfrei. In derartigen Fällen waren Prostituierte meist darauf verwiesen, Unterstützung in ihrem eigenen Umfeld zu suchen, was indirekt dazu beitrug, kriminelle Begleiterscheinungen der Prostitution zu festigen[224].
Auch im Deliktsrecht wirkte sich das Verdikt der Sittenwidrigkeit für Prostituierte nachteilig aus, denn der entgangene Dirnenlohn galt nur in eingeschränktem Maße als ersatzfähiger Schaden im Sinne des Schadensrechts. Der BGH[225] argumentierte, der Schadensersatz finde da seine Grenze, wo das „verhinderte erwerbsbegründende Verhalten zwar nicht gegen ein gesetzliches Verbot, wohl aber gegen das Anstandsgefühl aller billig und gerecht Denkenden" verstoße. Wurde eine Prostituierte etwa infolge eines durch einen Dritten verschuldeten Unfalls arbeitsunfähig, so billigte die Rechtsprechung ihr - im Unterschied zu

[219] RGZ 43, 124.
[220] Heinrichs in Palandt, 2004, § 138 BGB, Rn. 2.
[221] BGHZ 67, 119 (122).
[222] BGHZ 67, 119 (125).
[223] Die Übereignung des durch den Freier gezahlten Geldes war (und ist) nach h.M. aufgrund der sittlichen Neutralität des sachenrechtlichen Verfügungsgeschäfts wirksam (BGHSt 6, 377). Der bereicherungsrechtliche Rückzahlungsanspruch des Kunden nach § 812 Abs. 1 1. Alt. BGB scheiterte an § 817 S. 2 BGB.
[224] Laskowski, 1997, S. 118.
[225] BGH JR 1977, 104.

anderen Erwerbstätigen - lediglich die Höhe „des existenzdeckenden Einkommens (...), das auch in einfachen Verhältnissen von jedem gesunden Menschen erfahrungsgemäß erreicht werden kann“[226], zu. Die Rechtsprechung gewährte den Schadensersatzanspruch auch nur ausnahmsweise. Da Prostituierte bei einer gänzlichen Anspruchsverweigerung während der erwerbslosen Zeit dem Staat durch Hilfsleistungen zur Last gefallen wären, erschien es angemessen, dem die körperliche Integrität der Prostituierten verletzenden Schädiger diese Zahlungslast aufzuerlegen[227].

c. Verweigerung des strafrechtlichen Rechtsschutzes

Die Auffassung der mangelnden Schutzwürdigkeit der Prostituiertenforderung setzte sich im Strafrecht fort. Sie zeigte sich besonders deutlich in der Fallkonstellation der durch den Freier „geprellten Dirne“, das heißt in Fällen, in denen eine Prostituierte ohne Vorkasse leistete und im Nachhinein keine Bezahlung durch den von vornherein zahlungsunwilligen Freier erhielt. Der BGH urteilte in ständiger Rechtsprechung, dass Kunden, die Prostituierten ihre Zahlungsbereitschaft lediglich vortäuschen und anschließend ohne Vorkasse von dieser sexuelle Dienstleistungen empfangen, sich nicht wegen Betruges nach § 263 StGB strafbar machen. Der Grund dieser Rechtsauffassung bestand in der Verneinung des Vermögensschadens der Prostituierten als einer der notwendigen Tatbestandsvoraussetzungen des Betruges, denn „dem Geschlechtsverkehr“ kam nach Ansicht des BGH „für das Recht kein in Geld zu veranschlagender Wert“ zu. „Die Hingabe der Dirne“ war „daher weder für sie eine Vermögensverfügung noch für den Freier ein Vermögensvorteil“[228]. Die Aussicht der Prostituierten, durch sexuelle Leistungen den versprochenen oder üblichen Lohn zu erhalten, sollte aus diesem Grunde nicht zum strafrechtlich geschützten Vermögen gehören[229].
Die Rechtsprechung beurteilte die nachträgliche Leistungsverweigerung des nicht zahlenden Kunden anders als die der nicht leistenden Prostituierten. In der umgekehrten Konstellation, in der eine Prostituierte dem Kunden nach erlangter Vorkasse die vereinbarte sexuelle Leistung vorenthielt, bejahten die Gerichte eine Betrugsstrafbarkeit, so dass letztlich der Freier um sein Geld, nicht aber die Prostituierte um ihre sittenwidrige Leistung betrogen werden konnte[230].

---

[226] BGHZ 67,128 = NJW 1976, 1883.
[227] Ausführlich Laskowski, 1997, S. 118 ff.
[228] BGHSt 4, 373.
[229] BGH StV 1987, 484.
[230] BGHSt 4, 373; BGH, NStZ 1987, 407.

d. Andere Rechtsbereiche

Das Verdikt der Sittenwidrigkeit beeinflusste sämtliche Rechtsbereiche und erwies sich für Prostituierte vor allem im Arbeits- und Sozialrecht als nachteilig, da der Abschluss von Arbeitsverträgen über prostitutive Tätigkeiten aufgrund dessen unmöglich blieb. Wegen der Unsittlichkeit des Inhalts des Dienstverhältnisses zwischen Prostituierter und potentiellem Arbeitgeber kam nach Auffassung der Gerichte auch die Annahme eines faktischen Arbeitsverhältnisses nicht in Betracht, welches für die Beteiligten ähnliche Rechtswirkungen wie ein durch wirksamen Arbeitsvertrag begründetes Rechtsverhältnis erzeugt hätte[231]. In der Konsequenz bedeutete dies, dass Prostituierte, die in Bordellen, Clubs oder ähnlichen Etablissements tätig waren, weder Arbeitsschutzbestimmungen noch andere Arbeitgeberleistungen in Anspruch nehmen konnten, obwohl es sich bei ihren Tätigkeiten faktisch um abhängige Arbeitsverhältnisse mit betrieblicher Eingliederung handelte. Daneben verhinderten auch Strafgesetze den Abschluss sozialversicherungspflichtiger Beschäftigungsverhältnisse. Bordellbetreiber, die sich als Arbeitgeber gerierten, indem sie den bei ihnen tätigen Frauen Weisungen erteilten oder ihnen komfortable Arbeitsbedingungen boten, gerieten regelmäßig in Konflikt mit dem Sexualstrafrecht (§§ 180a, 181a StGB), so dass die Anmeldung Prostituierter zu den sozialen Sicherungssystemen allein schon aus Angst vor einer strafrechtlichen Verfolgung unterblieb[232]. Die strafrechtlichen Bestimmungen kamen somit einem Verbot abhängiger Beschäftigung von Prostituierten gleich[233].

Ungeachtet dieser rechtlichen Diskriminierung von Prostitution unterlagen (und unterliegen) die Einkünfte Prostituierter der Einkommensteuerpflicht[234]. Aufgrund der Sittenwidrigkeit ihrer Tätigkeit waren diese allerdings nicht als Einkünfte aus selbständiger Arbeit (§ 2 Abs. 1 S. 1 Nr. 3), aus Gewerbebetrieb (§ 2 Abs. 1 S. 1 Nr. 2 EStG) oder aus nicht selbständiger Arbeit (§ 2 Abs. 1 S. 1 Nr. 4 EStG), sondern vielmehr als sonstige Einkünfte iSv. §§ 2 Abs. 1 S. 1 Nr. 7, 22 Nr. 3 EStG zu versteuern[235].

Dieses Ergebnis ermöglichte § 40 AO[236], der die Sittenwidrigkeit eines Verhaltens steuerrechtlich für irrelevant erklärt. Auf gleicher Linie liegt die Rechtspre-

---

231 BAG NJW 1976, 1959.

232 Zum Bestehen sozialversicherungspflichtiger Beschäftigungsverhältnisse bei sittenwidrigem Tun vgl. Felix, NZS 2002, S. 225.

233 BT-Drs. 13/6372, S. 10.

234 Dazu Leopold/ Steffan/ Paul, 1994, S. 53.

235 BFHE 80, 73 = NJW 1965, 79.

236 § 40 AO lautet: „Für die Besteuerung ist es unerheblich, ob ein Verhalten, das den Tatbestand eines Steuergesetzes ganz oder zum Teil erfüllt, gegen ein gesetzliches Gebot oder Verbot oder gegen die guten Sitten verstößt."
Zur Besteuerung gesetzes- oder sittenwidrigen Handelns Weber, JuS 2000, S. 1059 ff.

chung des BGH, der konstatierte[237], für das Entstehen der Lohnsteuer sei es unerheblich, ob der Vertrag, aufgrund dessen der Arbeitslohn gezahlt werde, wegen Verstoßes gegen § 138 BGB nichtig sei.
In der Konsequenz bedeutete diese jahrzehntelang andauernde Rechtslage für die Prostituierte, dass die Gerichte ihre Zahlungsklage abwiesen, den „prellenden" Freier freisprachen, der Staat auf die von ihr erzielten Einnahmen aber dennoch Steuern erhob[238].

e. Kritik und Reformbemühungen

Sozialwissenschaftler, Pädagogen, Juristen und vor allem auch die Prostituiertenverbände selbst kritisierten diese widersprüchliche und diskriminierende Rechtstradition[239]. Zahlreiche Veröffentlichungen, Publikationen und Diskussionen wiesen die Unhaltbarkeit der bestehenden Rechtslage nach, die wesentlich zur gesellschaftlichen Ausgrenzung Prostituierter beitrug. Die Kernforderung der Kritiker bestand in der Beseitigung der Prostitution vom Verdikt der Sittenwidrigkeit. Mit der Begründung, in den letzten Jahrzehnten habe sich ein deutlicher Wandel sexualmoralischer Wertvorstellungen vollzogen, forderten sie die Rechtsprechung zu einer Berücksichtigung dieser Liberalisierung auf. In der aufgeklärten Welt sei der Sexualtrieb als natürliche Anlage des Menschen allgemein akzeptiert, weshalb der pauschale Verweis auf die Sittenwidrigkeit der Prostitution eindeutig dem Zeitgeist widerspreche. Zahlenmäßige Angaben über die Inanspruchnahme der Prostitution[240] sowie demoskopische Umfragen von Meinungsforschungsinstituten in der deutschen Bevölkerung stützten diese Auffassung[241].

---

237 BGH NJW 1985, 208.

238 Kühne, ZRP 1975, S. 187, fasst die Situation wie folgt zusammen: „Unsere Rechtsordnung (gesteht, Verf.) der Prostituierten folgendes zu: Sie darf Geschlechtsverkehr gegen Entgelt gewähren, in Bordellen bzw. bordellähnlichen Betrieben für überhöhte Mieten wohnen und ihre Einkünfte versteuern. Nicht hingegen soll nach denselben Ansichten unsere Rechtsordnung billigen: die zivilrechtliche Geltendmachung der Forderung von Dirnen, den strafrechtlichen Schutz vor betrügerischer Leistungsverweigerung durch Kunden, den Schutz der Dirnen durch Zuhälter, die Anerkennung der Tätigkeit als Gewerbe oder freien Beruf."

239 Statt vieler: Deutsche Hurenbewegung, 1996; Gleß, 1999, S. 115; Leo, 1995, S. 116 ff.; Kühne, ZRP 1975, S. 184; Schatzschneider, NJW 1985, S. 2793; Wesel, NJW 1998, S. 121; ders. NJW 1999, S. 2865.

240 Zum Prostitutionsumfang vgl. Teil 3, Punkt C.I.

241 Längerfristigen demoskopischen Erhebungen zufolge stimmten der Einschätzung von Prostitution als „das darf man unter keinen Umständen tun" im Jahre 1981 noch 42% der Befragten, im Jahre 1990 noch 30% der West-Deutschen und 51% der befragten Ost-Deutschen zu. Im Jahre 1994 teilten diese Einschätzung hingegen nur noch 25% der West-Deutschen und 34% der Ost-Deutschen (Allensbacher Jahrbuch der Demoskopie 1993-1997, Bd. 10, S. 770 ff).

Auch Politiker verschiedener Volksparteien erkannten im Laufe der Zeit die Notwendigkeit des Handlungsbedarfes durch den Gesetzgeber. Gleichwohl ließen grundlegende Änderungen noch eine Weile auf sich warten. Im Jahre 1990 brachte die Bundestagsfaktion der Partei „Die Grünen“ in Zusammenarbeit mit verschiedenen Prostituiertenorganisationen den Entwurf eines Gesetzes zur Beseitigung der rechtlichen Diskriminierung Prostituierter (Antidiskriminierungsgesetz Teil III – ADG III)[242] in den Bundestag ein. Dem folgten weitere Reformpläne: Im Jahre 1996 veröffentlichte die Deutsche Hurenbewegung, ein Zusammenschluss von Prostituiertenorganisationen verschiedener Städte, einen umfangreichen und ausführlich erläuterten Vorschlag zum Entwurf eines Gesetzes zur Anerkennung und Regelung des Berufes der/ des Prostituierten[243]. Zwei Jahre später trafen SPD und Bündnis 90/ Die Grünen eine Koalitionsvereinbarung zur Verbesserung der rechtlichen und sozialen Situation von Prostituierten. In dieser Legislaturperiode wurden zwei weitere Gesetzesentwürfe zu dieser Thematik in den Deutschen Bundestag eingebracht[244]. Zur beschleunigten Umsetzung des Reformvorhabens mahnten nicht zuletzt die Vereinten Nationen. Der UN-Ausschuss für die Beseitigung der Diskriminierung der Frau führte hinsichtlich der in der Bundesrepublik geltenden Rechtslage Folgendes aus[245]: „Der Ausschuss stellt mit Bedauern fest, dass Prostituierte, obwohl steuerpflichtig, noch immer nicht arbeits- und sozialrechtlich geschützt sind. Der Ausschuss empfiehlt der Regierung, die rechtliche Stellung dieser Frauen aufzuwerten, um sie so besser vor Ausbeutung zu schützen und ihre soziale Absicherung zu verbessern“.

Allmählich schien auch in der höchstrichterlichen Rechtsprechung ein Umdenkungsprozess stattzufinden. So konstatierte der BGH im Jahre 2001[246]: „Soweit es darum geht, ob Verträge gegen die Standards der (noch) herrschenden Sexualmoral sittenwidrig und deshalb nichtig sind, hat in den vergangenen Jahren eine erhebliche Liberalisierung der Vorstellungen stattgefunden. Der Wandel der Moralvorstellungen ist gerade in jüngster Zeit im parlamentarischen Raum durch den (…) Entwurf eines Gesetzes zur Verbesserung der rechtlichen und sozialen Situation der Prostituierten (Gesetzesentwurf der Fraktionen der SPD und Bündnis 90/ Die Grünen (BT- Drs. 14/5958) deutlich geworden und auch von der höchstrichterlichen Rechtsprechung verzeichnet worden“.

---

[242] BT-Drs. 11/7140.

[243] Deutsche Hurenbewegung, 1996.

[244] Gesetzentwurf der PDS zur beruflichen Gleichstellung von Prostituierten und anderer sexuell Dienstleistender (BT-Drs. 14/4456); gemeinsamer Gesetzentwurf der Bundestagsfraktionen von SPD und Bündnis 90/ Die Grünen zur Verbesserung der rechtlichen und sozialen Situation der Prostituierten (BT-Drs. 14/5958) .

[245] Zitiert nach VG Berlin im Urteil vom 01.12.2000, abgedruckt in GewArch 2001, 128 ff. (133).

[246] BGH NJW 2002, 361.

Am 1. Januar 2002 trat schließlich das Gesetz zur Regelung der Rechtsverhältnisse der Prostituierten (ProstG) in Kraft[247], welches die rechtliche und soziale Situation Prostituierter verbessern soll. Im Zusammenhang mit diesem Gesetz ist in der Öffentlichkeit häufig vom Ende der Sittenwidrigkeit der Prostitution die Rede.

V. Zusammenfassung

Die Geschichte der Prostitution ist zugleich eine Geschichte von Reglementierungen. Ungeachtet aller ihr auferlegten Beschränkungen hat Prostitution als feste Institution der städtischen Gesellschaft stets existiert. Eine zusammenfassende Beurteilung der geschichtlichen Entwicklung ergibt, dass sich bestimmte Strukturen im Umgang mit dem Prostitutionsgewerbe kreislaufartig wiederholten: Gesetzlichen Vorschriften, die auf eine Reduzierung des Prostitutionsausmaßes abzielten, folgte angesichts der drastischen Ausbreitung an geheimer Prostitution regelmäßig die Einsicht der Zwecklosigkeit und der Übergang zu einer staatlichen Duldung des Gewerbes unter bestimmten Kontrollmaßnahmen, die den Bedürfnissen der jeweiligen Epoche entsprechend angepasst wurden. Als staatlich kontrollierte, geächtete Tätigkeit stellte Prostitution den allgemeinen Sittenkodex nicht in Frage und galt in gewisser Form sogar als sozial wünschenswert[248]. Die Duldung der Prostitution konnte auf diese Weise unter dem Deckmantel der Anständigkeit stattfinden. Grundlegende sexualmoralische Wertvorstellungen blieben erhalten, indem der Staat die Ausübung der Prostitution zwar nicht verbot, den Prostituierten jedoch eine vollständige rechtliche Anerkennung versagte. Als Angehörige einer gesellschaftlichen Randgruppe kam Prostituierten zudem häufig eine Sündenbockposition zu.
Die geschilderten Strukturen lassen sich bis zur Antike zurückverfolgen. Die Errichtung des ersten Staatsbordells in Griechenland durch Solon erfolgte zum Schutz ehrbarer, unverheirateter Frauen. Bereits zu jener Zeit erfolgte eine klare Differenzierung zwischen ehrbaren Frauen und sittlich nicht mehr zu verderbenden Prostituierten. Die mangelnde Wertschätzung der in den staatlich errichteten Bordellen tätigen Frauen zeigte sich anhand von Kleidungsvorschriften und Ausgehverboten. Die „licentia strupi" des alten Roms stellte als amtliche Eintragung bereits eine antike Form staatlicher Prostituiertenreglementierung dar.
Unter dem Einfluss des frühen Christentums und seiner Propagierung geschlechtlicher Enthaltsamkeit galt die Dirne als Inkarnation der Sünde. Gleichwohl duldeten kirchliche Autoritäten aufgrund praktischer Gegebenheiten dieses „notwendige Übel".

---

[247] BGBl. I S. 3983.
[248] Zur sozialen Funktion von Prostitution Teil 3, Punkt E.

Im Mittelalter stellte Prostitution in den Frauen- und Badehäusern eine feste Einrichtung dar. Durch die Organisation in den Zünften und die Existenz gewisser Schutzvorschriften für Dirnen erfuhr das Gewerbe eine offizielle Anerkennung und war in das städtische Leben integriert. Gleichwohl zählten Prostituierte auch zu jener Zeit zu den „unehrlichen Leuten". Kleider- und Aufenthaltsvorschriften dokumentierten ihre Eigenschaft als gesellschaftliche Randgruppe.
Die Sündenbockposition Prostituierter zeigte sich besonders deutlich im 16. Jahrhundert, dem Zeitalter der Ausbreitung der Syphilis. Nach Kenntnis des Übertragungsweges der zu dieser Zeit meist tödlich endenden Geschlechtskrankheit galten Dirnen als Symbol für ein ausschweifendes Sexualleben, Sünde, Krankheit und Tod. Das Zusammenspiel der Syphilis mit der in etwa zeitgleich stattfindenden Reformationsbewegung und der dadurch bedingte Wandel der Sexualideologie führten zu einer völligen Ausgrenzung Prostituierter.
Die rigorosen staatlichen Verfolgungsmaßnahmen schienen jedoch nur von kurzzeitigem Erfolg gekrönt: Bereits im 17. Jahrhundert vollzog sich eine drastische Zunahme an geheimer Prostitution, die schließlich zur Mitte des 18. Jahrhunderts in einer staatlichen Duldung des Gewerbes mündete. Während dieser Zeit der konzessionierten Bordellierung war die Tätigkeit Prostituierter pragmatischen und vernünftigen Regelungen unterworfen, die sich um einen Interessenausgleich zwischen Prostitution und dem Gesundheitsschutz bemühten, und die - für das Aufklärungszeitalter typisch - ethische und moralische Grundfragen unberücksichtigt ließen. Die detaillierten Rechtsvorschriften normierten zwar gleichzeitig verschiedene Rechte zugunsten Prostituierter, dennoch bedeutete der Status als konzessionierte Dirne zahlreiche Persönlichkeitseinschränkungen.
Im 19. Jahrhundert etablierte sich das Bürgertum. Die Existenz der im 18. Jahrhundert errichteten staatlich konzessionierten Bordelle blieb mit bürgerlichen Wertvorstellungen unvereinbar; Prostitution galt als „niederträchtiges Gewerbe". Die unter dem Reichsstrafgesetzbuch geschaffene Rechtslage gestattete der Polizei weitgehende Eingriffsbefugnisse, degradierte Prostituierte zu polizeilichen „Kontrollmädchen" und führte letztlich zu einer Kriminalisierung von Prostitution. Erst im Jahre 1927 erfolgte im Rahmen einer sozialreformerischen Kampagne, die nicht zuletzt abolitionistischen Aktivitäten zu verdanken ist, eine Befreiung der Prostitution von der Polizeiaufsicht des Kaiserreichs. Doch schon wenig später negierte das NS-Regime diese Reformbewegung, indem es Sittlichkeitsverfehlungen verdammte und Prostituierte als „Schwachsinnige" und „Asoziale" in Konzentrationslager deportierte. Die Doppelmoral gipfelte im Ausbau staatlich institutionalisierter Prostitution während des zweiten Weltkrieges zum Wohle des deutschen Volkes.
Auch in der Bundesrepublik Deutschland setzte sich das bekannte Muster der nicht vollständigen Anerkennung des Gewerbes fort. Prostitution galt (und gilt)

als innerhalb der durch das Strafrecht gezogenen Grenzen erlaubte Tätigkeit[249], der jedoch jahrzehntelang jeder zivil-, arbeits- und sozialrechtliche Rechtsschutz vorenthalten wurde.

[249] Zu den strafbaren Formen der Prostitutionsausübung siehe Teil 2 Punkt B.II.

Teil II: Rechtliche Bestimmungen zur Prostitution

A. Das Gesetz zur Regelung der Rechtsverhältnisse der Prostituierten (Prostitutionsgesetz)

Als Ergebnis langjähriger Reformbemühungen trat am 1.1.2002 das Gesetz zur Regelung der Rechtsverhältnisse Prostituierter in Kraft. Entgegen dieser Bezeichnung bezieht sich das Gesetz nicht nur auf die Prostitution als solche[250], sondern auf sämtliche Verträge, deren Gegenstand sexuelle Betätigungen bilden[251]. Das überwiegend positiv aufgenommene Gesetz[252] soll die rechtliche Position Prostituierter stärken und die traditionelle Doppelmoral beenden. In diesem Zusammenhang regelt es die Rechtsbeziehungen zwischen Prostituierten und Kunden bzw. Prostituierten und Arbeitgebern. Die rechtlichen Neuheiten betreffen in erster Linie das Zivil-, Arbeits- und Sozialrecht. Im Gegensatz zur alten Rechtslage[253] scheitern Verträge im Bereich der Prostitution nicht mehr am Einwand der Sittenwidrigkeit. Dies gilt sowohl für zivilrechtliche Verträge zwischen Prostituierten und Freiern als auch für arbeitsrechtliche Verträge zwischen Prostituierten und Bordellbetreibern. Daneben änderte Art. 2 des Gesetzes die §§ 180a, 181a StGB.

I. Gesetzeszweck und Anwendungsbereich

Seriösen Schätzungen zufolge werden die Dienste der etwa 400.000 in Deutschland lebenden Prostituierten von über 1 Million Männern täglich in Anspruch genommen[254]. Mit Umsätzen in zweistelliger Milliardenhöhe, auf die der Staat Steuern erhebt, stellt das Gewerbe einen erheblichen Bestandteil des wirtschaftlichen Lebens dar[255]. Angesichts dieser real existierenden Verhältnisse erkannte der Gesetzgeber, dass die Prostitution als grundsätzlich erlaubte Tätigkeit einer rechtlichen Anerkennung bedarf.

---

[250] Zur Begriffsbestimmung siehe unten Teil 3, Punkt A.

[251] Sack in Staudinger, 2003, § 138, Rn. 396.

[252] Statt Vieler: Rautenberg, Prostitution: Das Ende der Heuchelei ist gekommen! In: NJW 2002, 650.

[253] Siehe oben, Teil 1, Punkt G.V.1.

[254] Zum Ausmaß der Prostitution siehe Teil 3, Punkt C.I.

[255] Vgl. BT-Drs. 14/5958, S. 1, 4.
Die Schätzungen hinsichtlich der Anzahl der tatsächlich in Deutschland lebenden Prostituierten unterliegen jedoch starken Schwankungen (dazu Leopold/ Steffan/ Paul, 1994, S. 6 ff.).

Der Zweck des ProstG besteht darin, die bereits im rechtshistorischen Teil[256] geschilderte rechtliche und soziale Benachteiligung Prostituierter zu beseitigen. Das Gesetz normiert einen durchsetzbaren Anspruch der Prostituierten für vorgenommene entgeltliche sexuelle Betätigungen und stellt klar, dass Prostitution Gegenstand eines sozialversicherungspflichtigen Beschäftigungsverhältnisses sein kann. Im Rahmen der Neuregelungen erfuhr auch das Sexualstrafrecht[257] zwei Änderungen, welche die Strafbarkeit der Organisatoren der Prostitution betreffen. Die Intention des Gesetzgebers besteht darin, die Arbeitsbedingungen Prostituierter zu verbessern, indem die Schaffung eines günstigen Arbeitsumfeldes, etwa durch Bordellbetreiber, keiner strafrechtlichen Sanktion mehr unterliegt. Die rechtliche Diskriminierung begünstigte stets ein Abdrängen ins „Milieu" und zwang Prostituierte dazu, Schutz innerhalb ihres eigenen Umfeldes zu suchen. Aus rechtspolitischer Sicht bezweckt die Stärkung der Rechtsstellung Prostituierter, kriminellen Begleiterscheinungen der Prostitution, die zum Teil sogar dem Bereich der organisierten Kriminalität angehören, die Grundlage zu entziehen[258]. Darüber hinaus soll der Ausstieg aus der Prostitution, etwa durch die Möglichkeit der Inanspruchnahme von Umschulungsmaßnahmen, erleichtert werden[259].

Das ProstG dient ausschließlich der Verbesserung der rechtlichen und sozialen Lage Prostituierter. Den Schutz von Kunden, Bordellbetreibern oder Dritten, die in irgendeiner Form mit der Prostitution in Verbindung treten, sieht das Gesetz ausdrücklich nicht vor[260], was bei Auslegung der Vorschriften des Prostitutionsgesetzes Beachtung finden muss. Der Anwendungsbereich erfasst gleichermaßen weibliche und männliche Prostituierte, denn der Gesetzgeber bezweckt geschlechtsunabhängig eine Verbesserung der Rechtsstellung aller im Bereich der Sexualdienstleistungen tätigen Personen. Dementsprechend formulierte er das Prostitutionsgesetz geschlechtsneutral. Gleichwohl wird die praktische Anwendung aufgrund der zahlenmäßigen Dominanz vor allem weibliche Prostituierte betreffen. Die folgenden Ausführungen beziehen sich daher auf das Verhältnis zwischen weiblicher Prostituierter und Freier, sind aber auch auf alle anderen denkbaren Konstellationen entgeltlicher hetero- bzw. homosexueller Kontakte übertragbar.

---

[256] Siehe oben, Teil 1, Punkt G, V.
[257] Dazu unten B.I.1.a. und B.I.2.c.a.a.
[258] BT-Drs. 14/5958, S. 4.
[259] BT-Drs. 14/5958, S. 5, 6.
[260] BT-Drs. 14/5958, S. 4.

II. Zivilrechtliche Regelungen

1. Rechtswirksame Forderung

§ 1 S. 1 ProstG normiert einen Anspruch Prostituierter auf Entlohnung für vorgenommene entgeltliche sexuelle Betätigungen: „Sind sexuelle Handlungen gegen ein vorher vereinbartes Entgelt vorgenommen worden, so begründet diese Vereinbarung eine rechtswirksame Forderung".
Damit verbietet sich eine Versagung des zivilrechtlichen Rechtsschutzes durch die Rechtsprechung unter Verweis auf § 138 BGB. Prostituierte haben nach dem Prostitutionsgesetz die Möglichkeit, ihren Lohn vor deutschen Gerichten einzuklagen. Sie sind nicht mehr darauf verwiesen, zu ihrem eigenen Schutze ausschließlich gegen Vorkasse tätig zu werden, auch wenn dies in der Praxis nach wie vor weitgehend der Fall sein mag.

a. Begriff der „sexuellen Handlung"

Der Gesetzeswortlaut des § 1 S. 1 ProstG bezieht sich allein auf Vereinbarungen über entgeltliche „sexuelle Handlungen". Eine Legaldefinition dieses Begriffes beinhaltet das Gesetz allerdings nicht. Auch in der Gesetzesbegründung findet sich dazu keine Aussage. Aus diesem Grunde stellt sich die Frage, welche Anforderungen an eine solche Handlung zu stellen sind und ob der Schutzzweck des Prostitutionsgesetzes zwingend den Austausch körperlicher Intimitäten zwischen Prostituierter und Kunde erfordert.

aa. Begriff der sexuellen Handlung im Strafrecht

Neben dem Prostitutionsgesetz findet sich der Begriff der sexuellen Handlung als Tatbestandsmerkmal verschiedener Straftatbestände des Sexualstrafrechts[261]. Auch das Strafrecht enthält keine Legaldefinition. Die Begriffsbestimmung des § 184c Nr. 1 StGB fordert lediglich das Vorhandensein einer Betätigung, „die im Hinblick auf das jeweils geschützte Rechtsgut von einiger Erheblichkeit" ist. Der Gesetzgeber setzt die Bedeutung des Begriffs voraus und verzichtet auf die Klärung von Einzelfragen[262]. § 184c Nr. 1 StGB beschränkt sich darauf, im Hinblick auf das geschützte Rechtsgut ein gewisses Maß an Erheblichkeit zu fordern. In Literatur und Rechtsprechung besteht Einigkeit darüber, dass eine

---

[261] Im Rahmen der Strafrechtsreform im Jahre 1973 bemühte sich der Gesetzgeber um eine Entmoralisierung des Strafrechts. Im Zuge dieses Vorhabens ersetzte er mit dem Tatbestandsmerkmal der „sexuellen Handlungen" die Begriffe „unzüchtige Handlung" bzw. „Unzucht".

[262] Dreher, JR 1974, S. 47; Tröndle/ Fischer, 2003, § 184 c, Rn 2.

„sexuelle Handlung" im Sinne des Sexualstrafrechts nur dann vorliegt, wenn sie objektiv nach ihrem äußeren Erscheinungsbild einen Sexualbezug aufweist, wobei auf den Gesamtvorgang abgestellt wird[263]. Äußerlich völlig neutral erscheinende Handlungen stellen auch dann keine sexuellen iSd. Sexualstrafrechts dar, wenn sie sexuellen Motiven entspringen. Subjektiv muss die Handlung nicht von sexuellen Empfindungen des Täters getragen sein[264]. Bei nach ihrem äußeren Erscheinungsbild eindeutig sexualbezogenen Handlungen bleibt es daher unbeachtlich, ob der Täter die Erregung oder Befriedigung des eigenen oder fremden Geschlechtstriebes verfolgt.
Uneinigkeit besteht über das Erfordernis eines subjektiven Elements jedoch bei nach außen hin ambivalent erscheinenden Handlungen, wie etwa körperlichen Züchtigungen oder gynäkologischen Untersuchungen. Teile des Schrifttums stellen hier auf das subjektive Element ab und bejahen das Vorliegen einer sexuellen Handlung bei entsprechender Motivation des Täters, sich selbst oder einen anderen geschlechtlich zu erregen[265]. Andere wiederum lösen diese Problematik im Sinne einer objektiven Auslegung und verneinen das Vorhandensein einer sexuellen Handlung in diesen Fällen[266]. Die Vertreter dieser Auffassung stützen sich vor allem auf das Wesen des Strafrechts, wonach innere Vorgänge nicht pönalisierungswürdig erscheinen. Ein weiteres Argument basiert auf dem Gesichtspunkt der Sozialschädlichkeit. Eine Handlung, die der Betroffene als sexualbezogen empfindet, kann sozialschädlich sein, auch wenn der Handelnde dies nicht beabsichtigt. Dagegen wird etwa eine ärztliche Untersuchung auch dann nicht sozialschädlich, wenn der Arzt sich dabei nach außen hin unerkennbar sexuell erregt[267].
Der Gesetzeswortlaut des § 184c StGB Nr. 1 StGB fordert weiter, dass die Handlung „von einiger Erheblichkeit" sein muss, um als sexuelle iSd. Sexualstrafrechts zu gelten. Auch diese Aussage erscheint wenig konkret und beinhaltet einen weiten Beurteilungsspielraum. Letztlich muss eine Abgrenzung zu noch nicht strafwürdig erscheinenden, belanglosen Handlungen vorgenommen werden, wobei die Entscheidung über die Erheblichkeit sowohl normative als auch quantitative Gesichtspunkte berücksichtigt. Die Frage lautet, ob im Hinblick auf Art, Intensität und Dauer der Handlung eine Gefahr für das durch die

---

[263] Laubenthal, 2000, Rn. 63; Lenckner/ Perron in Schönke/ Schröder, 2001, § 184 c, Rn. 6.
[264] Dies lässt sich § 174 Abs. 2 Nr. 1 StGB entnehmen. Danach ist Voraussetzung, dass jemand eine sexuelle Handlung vornimmt, um sich oder den anderen sexuell zu erregen. Daraus wird geschlossen, dass sexuelle Handlungen auch ohne subjektives Element denkbar sind (dazu Baumann, JR 1974, S. 371; Dreher, JR 1974, S. 47; Tröndle/ Fischer, 2003, § 184c, Rn. 4).
[265] So etwa Tröndle/ Fischer, 2003, § 184c, Rn. 5; Lenckner/ Perron in Schönke/ Schröder, 2001, § 184c, Rn. 9.
[266] So etwa Dreher, JR 1974, S. 48; Laufhütte in LK, 1995, § 184c, Rn. 6; Horn/ Wolters in SK-StGB, 2002, § 184c, Rn. 2.
[267] Dreher, JR, 1974, S. 48.

§§ 174 ff. StGB geschützte Rechtsgut vorliegt[268]. Diese Beurteilung richtet sich nach dem Gesamtvorgang und berücksichtigt zusätzlich die Beziehung der Beteiligten zueinander. Eine Betätigung gilt als erheblich, wenn eine sozial nicht mehr akzeptable Rechtsgutsbeeinträchtigung vorliegt[269], wie etwa bei der Ausübung des Geschlechtsverkehrs und all seiner hetero- und homosexuellen Ersatzhandlungen. Bloße Takt- oder Geschmacklosigkeiten scheiden dagegen aus[270].

Sexuelle Handlungen iSd. Sexualstrafrechts erfordern nicht zwingend körperliche Berührungen zwischen Opfer und Täter. Vielmehr differenziert das Gesetz zwischen Handlungen mit und ohne Körperkontakt. Während Handlungen „an einem anderen" stets die körperliche Berührung der anderen Person erfordern, fehlt eine solche bei Handlungen „vor einem anderen"[271].

bb. Übertragung der sexualstrafrechtlichen Grundsätze auf § 1 ProstG

Eine uneingeschränkte Übertragung der strafrechtlichen Grundsätze zum Begriff der sexuellen Handlung auf das Prostitutionsgesetz kann nicht erfolgen. Insofern sind wesentliche Unterschiede zwischen den §§ 174 ff. StGB als Teil des Strafrechts und dem ProstG als Teil des Zivilrechts zu beachten. Während das Sexualstrafrecht dem Schutz der sexuellen Selbstbestimmung dient, den einzelnen also davor bewahren will, gegen seinen Willen zum Objekt sexuellen Begehrens anderer degradiert zu werden[272], und in diesem Zusammenhang eine strafrechtliche Sanktion für das Verhalten des Täters ausspricht, bezweckt das Prostitutionsgesetz in erster Linie den zivilrechtlichen Schutz der Prostituierten hinsichtlich ihrer Erwerbstätigkeit. Dabei ist vom Grundfall derjenigen Prostitu-

---

268 Durch die Anknüpfung an das durch den jeweiligen Straftatbestand geschützte Rechtsgut handelt es sich bei dem Merkmal der Erheblichkeit um eine relative Erheblichkeit. Dies kann dazu führen, dass ein und dieselbe Handlung des Täters je nach Schutzrichtung des Tatbestandes verschieden zu bewerten ist. Bei Tatbeständen zum Schutze der ungestörten sexuellen Entwicklung von Kindern sind an das Merkmal der Erheblichkeit geringere Anforderungen zu stellen als bei Delikten gegen die sexuelle Selbstbestimmung Erwachsener (Lenckner/ Perron in Schönke/ Schröder, 2001, § 184c, Rn. 16.

269 Lackner/ Kühl, 2001, § 184 c, Rn. 5; Laubenthal, 2000, Rn. 68 ff.; Tröndle/ Fischer, 2003, § 184c, Rn. 5.

270 Als nicht erheblich gelten etwa übliche Küsse und Umarmungen (BGHSt 1, 298), aber auch sexuell motivierte Handlungen, die keine äußerliche Erheblichkeit erreichen, wie etwa das Berühren des Oberschenkels (BGH MDR/D 74, 545), der flüchtige Griff an die bekleideten Genitalien (BGHSt 1, 298) oder das kurze Anfassen der Brust eines bekleideten Mädchens (BGH MDR/H 74, 545).

271 Ausführlich zu dieser Unterscheidung Laubenthal, 2000, Rn. 75 ff.; Lenckner/ Perron in Schönke/ Schröder, 2001, § 184 c, Rn. 20 ff.

272 Laufhütte in LK, 1995, Vorbem §174, Rn. 4 ff.; Lenckner/ Perron in Schönke/ Schröder, 2001, Vorbem §§ 174 ff., Rn. 1.

ierten auszugehen, die ihre Sexualdienstleistung selbstbestimmt und freiwillig erbringt. Folglich bestehen zwischen Straf- und Zivilrecht systematische Unterschiede, die eine differenzierte Betrachtung rechtfertigen. Trotz dieser Divergenzen bietet das Strafrecht jedoch Anhaltspunkte und Richtlinien für eine Beurteilung.

In Übereinstimmung mit dem Strafrecht fordert auch das Prostitutionsgesetz einen objektiven Bezug der Handlung zum Bereich des Geschlechtlichen. Dem Schutzzweck des Gesetzes entsprechend gelten zunächst all diejenigen Handlungen als sexuelle, die typischerweise von Prostituierten erbracht werden, so etwa die Ausübung des Geschlechtsverkehrs sowie die Vornahme von Ersatzhandlungen. Der Anwendungsbereich des Gesetzes erfordert nicht zwingend den Austausch sexualbezogener Handlungen mit Körperkontakt zwischen Prostituierten und Kunden. Darbietungen sexuellen Inhalts, die erkennbar auf die geschlechtliche Erregung des Betrachters abzielen, wie etwa Peep-Shows, die Ausübung des Geschlechtsverkehrs auf der Bühne oder Striptease-Vorführungen, zählen zum Bereich der Sexualdienstleistungen. Der Normzweck des Prostitutionsgesetzes, die rechtliche und soziale Situation der Erbringer von Sexualdienstleistungen zu verbessern, erfordert eine Anwendung auch auf diese Fälle. Gleiches gilt für eine Vereinbarung über entgeltlichen Telefonsex[273].

Die bloße Darstellung von Nacktheit bzw. Veranstaltungen, die primär künstlerischen Interessen dienen und nicht zur sexuellen Stimulierung des Publikums bestimmt sind, fallen dagegen nicht unter den Begriff der sexuellen Handlung iSd. § 1 ProstG[274], denn in diesen Fällen fehlt der erforderliche Bezug zum Geschlechtlichen. Das Prostitutionsgesetz als Sondergesetz für Verträge, die die Vornahme entgeltlicher sexueller Handlungen zum Gegenstand haben, soll der Eigenart der zu erbringenden Dienstleistung als Sexualdienstleistung Rechnung tragen. Das Gesetz normiert aus diesem Grunde zum Schutze der Prostituierten Abweichungen zu den üblichen dienstvertragsrechtlichen Regelungen des BGB[275]. Die Anwendung dieser Sondervorschriften wäre aber verfehlt, wenn der Vertragsgegenstand keinen Sexualbezug aufweist.

Es stellt sich weiter die Frage der Beurteilung ambivalenter Handlungen, also etwa körperlicher Züchtigungen des Freiers durch die Prostituierte, denen ein sexuelles Motiv zugrunde liegt. Hier kann keine Übertragung der strafrechtlichen Argumentation erfolgen. Der Zweck des § 1 ProstG besteht darin, der Prostituierten einen zivilrechtlich wirksamen Anspruch zu sichern. Diese Zielsetzung macht eine enge Auslegung des Begriffs der sexuellen Handlung, die sich im Sexualstrafrecht daraus ergibt, dass das Strafrecht als ultima ratio des Rechtsstaates nur bei einem gewissen Maße an Sozialschädlichkeit zur Anwen-

---

[273] Armbrüster, NJW 2002, S. 2764.

[274] Armbrüster in MüKo, 2003, § 1 ProstG, Rn. 6.

[275] Dazu unten A.I.1.b.aa.

dung gelangen soll, nicht erforderlich. Ambivalente, nach der Vereinbarung zwischen Prostituierter und Kunden auf die geschlechtliche Erregung des Kunden abzielende Handlungen unterliegen daher dem Anwendungsbereich des Prostitutionsgesetzes[276].
Zusammenfassend bleibt festzuhalten, dass das Merkmal der Geschlechtsbezogenheit auch im Rahmen des Prostitutionsgesetzes als Kriterium für das Vorliegen einer sexuellen Handlung dient. Der Begriff ist jedoch, dem Normzweck entsprechend, weiter zu interpretieren als im Strafrecht.

b. Rechtsverhältnis der Beteiligten

aa. Rechtsnatur der Vereinbarung

Gemäß § 1 S. 1 ProstG begründen Vereinbarungen über die Vornahme entgeltlicher sexueller Betätigungen eine rechtswirksame Lohnforderung der Prostituierten. Mit dieser Regelung trat der Gesetzgeber der bis zum Inkrafttreten des Prostitutionsgesetzes herrschenden höchstrichterlichen Rechtsprechung[277] ausdrücklich entgegen. Das Gesetz beschränkt sich jedoch nicht darauf, eine auf § 138 BGB basierende Nichtigkeit der Vereinbarung auszuschließen. Vielmehr weisen die Regelungen des Prostitutionsgesetzes über das Rechtsverhältnis zwischen Prostituierter und Kunden zivilrechtliche Besonderheiten auf, die der Eigenschaft der Dienstleistung als Sexualdienstleistung Rechnung tragen sollen. Während § 611 Abs. 1 BGB beide Vertragsparteien gleichermaßen verpflichtet - sowohl denjenigen, welcher die Dienste zusagt, zur Leistung der versprochenen Dienste als auch den anderen Teil zur Gewährung des versprochen Entgelts - handelt es sich bei der Vereinbarung zwischen Prostituierter und Kunden nach § 1 S. 1 ProstG um einen einseitig verpflichtenden Vertrag. Dem Entgeltanspruch der Prostituierten steht kein Anspruch des Kunden auf Vornahme der sexuellen Handlung gegenüber[278]. Dem Gesetzeswortlaut des § 1 ProstG kann

---

276 So auch Armbrüster in MüKo, 2003, § 1 ProstG, Rn. 4. Dieser weist jedoch einschränkend darauf hin, dass die Handlung, in Übereinstimmung mit dem Strafrecht, von einiger Erheblichkeit sein muss, um als sexuelle im Sinne des ProstG zu gelten. Diese Erheblichkeit könne bei nach ihrem äußeren Erscheinungsbild ambivalenten Handlungen weitaus eher unterschritten sein als bei eindeutig geschlechtsbezogenem Kontakt zwischen Prostituierter und Kunden.

277 Dazu Teil 1, Punkt E.1.

278 Armbrüster, NJW 2002, S. 2763; Braun AuA 2002, S. 457; Grziwotz, FamRZ 2002, S. 1154, Klimpel, 2003, S. 214.

dies auf den ersten Blick zwar nicht ausdrücklich entnommen werden[279]. Allerdings sprechen verschiedene Gesichtspunkte für diese Lösung: Zum einen folgt der dahingehende Wille des Gesetzgebers unmittelbar aus der Gesetzesbegründung. Dort heißt es[280]: „Das Rechtsverhältnis zwischen Prostituierter und Kunden ist als einseitig verpflichtender Vertrag geregelt: Die Kunden können aus diesem Vertrag keine Ansprüche auf sexuelle Leistungen gegenüber der Prostituierten herleiten". Darüber hinaus lässt sich auch die in § 1 S. 1 ProstG gewählte Formulierung des „vereinbarten Entgelts" zugunsten einer einseitigen Verpflichtung des Freiers anführen. Der Gesetzgeber hat offenbar bewusst auf den Vertragsbegriff verzichtet, weil ihm dieser zu sehr synallagmatisch orientiert zu sein schien[281]. Der Gesetzeswortlaut stellt ausschließlich auf die Prostituierte ab. § 1 ProstG nennt „eine rechtswirksame Forderung" und nicht etwa rechtswirksame Forderungen bzw. gegenseitige Forderungen oder Verpflichtungen, wie dies in § 611 Abs. 1 BGB der Fall ist. Die Annahme gegenseitiger Pflichten würde auch dem Normzweck widersprechen, allein die rechtliche Stellung der Prostituierten zu verbessern, denn in diesem Fall normierte das Gesetz auch einen Anspruch des Kunden. Die durch die Rechtsprechung vor Inkrafttreten des Prostitutionsgesetzes vorgenommene rechtliche Bewertung der Dirnenverträge als sittenwidrig und damit nichtig beruhte unter anderem auf der Erwägung, dass die Bereitschaft zur Vornahme sexueller Handlungen jederzeit widerruflich sein müsse[282]. An diesem Grundsatz der jederzeitigen Widerruflichkeit sollte offensichtlich auch das Prostitutionsgesetz nichts ändern, weshalb der Gesetzgeber den Weg des einseitig verpflichtenden Vertrages wählte.

Ob dies tatsächlich notwendig war, erscheint fraglich. Denn auch die Anwendung des Dienstvertragsrechts auf die Vereinbarungen zwischen Prostituierten und Kunden hätte den Schutz Prostituierter davor, vertraglich zugesagte sexuelle Leistungen erbringen zu müssen, wenn sie dies aus bestimmten Gründen später nicht mehr wollen oder können, gewährleistet. Nach § 888 Abs. 3 ZPO lassen sich höchstpersönliche Leistungsansprüche, also auch sexuelle, nicht im Wege des Zwangs durchsetzen. Die Vorschrift verbietet jedoch nur die Erzwingung, nicht die Verurteilung, weshalb eine Klage auf Ableistung der vertraglichen Dienste zulässig wäre[283]. Verweigerte eine Prostituierte nach Zahlung des vereinbarten Entgelts die Vornahme sexueller Betätigungen, so wäre an die

---

279 Vgl. die Empfehlung des Rechtsausschusses (BR-Drs. 817/01) zur Überarbeitung des Art. 1 ProstG mit der Begründung, der auf Vornahme sexueller Handlungen gerichtete Vertrag solle nur einseitig verpflichtend ausgestaltet werden, ohne dass dies aus der Formulierung des § 1 S. 1 ProstG deutlich werde. Kritisch auch die Bundestagsfraktion von CDU/ CSU, BT-Drs. 14/7174, S. 8.

280 BT-Drs. 14/5958, S. 6.

281 Ziethen, NStZ 2003, S. 185.

282 MüKo-Armbrüster, § 1 ProstG, Rn. 7.

283 Hartmann in Baumbach/ Lauterbach/ Albers/ Hartmann, 2004, § 888, Rn. 26.

Stelle des Leistungsanspruchs des Kunden ein Schadensersatzanspruch in Höhe des geleisteten Entgelts getreten, was durchaus interessengerecht erscheint[284]. Letztlich scheint es jedoch dem Anliegen des Gesetzgebers zu entsprechen, Leistungspflichten und darauf beruhende Leistungsklagen im Sexualdienstleistungsbereich gänzlich auszuschließen.

bb. Zustandekommen des Vertrages

Der Prostitutionsvertrag kommt nach den allgemeinen Regeln des Zivilrechts (§§ 145 ff. BGB) durch Angebot und Annahme zustande.
Die auf den Abschluss eines solchen Vertrages gerichtete Willenserklärung einer in der Geschäftsfähigkeit beschränkten Prostituierten bedarf nicht der Zustimmung des gesetzlichen Vertreters. Diese auf den ersten Blick sonderbar erscheinende Lösung folgt aus § 107 BGB in Zusammenhang mit dem zu § 1 S. 1 ProstG Erörterten. Da der Vertragsschluss für die Prostituierte gerade nicht mit einer Leistungspflicht einhergeht, liegt für sie ein lediglich rechtlich vorteilhaftes Rechtsgeschäft vor[285]. Denn allein auf die rechtlichen Folgen des Rechtsgeschäfts stellt § 107 BGB ab[286]. Sonstige Gesichtspunkte, wie etwa eine Störung der Persönlichkeitsentwicklung, berücksichtigt die Vorschrift dagegen nicht[287]. Der Schutz der beschränkt geschäftsfähigen Prostituierten wird letztlich durch das Sexualstrafrecht erreicht, welches in den §§ 176 ff. 180, 182 StGB Grenzen für den sexuellen Kontakt mit Minderjährigen zieht[288].

cc. Entstehungszeitpunkt des Entgeltanspruchs

Nach der in § 1 S. 1 ProstG getroffenen Regelung entsteht der Zahlungsanspruch der Prostituierten nicht schon bei Vertragsschluss, sondern erst mit Vornahme der vereinbarten sexuellen Handlung. Dies lässt sich der Formulierung des Gesetzes im Perfekt - „sind sexuelle Handlungen (...) vorgenommen wor-

---

[284] So auch Laskowski, AuR 2002, 407; vgl auch die Empfehlung des Rechtsausschusses (BR-Drs. 817/01), die zivilrechtlichen Vorschriften des ProstG sollten so überarbeitet werden, dass sie sich in ihrer Einzelausgestaltung besser in das allgemeine Regelungssystem des Schuldrechts einfügen.

[285] Zur Kritik an dieser Lösung Rautenberg, NJW 2002, S. 652; Ziethen, NStZ, 2003, S. 186 hält dieses Ergebnis für wertungsmäßig unhaltbar und begründet die Unwirksamkeit des Vertrages mit § 138 BGB.

[286] Schmitt in MüKo, 2001, § 107 BGB, Rn. 28; Heinrichs in Palandt, 2004, § 107 BGB, Rn. 2.

[287] Ausführlich zu dieser Problematik Armbrüster in MüKo, 2003, § 1 ProstG, Rn. 8.

[288] Die Nichtigkeit einer Vereinbarung im Sinne des § 1 S. 1 ProstG folgt in diesen Fällen aus § 134 BGB, da die Straftatbestände Verbotsgesetze iSd. Vorschrift darstellen (Armbrüster in MüKo, 2003, § 1 ProstG, Rn. 8). Zum umgekehrten Fall der Vereinbarung zwischen Prostituierter und beschränkt geschäftsfähigem Freier vgl. unten A.II.2.

den" - entnehmen[289]. Aufgrund der im Zivilrecht geltenden Privatautonomie können Prostituierte und Kunde aber auch eine abweichende Vereinbarung treffen. Bedingt durch die Rechtslage vor Inkrafttreten des Prostitutionsgesetzes, die Prostituierte zu ihrem eigenen Schutze dazu zwang, nur gegen Vorkasse tätig zu werden, bleibt zu erwarten, dass diese Tradition sich auch unter der neuen Rechtslage weiter durchsetzen wird. Leistet der Kunde das vereinbarte Entgelt nach Aufforderung der Prostituierten dementsprechend bereits vor Vornahme sexueller Handlungen, so besteht darin in der Regel eine konkludente Vorleistungsabrede[290].

dd. Schadensersatzpflicht der Vertragsparteien

Das Prostitutionsgesetz enthält keine schadensersatzrechtlichen Sonderregelungen für Verträge über sexuelle Betätigungen. Für Abweichungen - etwa in Form einer Haftungsprivilegierung - bestehen keinerlei Anhaltspunkte. Die rechtliche Bewertung von Schadensfällen richtet sich daher nach den allgemeinen Vorschriften des Zivilrechts. Da bei der Ausübung des Geschlechtsverkehrs stets die erhöhte Gefahr der gegenseitigen Infektion mit Krankheiten besteht, treffen die Parteien gleichermaßen gegenseitige Schutzpflichten. Im praktisch relevanten Falle einer Infektion richten sich Art und Umfang des Schadensersatzanspruches nach § 280 Abs. 1 iVm. § 241 Abs. 2 BGB bzw. § 823 Abs. 1 und 2 BGB (etwa iVm. § 229 StGB als Schutzgesetz). Dabei gilt der Haftungsmaßstab des § 276 Abs. 2 BGB, so dass dem Geschädigten schon bei leichter Fahrlässigkeit ein Anspruch zusteht[291]. Zugunsten dieser Lösung lässt sich anführen, dass beide Vertragsparteien auf die Einhaltung anerkannter Schutzmaßnahmen bestehen können. Kommt es trotz ordnungsgemäßer Verwendung von Kondomen zu einer Infektion, so wird ein Fahrlässigkeitsvorwurf nur schwerlich aufrechtzuerhalten sein[292]. Einigen sich die Parteien dagegen einvernehmlich darauf, auf Schutzmaßnahmen zu verzichten und wird infolgedessen einer der Vertrags-

---

289 Kohler, JZ 2002, S. 345; anders die Bundestagsfraktion der CDU/CSU (BT-Drs. 14/7174, S. 8), die - zu Unrecht - kritisierte, es sei unklar, ob der Entgeltanspruch vor oder nach Vornahme der sexuellen Handlung entstehe.

290 Kommt es im Anschluss daran nicht zur Vornahme sexueller Handlungen, so besteht ein Rückforderungsrecht des Kunden analog §§ 326 Abs. 4, 346 BGB (Armbrüster, NJW 2002, S. 2764).

291 So auch Armbrüster in MüKo, 2003, § 1 ProstG, Rn. 11, der zutreffend darauf hinweist, dass für die Bejahung gegenseitiger Schutzpflichten noch nicht einmal ein Vertrag Voraussetzung ist, wie sich aus § 311 Abs. 2 BGB ergibt. Insofern sei es nicht einzusehen, warum für die Vereinbarung zwischen Prostituierter und Freier abweichende Reglungen gelten sollten.

292 Eine andere Beurteilung mag erfolgen, wenn einer der Vertragspartner wissentlich an einer hoch ansteckenden Infektion leidet und den Geschlechtsverkehr trotzdem (auch mit Kondom) ausübt. Letztlich ist dies aber eine Frage des Einzelfalls.

partner infiziert, so kürzt sich der Anspruch nach den Regeln des Mitverschuldens, § 254 BGB. Das Schadensersatzrecht stellt insofern in ausreichendem Maße Vorschriften zur Verfügung, die auch auf die Prostitutionsvereinbarung passen.

c. Rechtsverhältnis zwischen Kunde und Bordellbetreiber

Auch Bordellbetreiber und Kunde können eine wirksame Vereinbarung über die Vornahme sexueller Handlungen treffen, die die Prostituierte als Erfüllungsgehilfin erfüllt. Die Gesetzesbegründung[293] spricht diese Konstellation ausdrücklich an. Sie betrifft die Situation, in der eine Prostituierte gegen Zahlung eines festen Gehalts im Bordell arbeitet und aus diesem Grunde der Bordellbetreiber als Arbeitgeber die Verträge mit den Kunden abschließt. Die Entgeltforderung aus der sexuellen Handlung entsteht dann originär beim Inhaber des Bordells. Er erhält sein Geld vom Kunden, die Prostituierte in Form eines „Festgehalts" von ihrem Arbeitgeber[294].
Es stellt sich die Frage, ob für den Vertrag zwischen Bordellbetreiber und Kunden § 1 S. 1 ProstG gilt. Der Gesetzgeber hat sich zu dieser Problematik nicht eindeutig geäußert[295]. Der Wortlaut der Vorschrift steht einer Anwendung nicht entgegen, denn dieser besagt lediglich, dass Vereinbarungen über entgeltliche sexuelle Handlungen eine rechtswirksame Forderung begründen. Eine Beschränkung darauf, dass die sexuelle Handlung zwischen den Partnern der Vereinbarung stattfinden muss, fordert die Norm dagegen nicht, so dass sich auch dieses Vertragsverhältnis darunter subsumieren ließe. Gleichwohl erfasst das Prostitutionsgesetz diese Konstellation nicht[296]. Bereits der Bezeichnung als Gesetz zur Regelung der Rechtsverhältnisse der Prostituierten kann entnommen werden, dass ausschließlich die rechtlichen Beziehungen der Prostituierten zu Kunden oder Bordellbetreibern dem Anwendungsbereich der Norm unterliegen und nicht etwa diejenigen zwischen Kunden und Bordellbetreibern. Gegen die Einbeziehung dieser Konstellation spricht auch der Regelungszweck des Geset-

---

[293] BT-Drs. 14/5958, S. 6: „Eine unmittelbare Entstehung der Forderung bei einer anderen Person als der Prostituierten, in der Regel einem Bordellbetreiber, durch einen direkten Vertragsschluss zwischen Kunden und dem Bordellbetreiber, ist möglich".

[294] Aus diesem Grunde widerspricht die Wirksamkeit einer Vereinbarung zwischen Kunden und Bordellbetreiber auch nicht dem Schutz der Prostituierten, denn diese erhält ihren Lohn zwar nicht vom Freier, wohl aber vom Betreiber des Bordells. Die Festanstellung im Bordell gegen Zahlung eines festen Gehalts führt nicht zu einem Zwang der Prostituierten, die zwischen Bordellbetreiber und Kunden vereinbarten sexuellen Handlungen vorzunehmen, dazu unten A.II.1.d.

[295] In der Entwurfsbegründung findet sich lediglich der unklare Hinweis, dass das Abtretungsverbot des § 2 ProstG einer originären Entstehung der Forderung beim Bordellbetreiber nicht entgegensteht (BT-Drs. 14/5958, S. 6).

[296] Zu Anwendungsbereich und Normzweck des Prostitutionsgesetzes siehe oben A.I.

zes. Ausweislich der Entwurfsbegründung entspricht es dem eindeutigen Willen des Gesetzgebers, allein die rechtliche Stellung der Prostituierten, nicht aber die von Kunden, Bordellbetreibern oder anderen zu verbessern[297]. Die Anwendung des Prostitutionsgesetzes auf Vereinbarungen zwischen Bordellbetreibern und Kunden würde dieser Zielsetzung eindeutig zuwiderlaufen. § 2 ProstG[298] normiert schützende Abweichungen zu den üblichen Regeln des Zivilrechts. Forderungen, die vom ProstG erfasst sind, unterliegen einem weitgehenden Einwendungsausschluss. Zur Vermeidung von Abhängigkeitsstrukturen können sie weder abgetreten noch gepfändet werden. Diese Sondervorschriften sind im Verhältnis zwischen Kunde und Bordellbetreiber nicht angezeigt. Sie würden eine nicht zu rechtfertigende Privilegierung des Bordellbetreibers bedeuten. Aus diesem Grunde bleibt die Vereinbarung zwischen Freier und Bordellbetreiber zwar möglich, sie fällt aber nicht unter das ProstG. Der Prostitutionsvertrag scheitert auch nicht an § 138 BGB, denn die gesetzgeberische Wertentscheidung, Verträge über die Vornahme sexueller Handlungen als wirksam zu erachten, findet auch auf diese Konstellation Anwendung[299].

d. Rechtsverhältnis zwischen Prostituierter und Bordellbetreiber

aa. Arbeitsrechtliche Konsequenzen des Prostitutionsgesetzes

Ein wesentliches Anliegen des Gesetzgebers bestand darin, Prostituierten den Abschluss fester Beschäftigungsverhältnisse, etwa in Bordellen, Saunaclubs oder Massagesalons, zu ermöglichen. Nach Inkrafttreten des Prostitutionsgesetzes scheitern Arbeitsverträge zwischen Prostituierten und ihren Arbeitgebern nicht mehr am Einwand der Sittenwidrigkeit[300]. Eine zentrale arbeitsrechtliche Bedeutung kommt insofern der Vorschrift des § 1 S. 2 ProstG zu, der unter Bezugnahme auf die in § 1 S. 1 ProstG normierte Rechtswirksamkeit bestimmt: „Das Gleiche gilt, wenn sich eine Person, insbesondere im Rahmen eines Beschäftigungsverhältnisses, für die Erbringung derartiger Handlungen gegen ein vorher vereinbartes Entgelt für eine bestimmte Zeitdauer bereithält“.
Das Prostitutionsgesetz normiert für im Sexualdienstleistungsbereich bestehende Arbeitsverhältnisse Sonderregelungen zu den üblichen arbeitsrechtlichen Grundsätzen. Kriterien für das Vorliegen eines Arbeitsverhältnisses sind das Weisungsrecht des Arbeitgebers, die betriebliche Eingliederung des Arbeitnehmers, seine Pflicht zur Einhaltung bestimmter Arbeitszeiten sowie die Verlage-

---

[297] BT-Drs. 14/5958, S. 4.
[298] Dazu unten A.II.2.
[299] Armbrüster in MüKo, 2003, § 1 ProstG, Rn. 12.
[300] Zur arbeitsrechtlichen Rechtslage vor Inkrafttreten des ProstG Teil 1, Punkt E.III.

rung des wirtschaftlichen Risikos auf den Arbeitgeber[301]. Grundlegende Abweichungen bestehen nach dem Prostitutionsgesetz vor allem im Bereich des Direktionsrechts. Im Dienstvertragsrecht stellt die Arbeitspflicht die im Gegenseitigkeitsverhältnis stehende Hauptleistungspflicht des Arbeitnehmers dar[302]. Der Arbeitsvertrag legt die Pflichten des Arbeitnehmers idR. nur rahmenmäßig fest. Durch Ausübung des Direktionsrechts konkretisiert der Arbeitgeber die durch den Arbeitnehmer auszuführenden Tätigkeiten[303]. Dabei stehen ihm weitgehende Gestaltungsbefugnisse zu[304]. Er kann grundsätzlich Inhalt, Art der Durchführung, Zeit, Dauer und Ort der Tätigkeit festlegen[305].

Demgegenüber besitzen Bordellbetreiber nur eingeschränkte Ansprüche gegen die bei ihnen tätigen Prostituierten[306]. Das Dauerschuldverhältnis iSd. § 1 S. 2 ProstG ist - gleichsam § 1 S. 1 ProstG- als einseitige Verpflichtung ausgestaltet[307]. Gemäß § 1 S. 2 ProstG entsteht bereits eine rechtswirksame Forderung der Prostituierten gegen ihren Arbeitgeber, wenn sie sich für eine bestimmte Zeit zur Vornahme sexueller Handlungen bereithält. Die Entstehung des Lohnanspruchs der Prostituierten knüpft folglich allein an das Bereithalten und nicht etwa an die tatsächliche Vornahme sexueller Handlungen an. Innerhalb des Vertragsverhältnisses beschränkt sich das Weisungsrecht des Bordellbetreibers - entgegen den üblichen arbeitsrechtlichen Grundsätzen - auf die Bestimmung von Arbeitszeit und –ort für die Bereithaltung. Anweisungen hinsichtlich Art und Durchführung der Tätigkeiten stellen eine Überschreitung der Direktionsbefugnisse dar[308]. Diese rechtliche Lösung soll der Eigenart der Tätigkeit als Sexualdienstleistung Rechnung tragen. Der Gedanke, dass die Bereitschaft zur Vornahme sexueller Handlungen jederzeit widerruflich sein muss, setzt sich in

301 Bei den genannten Punkten handelt es sich jedoch nur um Indizien. Ob tatsächlich ein Arbeitsverhältnis besteht, bleibt immer eine Frage des Einzelfalls. Auf die Bezeichnung der Parteien kommt es dabei nicht an. Rechtsprechung und h.L. treffen diese Entscheidung, indem sie anhand der genannten Kriterien eine Gesamtwürdigung vornehmen. Vgl. zum Arbeitnehmerbegriff Löwisch, 2002, Rn. 4 ff; Ring, 1998, Rn. 11; Söllner/ Waltermann, 2003, Rn. 53.

302 Putzo in Palandt, 2004, § 611, Rn. 24.

303 BAG DB 1980, 1603: Der Arbeitgeber hat das Recht, „die im Arbeitsvertrag nur rahmenmäßig umschriebene Leistungspflicht des Arbeitnehmers im einzelnen festzulegen".

304 Söllner/ Waltermann, 2003, Rn. 55, 59, 737.

305 § 106 S. 1 GewO lautet: „Der Arbeitgeber kann Inhalt, Ort und Zeit der Arbeitsleistung nach billigem Ermessen näher bestimmen, soweit diese Arbeitsbedingungen nicht durch Arbeitsvertrag, Bestimmungen einer Betriebsvereinbarung, eines anwendbaren Tarifvertrages oder gesetzliche Vorschriften festgelegt sind. Dies gilt auch hinsichtlich der Ordnung und des Verhaltens der Arbeitnehmer im Betrieb".

306 BT-Drs. 14/5958, S. 6.

307 Armbrüster in MüKo, 2003, § 1 ProstG, Rn. 13.

308 BT-Drs. 14/5958, S. 5: Die Prostituierte soll „keinem Direktionsrecht des Bordellbetreibers unterliegen, das über die Bestimmung von Ort und Zeit hinausgeht (z.B. keine freie Auswahl der Kunden)".

der arbeitsrechtlichen Behandlung fort. Die Prostituierte behält hinsichtlich ihrer Tätigkeit ein Höchstmaß an Eigenverantwortung. Sie darf ihre Kunden frei auswählen und bestimmen, welche Art von sexuellen Dienstleistungen sie erbringt und welche nicht[309]. § 3 ProstG stellt dies noch einmal klar, indem er ausdrücklich von einem „eingeschränkten Weisungsrecht" spricht[310].
Dem Gedanken des § 1 S. 2 ProstG entsprechend bestimmt § 2 S. 2 Halbs. 2 ProstG, dass der Bordellbetreiber die Lohnforderung der Prostituierten nur dann ganz oder zum Teil verweigern kann, wenn sie gegen die getroffene Vereinbarung verstoßen hat und sich nicht während des vereinbarten Zeitraums bereithielt[311]. Keine Einwendung steht ihm hingegen zu, wenn die Prostituierte sich zwar innerhalb des vereinbarten Zeitraumes im Prostitutionsbetrieb aufhielt, die Vornahme sexueller Handlungen oder gewisser Praktiken gegenüber erschienenen Kunden jedoch verweigerte.
Die arbeitsrechtlichen Sondervorschriften des Prostitutionsgesetzes rufen grundlegende Bedenken hervor. Kritiker führen etwa an, dass kaum ein Bordellbetreiber zum Abschluss eines Beschäftigungsverhältnisses bereit sein wird, welches einseitig die Prostituierte begünstigt[312]. Die Möglichkeit der Kundenverweigerung bei gleichzeitiger Lohnfortzahlung birgt ein weites Missbrauchspotenzial. Nach geltender Rechtslage ist es praktisch möglich, dass Prostituierte sich innerhalb des gesamten vereinbarten Zeitraumes zur Ausübung sexueller Handlungen bereithalten, die tatsächliche Vornahme derselben aber ablehnen und allein für die körperliche Präsenz im Bordell die volle Lohnzahlung erhalten. Es wird daher vorgeschlagen, dem Missbrauch durch gezielte Arbeitsvertragsgestaltung zu begegnen, indem die Parteien etwa die Zahlung eines bestimmten Grundgehalts und zusätzlich eine Gewinnbeteiligung vereinbaren[313].

bb. Anwendbarkeit arbeitsrechtlicher Bestimmungen

Aufgrund der genannten Abweichungen zu den üblichen Regeln des Arbeitsrechts handelt es sich bei dem Dauerschuldverhältnis iSv. § 1 S. 2 ProstG um einen atypischen Dienst- oder Arbeitsvertrag. Die Regeln des Dienst- und Arbeitsrechts gelangen zur Anwendung, soweit die Besonderheiten der Tätigkeit als Sexualdienstleistung bzw. die Regeln des Prostitutionsgesetzes einer solchen nicht entgegenstehen.

---

309 BT-Drs. 14/5958, S. 6.

310 Die Einhaltung der Grenzen des Direktionsrechts ist auch strafrechtlich geschützt. Dazu unten B.I.1. und 2.

311 BT-Drs. 14/5958, S. 6.

312 So etwa die Kritik der Fraktion der CDU/CSU, BT-Drs. 14/7174, S. 8.

313 BT-Drs. 14/4456, S. 7 (Entwurf der Fraktion der PDS, der in einem § 618d BGB ein Leistungsverweigerungsrecht für lohnabhängig arbeitende Prostituierte vorsah).

Von praktischer Relevanz erweist sich vor allem die Problematik der arbeitsrechtlichen Beurteilung von Weisungsverstößen der Prostituierten gegen Anordnungen des Bordellbetreibers. Insbesondere stellt sich die Frage, inwieweit auf die herkömmlichen Regeln hinsichtlich Abmahnung und Kündigung auch für das Dauerschuldverhältnis iSv. § 1 S. 2 ProstG zurückgegriffen werden kann.

Zunächst bleibt festzuhalten, dass die auf eine Anordnung des Arbeitgebers erfolgende Weigerung einer Prostituierten, einzelne Kunden zu „bedienen" bzw. bestimmte Kundenwünsche zu erfüllen, keine arbeitsrechtlichen Konsequenzen hervorruft. Da derartige Weisungen das sexuelle Selbstbestimmungsrecht der Prostituierten tangieren, steht dem Arbeitgeber diesbezüglich kein Direktionsrecht zu. Gleichwohl erfolgende Weisungen sind mit dem Prostitutionsgesetz unvereinbar und daher rechtswidrig. Rechtswidrige Weisungen braucht der Arbeitnehmer aber grundsätzlich nicht zu befolgen, denn damit würde der Arbeitgeber die Erfüllung einer nicht bestehenden Arbeitspflicht verlangen[314].

Missachtet die Prostituierte dagegen vom Direktionsrecht des Bordellbetreibers erfasste Weisungen, so spricht nichts gegen eine Anwendung der allgemeinen arbeitsrechtlichen Grundsätze, denn sie hat sich mit Vertragsschluss freiwillig dem eingeschränkten Weisungsrecht unterworfen. Die Anordnung des Arbeitgebers an die Prostituierte, sich für eine bestimmte Zeit im Bordell bereitzuhalten, widerspricht auch nicht ihrem Recht auf sexuelle Selbstbestimmung, da die Vornahme sexueller Handlungen damit gerade nicht verlangt wird. Eine schützende Begrenzung der arbeitsrechtlichen Regeln erscheint aus diesem Grunde nicht angezeigt. Für den Bordellbetreiber besteht in derartigen Fällen die Möglichkeit einer arbeitsrechtlichen Sanktion. Der Verstoß gegen das eingeschränkte Weisungsrecht führt daher zunächst zu einer Kürzung des Entgeltanspruches (§ 2 S. 2 Halbs. 2 ProstG). Daneben steht dem Arbeitgeber auch das Recht zu, sich nach den gängigen Regeln durch form- und fristgerechte Kündigung (§§ 622, 623 BGB) von dem Arbeitsverhältnis zu lösen. Als milderes Mittel muss er gegebenenfalls vorher abmahnen.

Dagegen kann die Prostituierte das Beschäftigungsverhältnis nach dem Willen des Gesetzgebers jederzeit ohne Einhaltung einer Kündigungsfrist durch einseitige Erklärung gegenüber dem Bordellbetreiber beenden[315]. Dies ergibt sich aus der gesetzgeberischen Entscheidung, Vereinbarungen im Sinne des § 1 ProstG als einseitige Verpflichtung des Kunden bzw. des Arbeitgebers auszugestalten. Der Ausstieg aus der Prostitution, und damit auch aus dem Bordell, soll jederzeit möglich sein[316]. Dies wäre aber nicht der Fall, wenn sich die Prostituierte

[314] Hromadka/ Maschmann, 2002, § 6, Rn. 24.
[315] BT-Drs. 14/5958, S. 5.
[316] BT-Drs. 14/5958, S. 6.

bis zum Ablauf der regulären Kündigungsfrist zur Vornahme sexueller Handlungen dort bereithalten müsste[317].

cc. Arbeitsrechtliche Unterschiede zu anderen Berufen

Die durch § 1 S. 2 ProstG geschaffene Möglichkeit, arbeitsrechtsähnliche Beschäftigungsverhältnisse einzugehen, löste zahlreiche Debatten aus, innerhalb deren die praktischen Folgen der Prostitution als ein „normaler Beruf" ausgemalt wurden. Schlagworte wie etwa „Prostitution als Ausbildungsberuf", „Vermittlung freier Prostituiertenstellen durch die Bundesanstalt für Arbeit" oder „berufliche Weiterbildungs- und Aufstiegschancen in der Sexbranche" sorgten für Diskussionsstoff[318].

Die genannten Punkte bildeten auch Gegenstand der Verhandlungen des Gesetzentwurfs zum Prostitutionsgesetz im Deutschen Bundestag. Innerhalb dieser Beratungen erfolgte die ausdrückliche Klarstellung, dass der Gesetzgeber eine vollständige arbeitsrechtliche Gleichstellung mit anderen Berufen, die konsequenterweise auch eine Berufsausbildung im Bereich der Prostitution oder eine Stellenvermittlung durch das Arbeitsamt[319] beinhalten würde, nicht bezweckt. Damit soll die Prostituierte nach Einschätzung des Gesetzgebers nicht abgewertet, sondern lediglich der Eigenart ihrer Tätigkeit als Sexualdienstleistung Rechnung getragen werden[320].

Eine derartige Form der Gleichstellung mit anderen Berufen widerspräche der Realität und erscheint auch mit dem Recht auf sexuelle Selbstbestimmung unvereinbar. Der Sinn einer Berufsausbildung besteht darin, theoretische und praktische Kenntnisse für die spätere Berufsausübung zu vermittelt. Für den Beruf der Prostituierten bedeutete dies die Vermittlung von Sexualpraktiken in

---

[317] Dazu Armbrüster in MüKo, 2003, § 1 ProstG, Rn. 15.

[318] Vgl etwa Vahle, NZA 2002, S. 1077, der die berufliche Karriere der 18 Jahre alten Abiturientin Anke S. beschreibt, die nach eingehender Überlegung beschließt, den Beruf der Prostituierten zu ergreifen, beim Arbeitsamt Informationsmaterial zum Lehrberuf „Prostituierte(r)" findet und sich für eine Ausbildungsstelle bei Madame X entscheidet.

[319] Wie das Nachrichten-Magazin „Der Spiegel" in der Ausgabe vom 21.07.2003, S. 50 berichtete, unternahm tatsächlich ein Bordellgründer den Versuch eines Job-Angebotes „Prostituierte(r)" beim Arbeitsamt. Nachdem die Behörde sich zunächst für den Vermittlungsauftrag bedankte, sprach sie wenige Tage danach die Ablehnung der Vermittlungstätigkeit aus, „weil der damit verbundene Aufwand die bisherige Entwicklung in diesem Marktsegment nicht rechtfertigt".

[320] So die Abgeordnete Brandt-Elsweier als Sprecherin der SPD-Fraktion, BT-Plenarprotokoll 14/168, S. 16486: „Zu einem Beruf im arbeitsrechtlich korrekten Sinne gehört nämlich zum Beispiel auch, dass in diesem ausgebildet werden kann oder dass dem Arbeitsamt freie Stellen gemeldet werden können, und dieses seinerseits in freie Stellen vermitteln kann. Ich sage hier klar und deutlich: Das ist von uns nicht gewollt und das wird es auch nicht geben".

Theorie und Praxis. Fordern Interessenvertretungen die Anerkennung der Prostitution als Beruf, so ist damit in aller Regel nicht ein Ausbildungsberuf gemeint, sondern die Beseitigung rechtlicher und sozialer Diskriminierung. Die Annahme eines Ausbildungsberufes birgt die Gefahr neuer Reglementierungen und kann daher auch nicht im Interesse der Betroffenen liegen[321].

e. Ersatz des Verdienstausfalls

Auch im Schadensersatzrecht haben sich nach Inkrafttreten des Prostitutionsgesetzes grundlegende Änderungen ergeben. § 1 S. 1 ProstG beinhaltet die gesetzgeberische Wertung, dass es sich bei der aus der Vornahme sexueller Handlungen resultierenden Entgeltforderung Prostituierter um einen von der Rechtsordnung geschützten Anspruch handelt. Eine Begrenzung des Verdienstausfalls bis zur Höhe des existenzdeckenden Einkommens, wie in langjähriger Tradition von der höchstrichterlichen Rechtsprechung[322] vertreten, erscheint mit der dem § 1 ProstG zugrunde liegenden Wertung unvereinbar. Die Aufrechterhaltung dieser Rechtsansicht würde dem Normzweck des Prostitutionsgesetzes, die rechtliche und soziale Situation Prostituierter zu verbessern, widersprechen und eine nicht zu rechtfertigende Diskriminierung Prostituierter gegenüber Angehörigen anderer Berufsgruppen bedeuten.
Für Art und Umfang des Schadensersatzes gelten nun die allgemeinen Regeln des Zivilrechts (§§ 249 ff. BGB). Eine etwa durch Unfall verletzte Prostituierte kann daher von ihrem Schädiger den entgangenen Gewinn gemäß § 252 BGB verlangen[323]. Darunter fallen alle Vermögensvorteile, die im Zeitpunkt des schädigenden Ereignisses noch nicht zum Vermögen der Prostituierten gehörten, die ihr ohne dieses Ereignis aber zugeflossen wären[324].

2. Forderungsabtretung und Einwendungsausschluss

Bei der aus der Vornahme sexueller Handlungen resultierenden Entgeltforderung handelt es sich nach der Wertung des Prostitutionsgesetzes um eine höchstpersönliche Forderung. Das Gesetz normiert für diese ein Abtretungsverbot sowie einen weitgehenden Einwendungsausschluss. § 2 ProstG lautet: „Die Forderung kann nicht abgetreten und nur im eigenen Namen geltend gemacht werden. Gegen eine Forderung gemäß § 1 Satz 1 kann nur die vollständige, gegen eine Forderung nach § 1 Satz 2 auch die teilweise Nichterfüllung, soweit sie die vereinbarte Zeitdauer betrifft, eingewendet werden. Mit Ausnahme des Er-

[321] Leopold/ Steffan/ Paul, 1994, S. 31.
[322] BGHZ 67, 127; dazu Teil 1, Punkt E.I.
[323] So auch Armbrüster, NJW 2002, S. 2764 ff.
[324] Kuckuk in Erman, 2000, § 252 BGB, Rn. 1.

füllungseinwandes gemäß § 362 des Bürgerlichen Gesetzbuchs und der Einrede der Verjährung sind weitere Einwendungen und Einreden ausgeschlossen".

Nach § 851 ZPO ist eine solche Forderung auch unpfändbar. Das in § 2 S. 1 ProstG vorgesehene Abtretungsverbot beruht auf der Intention des Gesetzgebers, ausschließlich die Rechtsstellung der Prostituierten und nicht diejenige Dritter zu verbessern[325]. Der Gesetzgeber will verhindern, dass Bordellbetreiber über Druckpotential verfügen[326] und letztlich Konstellationen ausschließen, in denen Zuhälter Prostituierte zunächst in Schulden verstricken und sich im Anschluss daran als Gläubiger aus der Abtretung der Lohnforderung befriedigen. Diese Möglichkeit könnte einen mittelbaren Druck zur Weiterarbeit erzeugen. Das Abtretungsverbot hindert allerdings nicht das unmittelbare Entstehen der Forderung bei einer anderen Person als der Prostituierten, also idR. dem Bordellbetreiber als Arbeitgeber[327].

§ 2 S. 2 und 3 ProstG schließen Einwendungen und Einreden gegen die Forderung der Prostituierten weitgehend aus. Der Kunde kann sich nicht darauf berufen, die sexuelle Dienstleistung sei „schlecht" gewesen[328], sondern lediglich die vollständige Nichtleistung gegen den Zahlungsanspruch der Prostituierten einwenden (§ 2 S. 2 Halbs. 1 ProstG). Eine vollständige Nichtleistung liegt aber nur dann vor, wenn keinerlei sexuelle Betätigungen stattfanden. Im Umkehrschluss besteht daher für die Prostituierte die Möglichkeit, die einmal begonnene sexuelle Handlung jederzeit abzubrechen, ohne finanzielle Einbußen zu erleiden[329].

§ 2 ProstG schließt auch die Aufrechnung nach § 387 BGB aus, um Prostituierten den jederzeitigen Ausstieg aus dem Gewerbe zu ermöglichen. Wie schon beim Abtretungsverbot besteht der Grund in der Vermeidung von Druckpotential. Es soll abermals unterbunden werden, dass Bordellbetreiber Prostituierte zunächst in Schulden verstricken und im Anschluss daran ihre Rückzahlungsforderung gegen den Lohnanspruch der Prostituierten aufrechnen. Auf diese Weise könnte ein indirekter Zwang entstehen, die Schulden im Bordell „abzuarbeiten"[330]. In diesem Zusammenhang stellt sich die Frage, ob eine Aufrechnung auch dann ausscheidet, wenn sie durch die Prostituierte und nicht den Bordellbetreiber erklärt wird. Dagegen spricht der Aspekt, dass die Prostituierte in dieser Konstellation aus freien Stücken auf ihren Schutz verzichtet. Gleichwohl

---

325 BT-Drs. 14/5958, S. 6.

326 Demgegenüber kritisierte die Fraktion der PDS das Abtretungsverbot als rechtliche Schlechterstellung der Prostituierten (BT-Drs. 14/7174, S. 9).

327 Darunter fällt die bereits oben erörterte Konstellation (A.II.1.c), dass der Bordellbetreiber als Arbeitgeber der Prostituierten die Vereinbarungen über die Vornahme sexueller Handlungen abschließt.

328 BT-Drs. 14/5958, S. 5.

329 Armbrüster, NJW 2002, S. 2764.

330 BT-Drs. 14/5958, S. 6.

kommt eine Aufrechnung nicht in Betracht[331]. Ließe man die Aufrechnung zu, so bestünde die Gefahr, dass eine solche Entscheidung nicht autonom und freiwillig, sondern vielmehr aufgrund faktischer Zwänge des Arbeitgebers erfolgt. In einer solchen Situation wird die Prostituierte häufig keine andere Möglichkeit haben, als die Aufrechnung zu erklären. § 2 ProstG schließt den Einwand der Aufrechnung daher gänzlich aus, unabhängig davon, wer sie erklärt[332]. Gleiches gilt für Stundungs- und Erlassvereinbarungen.

Trotz des vom Gesetzgeber intendierten umfassenden Schutzes vor wirtschaftlicher Ausbeutung wird der Wortlaut des § 2 S. 3 ProstG teilweise für zu weitgehend erachtet[333]. Kritiker führen an, es sei nicht einzusehen, warum die Systematik des Zivilrechts, etwa im Bereich des Minderjährigenschutzes oder des Anfechtungsrechts, für die Vereinbarungen Prostituierter nicht gelten sollte. Dieser Einwand besteht zu Recht. Der Sinn des Prostitutionsgesetzes erschöpft sich darin, die Prostituierte vor den typischen Risiken ihrer Dienstleistung zu bewahren und die bisherige zivilrechtliche Benachteiligung, die insbesondere auf dem Verdikt der Sittenwidrigkeit beruhte, zu korrigieren[334]. Dieses Ziel rechtfertigt es aber nicht, die Wirksamkeit ihrer Forderung absolut zu schützen und sie über sämtliche durch das Zivilrecht geschützte Interessen zu stellen. So gelangen trotz der Vorschrift des § 2 ProstG die Regeln über die Geschäftsfähigkeit zur Anwendung. Die Vereinbarung zwischen einer Prostituierten und einem beschränkt geschäftsfähigen Kunden bedeutet für letzteren die Pflicht zur Zahlung des vereinbarten Entgelts. Da sich dies für ihn als rechtlich nachteilig erweist, bedarf er dazu gemäß § 107 BGB der Einwilligung des gesetzlichen Vertreters. Der allgemeine Rechtsverkehr birgt regelmäßig das „Risiko“ der Konfrontation mit einem minderjährigen Vertragspartner, welches durch gezieltes Nachfragen minimiert werden kann. Es bestehen keinerlei sachgerechte Gründe für eine Sonderbehandlung von Prostitutionsverträgen. Ebenso ist nicht einzusehen, weshalb der Vertragsschluss mit einem sich im Zustand des § 105 Abs. 2 BGB befindlichen Kunden wirksam sein sollte. Auch im Bereich des Anfechtungsrechts genießt der Schutz des Irrenden, Getäuschten oder Bedrohten Vorrang vor dem Interesse der Prostituierten an der Wirksamkeit der Ver-

---

331 Kritisch Kohler, JZ 2002, S. 345, Fn. 8.

332 Armbrüster in MüKo, 2003, § 2 ProstG, Rn. 2.

333 Vgl. etwa die Anmerkung Schroeders in JR 2002, S. 408, der Ausschluss des gesamten Rechtsschutzes des Vertragspartners - vom Schutz der Geschäftunfähigkeit und der beschränkten Geschäftsfähigkeit bis zum Irrtum, etwa über die Höhe des Entgelts - sei bisher einmalig.

334 BT-Drs. 14/5958, S. 4.

einbarung. Aus diesem Grunde muss eine teleologische Reduktion des § 2 ProstG erfolgen[335].

3. Sozialrechtliche Auswirkungen

Das Prostitutionsgesetz hat Prostituierten den Zugang zu den sozialen Sicherungssystemen eröffnet. In Prostitutionsbetrieben tätige Prostituierte erfüllen die typischen Merkmale abhängig Beschäftigter und sollten diesen daher auch hinsichtlich der sozialen Absicherung gleichgestellt werden[336]. § 3 ProstG dient der Klarstellung, dass das eingeschränkte Direktionsrecht des Arbeitgebers der Annahme einer Beschäftigung iSd. Sozialversicherungsrechts nicht entgegensteht[337]. Nach dem Willen des Gesetzgebers reicht es aus, „dass faktisch eine abhängige Tätigkeit ausgeübt wird, die durch ein eingeschränktes Direktionsrecht des Arbeitgebers bei einem Höchstmaß an Eigenverantwortung der Prostituierten, einer gewissen Eingliederung in den Betrieb und die Freiwilligkeit der Tätigkeit gekennzeichnet ist“[338]. Die Möglichkeit des Zugangs zu den sozialen Sicherungssystemen erforderte keine Änderung des Sozialgesetzbuches, denn sie bestand für Prostituierte theoretisch auch schon vor Inkrafttreten des Prostitutionsgesetzes, wie eine Entscheidung des Bundessozialgerichts[339] ausdrücklich klarstellte. Das Gericht hat im Falle eines Mitarbeiters, der für ein Unternehmen tätig war, welches Online-Dialoge sexuellen Inhalts im Bildschirmtext anbot, eine Sozialversicherungs- und Beitragspflicht bejaht und in seiner Entscheidung ausdrücklich darauf hingewiesen, dass auch eine eventuelle Sittenwidrigkeit der Tätigkeit an dieser Lösung nichts ändert.
Für Prostituierte beurteilt sich die Frage der Sozialversicherungspflicht nach § 7 Abs. 1 S. 1 SGB IV. Nach dieser Vorschrift ist Beschäftigung im Sinne des Sozialversicherungsrechts die nichtselbstständige Arbeit, insbesondere in einem Arbeitsverhältnis. Das Sozialversicherungsrecht knüpft folglich an eine Be-

---

[335] Armbrüster in MüKo, 2003, § 2 ProstG, Rn. 3, Heinrichs in Palandt, 2004, Anh zu § 138, § 2 ProstG, Rn. 1; Ziethen, NStZ 2003, S. 186. Auch in diese Richtung tendierend, Kohler, JZ 2002, S. 345, Fn. 7: „...hier (hinsichtlich des Mangels voller Geschäftsfähigkeit, Verf.) lässt sich immerhin anführen, dass solche Rechtsgeschäftsmängel schon das Vorhandensein eines vereinbarten Entgelts im Sinne des § 1 S. 1 ProstG ausschließen dürften, wenn auch hier trotz § 2 S. 3 ProstG wie üblich nur eine wirksame Entgeltvereibarung gemeint sein sollte; diese Lesart müsste aber wohl auch zur Anfechtung nach §§ 119 Abs. 2, 123 BGB berechtigen“.

[336] BT-Drs. 14/5958, S. 5.

[337] BT-Drs. 14/7174, S. 7.

[338] BT-Drs. 14/5958, S. 5.
§ 3 ProstG lautet: „Bei Prostituierten steht das eingeschränkte Weisungsrecht im Rahmen einer abhängigen Tätigkeit der Annahme einer Beschäftigung im Sinne des Sozialversicherungsrechts nicht entgegen“.

[339] BSG v. 10.8.2000 – B 12 KR 21/98 R = AuR 2001, 152.

schäftigung an und benennt das Arbeitsverhältnis lediglich als Regelfall. Die Norm unterscheidet also zwischen dem Arbeits- und dem Beschäftigungsverhältnis, womit der Gesetzgeber die Selbständigkeit des Sozialversicherungsrechts gegenüber dem Arbeitsrecht dokumentiert. Auf die Gültigkeit des Arbeitsvertrages kommt es daher grundsätzlich nicht an[340]. Für diese Lösung spricht auch der Sinn und Zweck der Sozialversicherungspflicht, die wirtschaftliche Existenz abhängig Beschäftigter zwangsweise zu sichern[341].
War der Zugang zu den Sozialversicherungssystemen auch schon vor Inkrafttreten des ProstG möglich, so scheiterte er faktisch an § 180a Abs. 1 Nr. 2 a.F. StGB[342]. Bordellbetreibern, bei denen Prostituierte unter Bedingungen tätig waren, die ein Beschäftigungsverhältnis iSd. Sozialversicherungsrechts kennzeichneten, drohte aufgrund dieser Vorschrift unter Umständen eine Strafverfolgung[343]. Zwar schloss die Strafbarkeit des Bordellbetreibers den Zugang Prostituierter zu den sozialen Sicherungssystemen nicht aus, denn der Straftatbestand diente nach Vorstellung des Gesetzgebers deren Schutz[344]. Dieser wäre aber in sein Gegenteil verkehrt worden, wenn die Strafbarkeit des Zuhälters den Ausschluss der Prostituierten aus der Sozialversicherung bedeutet hätte. Die Meldung zur Sozialversicherung unterblieb vielmehr aufgrund der Tatsache, dass eine solche die Gefahr der strafrechtlichen Verfolgung erhöhte[345]. Der Weg zu den sozialen Sicherungssystemen machte daher neben der Klarstellung, dass das eingeschränkte Direktionsrecht der Annahme eines sozialversicherungspflichtigen Beschäftigungsverhältnisses nicht entgegensteht, auch eine sexualstrafrechtliche Änderung erforderlich. § 180a Abs. 1 Nr. 2 StGB wurde durch Art. 2 ProstG gestrichen. Damit können Prostituierte unter sozialversicherungsrechtlicher Absicherung freiwillig als abhängig Beschäftigte oder selbständig tätig sein. Zusätzlich intendierte der Gesetzgeber auch einen kollektiven Vorteil. Mit der Beitragszahlung in die Sozialversicherungssysteme finanzieren Prostituierte

---

340 Felix, NZS 2002, S. 227.

341 Felix, NZS 2002, S. 228.

342 § 180a Abs. 1 Nr. 2 StGB a.F. lautete: „Wer gewerbsmäßig einen Betrieb unterhält oder leitet, in dem Personen der Prostitution nachgehen und in dem die Prostitutionsausübung durch Maßnahmen gefördert wird, welche über das bloße Gewähren von Wohnung, Unterkunft oder Aufenthalt und die damit üblicherweise verbundenen Nebenleistungen hinausgehen, wird...bestraft".

343 Zur Problematik dieser Vorschrift und der Änderung des Sexualstrafrechts durch das Prostitutionsgesetz vgl. unten B.I.1.a.

344 § 180a Abs. 1 Nr. 2 diente dem Schutz der persönlichen und wirtschaftlichen Unabhängigkeit der Prostituierten. Die Norm sollte verhindern, dass Menschen durch Handlungen Dritter in die Prostitution verstrickt oder dort festgehalten werden, vgl. Lackner/ Kühl, 2001, Vorbem § 174, Rn. 4.

345 Dazu ausführlich BT-Drs. 14/5958, S. 5.

selbst ihre Existenzsicherung bei Krankheit, Alter und Arbeitslosigkeit, ohne auf staatliche Unterstützungsleistung angewiesen zu sein[346].

4. Zivilrechtliche Forderungen an den Gesetzgeber

a. Eingliederung der Prostitution in das Dienstvertragsrecht

Die Frage einer angemessenen Regelung der rechtlichen und sozialen Situation Prostituierter stellte bereits lange vor Erlass des Prostitutionsgesetzes einen Gegenstand öffentlicher Diskussionen dar. Neben Politikern, Sozialwissenschaftlern und Juristen unterbreitete auch die Deutsche Hurenbewegung selbst, ein Zusammenschluss von Prostituiertenorganisationen verschiedener Städte, einen umfassenden Reformentwurf[347]. Allen Forderungen an den Gesetzgeber war die Befreiung der Prostitution vom Verdikt der Sittenwidrigkeit und der damit einhergehenden zivilrechtlichen Nichtigkeit der Verträge gemeinsam[348]. Diesem grundsätzlichen Anliegen entsprach der Gesetzgeber durch die Normierung eines wirksamen Entgeltanspruchs der Prostituierten in § 1 S. 1 ProstG[349].
Die konkrete Ausgestaltung der zivilrechtlichen Regelungssystematik unterscheidet sich allerdings grundlegend von den Plänen der Deutschen Hurenbewegung. Der von ihr vorgelegte Reformentwurf basiert auf dem Streben nach einer vollständigen beruflichen Anerkennung durch die Abschaffung aller Sondervorschriften zur Prostitution[350]. Mit dem Prostitutionsgesetz hat der Gesetzgeber jedoch gerade ein Spezialgesetz für Prostituierte erlassen[351]. Während die Legislative sich für die gesonderte Lösung der Problematik über ein eigenständiges Gesetz entschied, sprach sich die Deutsche Hurenbewegung für eine Integration der Sexualdienstleistungen in das BGB aus. Die Regelungen des

---

346 BT-Drs. 14/5958, S. 5.

347 Deutsche Hurenbewegung (Hrsg.), Gesetzesentwurf zur rechtlichen und sozialen Gleichstellung von Prostituierten mit anderen Erwerbstätigen.

348 Vgl. statt Vieler: Deutsche Hurenbewegung, 1996, S. 2; Leopold/ Steffan/ Paul, 1993, S. 301.

349 Die Bundestagsfraktion der CDU/CSU sprach sich hingegen im Gesetzgebungsverfahren dafür aus, weiterhin an der Sittenwidrigkeit festzuhalten. Als Begründung wurde angeführt, das Anbieten des eigenen Körpers sei mit der Menschenwürde unvereinbar. Auch das zur Zeit des Gesetzgebungsverfahrens noch geltende Recht stelle die Prostituierte nicht schutzlos. Vorher gezahltes Geld könne aufgrund der bereicherungsrechtlichen Regelung des § 817 S. 2 BGB nicht zurückgefordert werden, und das Strafecht schütze vor der gewaltsamen Wegnahme des Erhaltenen (vgl. BT-Drs. 14/7174, S. 8).

350 Deutsche Hurenbewegung, 1996, S. 3: Die Hurenbewegung ist „zu dem Ergebnis gekommen, dass es die einzige Lösung ist, die Abschaffung aller bestehender Sondergesetze zur Prostitution zu fordern".

351 So auch die Kritik der Fraktion der PDS, durch die Regelung in einem eigenen Gesetz behalte die Prostitution eine Sonderstellung (BT-Drs. 14/7174, S. 9).

Dienstvertragsrechts sollten durch Hinzufügung eines § 617a BGB mit folgendem Wortlaut ergänzt werden[352]: „Für die Erbringung sexueller Dienstleistungen gegen Entgelt (Prostitution) gelten zusätzlich die §§ 617b – e". Die vorgeschlagene Regelung diente der Klarstellung, dass es sich bei dem zwischen Prostituierter und Kunde geschlossenen Vertrag um einen Dienstvertrag handelt[353]. Damit wäre zugleich inzident normiert worden, dass eine Nichtigkeit des Prostitutionsvertrages aufgrund von Sittenwidrigkeit nicht mehr in Betracht kommt.

Weitgehende Einigkeit besteht darüber, dass die Wirksamkeit des Prostitutionsvertrages nicht zu einer Einschränkung des sexuellen Selbstbestimmungsrechts Prostituierter führen darf und dass dieses im Konfliktfall gegenüber dem Erfüllungsinteresse des Kunden bzw. des Arbeitgebers den Vorrang genießt. Zu diesem Zwecke sah der Reformentwurf der Deutschen Hurenbewegung die Normierung eines Leistungsverweigerungsrechts vor[354]. Lohnabhängig arbeitende Prostituierte wären danach berechtigt gewesen, bei einzelnen Kunden sämtliche oder auch nur einzelne Dienstleistungen abzulehnen (§ 617d Abs. 1 BGB des Entwurfs). Dem Arbeitgeber sollte es zudem nicht gestattet sein, an eine erfolgte Ablehnung arbeitsrechtliche Sanktionen zu knüpfen (§ 617d Abs. 2 BGB des Entwurfs). Daneben enthielt der Entwurf, ebenfalls zum Schutze der sexuellen Selbstbestimmung von Prostituierten, auch einen neu einzufügenden § 617b BGB zur Beschränkung von Sekundäransprüchen des Kunden: „Im Falle der Schlechtleistung und der Nichterfüllung haftet der / die Dienstleistende nur auf das negative Interesse". Die Beweislast hätte dabei nach den allgemeinen Regeln des Zivilprozessrechts beim Kläger gelegen. Aufgrund der Schwierigkeit eines solchen Beweises im Sexualdienstleistungsbereich erscheint die Wahrscheinlichkeit ungerechtfertigter Schadensersatzprozesse gering. Im Falle der Nichtleistung sollte höchstens das Entgelt an den Kunden zurückgezahlt wer-

[352] Eine Ergänzung des Dienstvertragsrechts sah auch der Gesetzesentwurf der PDS (BT-Drs. 14/4456, S. 3) vor. Ein nahezu wörtlich den Forderungen der Hurenbewegung ähnelnder § 618a BGB sollte bestimmen: „Für die Erbringung sexueller Dienstleistungen gegen Entgelt in Form der Prostitution gelten zusätzlich die §§ 618b bis 618d".
Bereits im Jahre 1990 brachten die Grünen einen Gesetzentwurf zur Beseitigung der rechtlichen Diskriminierung von Prostituierten (Antidiskriminierungsgesetz Teil III) in den Bundestag ein (BT-Drs. 11/7140). Auch dieser beinhaltete, die zivilrechtliche Wirksamkeit der Dirnenverträge durch eine Änderung des Dienstvertragsrechts zu gewährleisten. § 611 Abs. 2 BGB sollte folgendermaßen ergänzt werden: „Gegenstand des Dienstvertrages können Dienstleistungen jeder Art - sexuelle Dienstleistungen eingeschlossen - sein". (BT-Drs. 11/7140, S. 3).

[353] Deutsche Hurenbewegung, 1996, S. 34.

[354] Deutsche Hurenbewegung, 1996, S. 35.

den[355], da eine Haftung auf das positive Interesse einen indirekten Druck zur weiteren Vertragsdurchführung hätte erzeugen können[356].
Im Unterschied zum Entwurf der Deutschen Hurenbewegung sind nach dem Prostitutionsgesetz keinerlei leistungsbezogene Schadensersatzansprüche möglich. § 2 ProstG[357] normiert nicht nur einen Abtretungs- und weitgehenden Einwendungsausschluss, sondern schließt darüber hinaus sämtliche Schadensersatzansprüche oder sonstigen Rechtsbehelfe aus, die sich auf leistungsbezogene Pflichtverletzungen stützen.
Zusammenfassend bleibt festzuhalten: Das Prostitutionsgesetz betont den Schutz der sexuellen Selbstbestimmung stärker als der Entwurf der Interessenvertretungen. Es behandelt die Vereinbarungen Prostituierter als einseitige Verpflichtungen, das heißt, schon mit Vertragsschluss entsteht keine Leistungspflicht der Prostituierten. Demgegenüber begründet die von der Deutschen Hurenbewegung vorgeschlagene Lösung über das Dienstvertragsrecht grundsätzlich eine Verpflichtung beider Vertragspartner, also auch einen Anspruch des Freiers gegen die Prostituierte auf Vornahme der vereinbarten Handlung bzw. einen Anspruch des Arbeitgebers auf Erfüllung der Arbeitsleistung. Der erforderliche Schutz sollte über die Normierung des Leistungsverweigerungsrechts (§ 617d BGB) bzw. die Beschränkung des Schadensersatzes auf das negative Interesse (§ 617b BGB) gewährt werden. Im Hinblick auf die Überlegung, rechtliche Divergenzen zu anderen Erwerbstätigen zu beseitigen, erweist sich die Lösung über das Dienstvertragsrecht aus Sicht der Interessenvertretungen als konsequent.

---

[355] Deutsche Hurenbewegung, 1996, S. 34. In diesem Zusammenhang ist jedoch festzuhalten, dass die Haftung auf das negative Interesse nicht nur die Rückzahlung erhaltener Leistungen erfasst. Vielmehr ist der Freier so zu stellen, wie er stehen würde, wenn er auf die Gültigkeit des Vertrages vertraut hätte. Der Schadensersatzanspruch erfasst daher auch fehlgeschlagene Aufwendungen, etwa in Form von Telefon- und Anfahrtskosten (vgl. Kramer in MüKo, 2001, § 122 BGB, Rn. 8).

[356] Die gleiche Überlegung findet sich im Gesetzesentwurf der PDS (BT-Drs. 14/4456, S. 3, 7) der sich stark an den Forderungen der Deutschen Hurenbewegung orientierte. Der Entwurf sah die Einfügung eines § 618b BGB mit folgendem Wortlaut vor: „Leistungsstörungen. Im Falle des Verzugs, der Schlechtleistung und der ganz oder teilweisen Nichterfüllung haftete der / die Verpflichtete ausschließlich nach Maßgabe des § 628 BGB". Auch hier argumentierte man mit dem Schutz der sexuellen Selbstbestimmung der Prostituierten. Die Haftungsbeschränkung auf die Verpflichtung zur Rückzahlung des Entgelts bei Schlechtleistung, Verzug und Nichterfüllung verhindere jeden indirekten Druck auf die freie Willensentscheidung der Prostituierten. Die Regelung ermögliche es ihr, zu jedem Zeitpunkt der Vertragsfortführung die weitere Dienstleistung zu verweigern, ohne Schadensersatzansprüche befürchten zu müssen. Es sei lediglich das Entgelt zurückzuerstatten.

[357] Dazu oben A.II.2.

b. Haftungsbeschränkungen

Der von der Deutschen Hurenbewegung vorgelegte Entwurf beinhaltete schadensrechtliche Regelungen. Aufgrund der Gefahr einer Übertragung von Geschlechtskrankheiten bei Ausübung des Geschlechtsverkehrs erachtete man eine detaillierte Regelung für notwendig. Ein neu einzufügender § 617c Abs. 1 BGB[358] sah die gegenseitige Begrenzung der Haftung auf Vorsatz und grobe Fahrlässigkeit vor. Absatz 2 der Vorschrift schloss die Haftung für Infektionen aus, sofern die Parteien zuvor Gesundheitsvorsorge durch anerkannte Schutzmaßnahmen betrieben haben. Die genannten Haftungsbegrenzungen der Absätze 1 und 2 sollten jedoch dann nicht gelten, wenn eine Partei der anderen auf deren Nachfrage das Bestehen einer Infektion verschweigt und die andere Seite daraufhin infiziert wird (Abs. 3). Grund dieser Reformpläne war die Überlegung, dass beide Vertragsparteien ihre Gesundheit durch Verwendung von Kondomen schützen können[359]. Die Ausgestaltung der Haftung intendierte die Schaffung eines Anreizes zur Krankheitsvorsorge[360].

Der Forderung einer Haftungsbegrenzung kam der Gesetzgeber nicht nach. Die Beurteilung von Schadensersatzansprüchen im Infektionsfalle richtet sich nach den üblichen Regeln des BGB[361]. Aber auch diese bieten einen Anreiz zu verantwortlichem Handeln der Vertragspartner. Der Fahrlässigkeitsvorwurf des § 276 BGB ist weitaus schwerer zu begründen, wenn ordnungsgemäße Schutzvorkehrungen getroffen werden und keine Anzeichen für eine Erkrankung bestehen. Die Regelung über das Mitverschulden (§ 254 Abs. 1 BGB) ermöglicht sachgerechte und flexible Lösungen. Auch im Hinblick auf das zivilrechtliche Haftungssystem erscheint der Entwurf der Deutschen Hurenbewegung fragwürdig. Gesetzliche Haftungsbeschränkungen normiert das BGB zum Schutze des

---

[358] Deutsche Hurenbewegung, 1996, S. 34: „§ 617c. Schadensersatz. (1) Prostituierte und Kunden haften für Schäden des Vertragspartners nur bei Vorsatz oder grober Fahrlässigkeit.
(2) Die Haftung für Schäden, die aus der Infektion des Vertragspartners mit einer durch sexuelle Dienstleistungen übertragbaren Krankheit entstehen, ist ausgeschlossen, sofern die allgemein anerkannten Maßnahmen des („safe sex") eingehalten werden.
(3) Absätze 1 und 2 finden keine Anwendung, wenn ein Vertragspartner auf Nachfrage des anderen Vertragspartners eine Infektion mit einer Krankheit im Sinne des Absatzes 2 verschweigt und der Schaden des Nachfragenden infolge der verschwiegenen Krankheit entstanden ist".

[359] Deutsche Hurenbewegung, 1996, S. 34.

[360] Der Gesetzesentwurf der PDS sah eine ganz ähnliche Schadensersatzregelung durch Einführung eines § 618c BGB vor. Zur Begründung wurde vorgetragen, jeder Vertragspartner sei eigenverantwortlich und könne sich schützen. Auch und gerade mit den Mitteln des Zivilrechts sollten die Betroffenen zu einem verantwortungsbewussten Umgang mit ihrer und der Gesundheit ihrer Sexualpartner angehalten werden (BT-Drs. 14/4456, S. 7).

[361] Dazu oben A.II.1.b.dd.

Uneigennützigen nur bei unentgeltlichen Geschäften (§§ 521, 599 BGB). Ferner können sie durch die Vertragsparteien gesondert vereinbart werden. Die Frage der gesetzlichen Haftungsbeschränkung beim entgeltlichen Dienstvertrag hätte daher, gerade im Hinblick auf die durch die Prostituiertenorganisationen geforderte rechtliche Gleichstellung zu anderen Erwerbstätigen, genauerer Klärung bedurft[362].

c. Arbeits- und sozialrechtliche Forderungen

Hinsichtlich der vor Inkrafttreten des Prostitutionsgesetzes vorgelegten Reformpläne und Gesetzentwürfe bestand zwischen Politikern und Interessenverbänden weitgehend Einigkeit darüber, dass Prostituierte einer arbeits- und sozialrechtlichen Absicherung bedürfen[363]. Die Deutsche Hurenbewegung forderte die vollständige rechtliche Anerkennung der zwischen Prostituierten und Bordellbetreibern bestehenden Vereinbarungen[364]. Zur Begründung wies sie darauf hin, faktisch handele es sich meist um abhängige Arbeitsverhältnisse, in denen die Arbeitsbedingungen konkret durch die Bordellbetreiber vorgeschrieben würden, auch wenn diese nach außen hin häufig nur als Vermieter auftreten[365]. Wie bei Angehörigen anderer Berufe sei gegen die typischerweise mit dem Arbeitnehmerstatus einhergehende sachliche, arbeitsorganisatorische und wirtschaftliche Abhängigkeit bei gleichzeitigem arbeitsrechtlichem Schutz nichts einzuwenden[366]. Dementsprechend sollte für Prostituierte auch die Möglichkeit bestehen, die Leistungen der Sozialversicherungen und des Arbeitsamtes, etwa in Form von Umschulungsmaßnahmen, in Anspruch zu nehmen[367]. In Übereinstimmung mit dem Gesetzgeber hält auch die Deutsche Hurenbewegung im Rahmen des Arbeitsverhältnisses Sonderregelungen zum Schutze der sexuellen Selbstbestimmung für notwendig. Allerdings differieren die rechtlichen Lösungswege. Wie bereits ausgeführt[368] handelt es sich bei dem Dauerschuldverhältnis iSd. Prostitutionsgesetzes um einen einseitig verpflichtenden, atypischen Dienstvertrag. Dem Bordellbetreiber steht ein auf die Festlegung von Zeit und Ort begrenztes Weisungsrecht zu. Der Integration ins Dienstvertragsrecht ent-

---

362 Vgl. auch Gleß, 1999, S. 152.

363 BT-Drs. 13/6372, S. 1 (Entwurf der Bundestagsfraktion Bündnis 90/Die Grünen von 1996); BT-Drs. 14/4456, S.6 (Entwurf der Bundestagsfraktion der PDS); BT-Drs. 14/5958 S. 1 (Entwurf der Bundestagsfraktionen der SPD und Bündnis 90/Die Grünen); Leopold/ Steffan/ Paul, 1994, S. 301, 309.

364 Die arbeitsrechtlichen Forderungen der Deutschen Hurenbewegung sind eng mit der Abschaffung sexualstrafrechtlicher Vorschriften verknüpft, da diese zum Teil arbeitsrechtsähnliche Verhältnisse Prostituierter zu Bordellbetreibern pönalisierten.

365 Deutsche Hurenbewegung 1996, S. 17.

366 Deutsche Hurenbewegung, 1996, S. 19.

367 Deutsche Hurenbewegung, 1996, S. 2.

368 A.II.1.d.

sprechend handelte es sich demgegenüber bei dem Entwurf der Deutschen Hurenbewegung um eine gegenseitige Verpflichtung. Den Schutz der sexuellen Selbstbestimmung intendierte die Normierung eines Leistungsverweigerungsrechts durch die bereits erwähnte Vorschrift des § 617d[369]. § 617d Abs. 2 BGB des Entwurfs schloss aus, dass Arbeitgeber an die Ablehnung von Kunden oder einzelnen Kundenwünschen arbeitsrechtliche Sanktionen knüpfen[370]. Der bestehenden Missbrauchsgefahr wäre - wie dies nun auch zu § 1 S. 2 ProstG vorgeschlagen wird - durch eine gezielte Lohnregelung im Arbeitsvertrag zu begegnen gewesen[371].
Wenn auch die durch den Gesetzgeber gewählte Art der Regelung (nämlich in Form eines Sondergesetzes anstatt im Dienstvertragsrecht und in Ausgestaltung eines einseitig verpflichtenden Vertrages) von den Reformplänen der Deutschen Hurenbewegung abweicht, so bleibt dennoch festzuhalten, dass arbeits- und sozialrechtliche Kernforderungen erfüllt wurden[372]: Zwischen Bordellbetreibern und Prostituierten geschlossene Vereinbarungen sind wirksam, die sexuelle Selbstbestimmung der Prostituierten genießt den Vorrang vor dem Dienstleistungsinteresse des Arbeitgebers, Prostituierte haben Zugang zu den sozialen Sicherungssystemen und Umschulungsmaßnahmen ausstiegswilliger Prostituierter sind nach dem Arbeitsförderungsgesetz möglich[373]. Hinsichtlich der Forderung nach einer völligen zivilrechtlichen Gleichstellung ist zu beachten, dass auch der von den Interessenvertretungen vorgelegte Reformentwurf Sondervorschriften im Vergleich zu Angehörigen anderer Dienstleistungsberufe beinhaltete.

5. Fazit

Trotz der Verbesserung der zivil-, arbeits- und sozialrechtlichen Rechtsstellung Prostituierter sind die Meinungen zum Prostitutionsgesetz in den verschiedenen gesellschaftlichen Kreisen gespalten. Die Kritik fällt sehr unterschiedlich aus. Während etwa die Deutsche Bischofskonferenz die rechtliche Anerkennung der Prostitution wegen des „ethisch verwerflichen“ Charakters als unakzeptabel ablehnt[374], erachten andere das Prostitutionsgesetz nur als „kleinstmöglichen

---

369 Dazu oben A.II.4.a.

370 Deutsche Hurenbewegung, 1996, S. 35.

371 Deutsche Hurenbewegung, 1996, S. 19; so auch die Argumentation im Gesetzentwurf der PDS, BT-Drs. 14/4456, S. 7.

372 Zur Problematik der Vereinbarkeit anerkannter Beschäftigungsverhältnisse mit den Wertungen des Sexualstrafrechts unten. B.I.1.cc. und B.I.2.b.

373 Das Sozialgericht Berlin entschied bereits im Jahre 1991 (S 66 Ar 923/90), dass Arbeitszeiten aus der Prostitution berufliche Tätigkeiten iSd. Arbeitsförderungsgesetzes darstellen und aus diesem Grunde bei einer Förderung für Umschulungsmaßnahmen zu berücksichtigen sind (vgl. BT-Drs. 14/5958, S. 6).

374 „Die Welt“ vom 7.8.1999, S. 5.

Schritt auf dem Weg zur vollständigen Entdiskriminierung"[375]. Manche wiederum begrüßen die Neuregelungen und halten das Prostitutionsgesetz für eine in die richtige Richtung gehende Maßnahme[376].

Das Gesetz sieht sich vor allem dem Vorwurf der Realitätsferne ausgesetzt. Zwar besteht nun die Möglichkeit, den Dirnenlohn vor Gericht einzuklagen, allerdings scheint dies in der Praxis bislang kaum eine Rolle zu spielen[377]. Zudem prophezeien Kritiker, nicht viele Bordellbetreiber seien bereit, sich auf derartige, nur einseitig verpflichtende Arbeitsverträge einzulassen. Auch in einem internen Bericht des Familienministeriums geht man davon aus, dass der Anteil Prostituierter mit Arbeitsverträgen in den ersten Jahren nach Inkrafttreten des Prostitutionsgesetzes gering sein wird[378]. Diese Auffassung teilen auch Juristen[379].

Der Gesetzgeber eröffnete durch die Änderung der Rechtslage zumindest die Möglichkeit des zivilrechtlichen Rechtsschutzes und der sozialen Sicherung für Prostituierte. Selbst wenn diese auf die Inanspruchnahme gerichtlichen Rechtsschutzes weitgehend verzichten, so stellt es einen wertungsmäßigen Unterschied dar, ob dies aufgrund praktischer Gepflogenheiten im Gewerbe - wie etwa dem Tätigwerden nach Vorauskasse - erfolgt oder ob eine Klage selbst im Bedarfsfalle aussichtslos wäre, weil die Rechtsordnung den Entgeltanspruch Prostituierter nicht für schützenswert erachtet. Für den Bereich des Zivilrechts erweist sich das Prostitutionsgesetz daher als Zeichen zunehmender Entdiskriminierung[380].

---

375 So die Kritik der Bundestagsfraktion der PDS, BT-Drs. 14/7174, S. 9.

376 Quambusch, ZFSH/SGB, 2002, 131; Rautenberg, NJW 2002, 650.

377 So das Nachrichtenmagazin „Der Spiegel" 12/2002, 60 basierend auf Aussagen Betroffener.

378 Vgl. „Der Spiegel" 12/2002, 60.

379 Vahle, NZA 2002, S. 10: „Die betroffenen Verkehrskreise dürften das Gesetz allenfalls am Rande zur Kenntnis genommen haben – teils aus schlichter Unkenntnis der deutschen Sprache, teils aus Gleichgültigkeit gegenüber der vermeintlichen Wohltat des Gesetzgebers".

380 Zu den auch nach Inkrafttreten des ProstG verbleibenden Beeinträchtigungen der Prostitution durch das Straf- und Ordnungswidrigkeitenrecht vgl. unten B.

IV. Auswirkungen des Prostitutionsgesetzes auf Dirnen- und Freierbetrug

1. Dirnenbetrug

Aus der Normierung einer rechtswirksamen Forderung der Prostituierten in § 1 S. 1 ProstG ergeben sich nicht nur zivil-, sondern auch strafrechtliche Konsequenzen. Dies gilt in besonderem Maße für die Beurteilung der Rechtswidrigkeit vermögensrechtlicher Ansprüche, etwa im Rahmen der Betrugs- oder Erpressungsstrafbarkeit. Die Konstellation der „geprellten Dirne", also Fälle, in denen eine Prostituierte ohne Vorkasse leistet und anschließend keine Bezahlung durch den Freier erhält, unterliegt seit Inkrafttreten des Prostitutionsgesetzes einer anderen strafrechtlichen Bewertung[381]. Durch die in § 1 S. 1 ProstG getroffene Entscheidung stellt der Gesetzgeber klar, dass aus Sexualdienstleistungen herrührende Forderungen dem Schutze der Rechtsordnung unterliegen. Die Vorschrift ordnet die vermögensrechtliche Bewertung des „Dirnenlohns" unmittelbar an und bindet somit auch das Strafrecht. Aus diesem Grunde ist der Streit, inwieweit der strafrechtliche Vermögensbegriff auch sittenwidrige Forderungen erfasst[382], für Entgeltansprüche aus der Prostitution gegenstandslos. Die betrügerische Schädigung der Prostituierten um das vereinbarte Entgelt kann sowohl nach dem wirtschaftlichen als auch nach dem juristisch-ökonomischen Vermögensbegriff erfolgen[383]. Die früher herrschende Ansicht, die zwar eine Schädigung des Freiers um sein „gutes Geld", nicht jedoch die der Prostituierten um ihren sittenwidrigen „Dirnenlohn" zuließ, lässt sich seit Inkrafttreten des Prostitutionsgesetzes nicht mehr aufrechterhalten[384]. Die Forderung Prostituierter unterliegt daher nicht nur dem zivilrechtlichen, sondern auch dem strafrechtlichen Rechtsschutz.

---

381 Zur Rechtslage vor Inkrafttreten des Prostitutionsgesetzes vgl. Teil 1, Punkt D.

382 Dazu Kühl, JuS 1989, S. 505; Otto, Jura 1993, S. 424 ff.

383 Krey/ Hellman, 2002, S. 251, Fn. 196; Kühl, 2002, S. 553.
Bereits vor Erlass des Prostitutionsgesetzes sprachen sich Vertreter des wirtschaftlichen Vermögensbegriffs dafür aus, den Dirnenlohn als Vermögenswert strafrechtlich zu schützen, vgl. Krey,1999, Rn. 439: „Bei rein wirtschaftlicher Betrachtungsweise kann es allein darauf ankommen, ob die Arbeitskraft unter Umständen zur Verfügung gestellt wird, die im Wirtschaftsleben, üblicherweise eine Gegenleistung bedingen (...) das aber ist bei der geschlechtlichen Hingabe von Prostituierten der Fall, so dass deren Dienste i.S. der §§ 263, 253, 255 vermögenswert sind".

384 Joecks, 2003, § 263, Rn. 79a; Rengier, 2003, § 13, Rn. 57; Tröndle/ Fischer, 2003, § 263, Rn. 68; Wessels/ Hillenkamp, 2003, Rn. 534.

2. Freierbetrug

Bittet eine Prostituierte - entgegen der in § 1 ProstG getroffenen Regelung - bereits vor Vornahme der sexuellen Handlung um Vorkasse[385] und täuscht dabei über ihre Leistungsbereitschaft, so schädigt sie den Freier[386]. Über dieses Ergebnis der Betrugsstrafbarkeit bestand bereits vor Inkrafttreten des Prostitutionsgesetzes in Rechtsprechung und Literatur Einigkeit[387].

Eine neue Konstellation der Betrugsstrafbarkeit ergibt sich dagegen aus dem Einwendungsausschluss des § 2 S. 2 ProstG im Zusammenhang mit einer arglistigen Täuschung des Freiers durch die Prostituierte. Dies betrifft die Konstellation, in der die Prostituierte die Vornahme bestimmter entgeltlicher sexueller Handlungen verspricht und diese sodann - wie von Anfang an geplant - nur zum Teil ausführt, also nicht alle versprochenen Leistungen erbringt. Die Bedeutung des § 2 S. 2 ProstG basiert darauf, dass der Kunde nach dieser Vorschrift lediglich die vollständige Nichterfüllung gegen den Entgeltanspruch der Prostituierten einwenden kann. Eine solche liegt nur dann vor, wenn keinerlei sexuelle Betätigungen zwischen Prostituierter und Kunden vorgenommen wurden[388]. In den hier relevanten Konstellationen liegt aber eine planmäßige nur teilweise Ausführung der versprochenen Leistungen vor[389]. Der in § 2 S. 2 ProstG normierte Einwendungsausschluss der teilweisen Nichterfüllung für Entgeltforderungen nach § 1 S. 1 ProstG schließt jede Einwendung des Kunden in derartigen Fällen aus. Es stellt sich nun die Frage, ob insoweit eine Betrugsstrafbarkeit der Prostituierten angenommen werden kann. Dagegen lässt sich anführen, dass die Annahme der Strafbarkeit einen Wertungswiderspruch zwischen Zivil- und Strafrecht hervorrufen könnte. Denn § 2 S. 1 ProstG räumt dem Entgeltanspruch Prostituierter gerade den Vorrang gegenüber dem Erfüllungsinteresse des Kunden ein. Diese grundsätzliche Wertung muss auch bei der Anwendung des Strafrechts Beachtung finden.

Die Beantwortung der Frage einer Strafbarkeit hängt letztlich davon ab, ob ein solches Verhalten der Prostituierten tatsächlich des rechtlichen Schutzes bedarf. In diesem Zusammenhang sind auch Sinn und Zweck der Sondervorschriften des Prostitutionsgesetzes zu beachten. Die Annahme eines einseitig verpflich-

385 Dies sind die Fälle, in denen die Vertragsparteien – was in der Praxis die Regel sein dürfte - eine ausdrückliche oder konkludente Vorleistungsabrede treffen.

386 Ziethen, NStZ 2003, S. 188.

387 Dazu oben Teil 1, Punkt D.

388 Dazu oben A.II.2.

389 Dazu Tröndle/ Fischer, 2003, § 263, Rn. 68: „Im Unklaren bleibt die Regelung des § 2 S. 2 ProstG freilich im Hinblick auf arglistige Täuschungen: Wenn die Prostituierte durch Abschluss eines Vertrags, welchen sie sodann planmäßig besonders schlecht erfüllt, einen „rechtswirksamen" und einwendungsresistenten Anspruch auf das Gesamt-Entgelt erwirbt, dessen Früchte auch durch § 263 geschützt sind, rückt die Tätigkeit in die Nähe eines Traumberufs".

tenden Vertrages (§ 1 S. 1 ProstG) sowie die Begrenzung von Einwendungen des Kunden auf die vollständige Nichterfüllung (§ 2 S. 2 1. Alt. ProstG) intendieren, der Art des Vertragsgegenstandes als Sexualdienstleistung Rechnung zu tragen. Zum Schutze der Prostituierten geben sie deren sexuellem Selbstbestimmungsrecht gegenüber dem Erfüllungsinteresse des Kunden den Vorzug. Die Normierung des Einwendungsausschlusses beruht auf der Erwägung, Drucksituationen und einen indirekten Zwang zur Weiterarbeit zu vermeiden. Letztlich lösen die genannten Vorschriften Konfliktsituationen zugunsten der Prostituierten. Verspricht sie sexuelle Leistungen und möchte oder kann sie diese später - aus welchen Gründen auch immer - nicht erbringen, so soll dies keinerlei rechtliche Konsequenzen hervorrufen. § 2 S. 2 ProstG schließt die Einwendung des Kunden, die Leistung sei nicht gut gewesen, aus[390]. Im geschilderten Fall besteht aber gerade keine Konfliktsituation. Strafrechtlich relevant ist nicht die Tatsache, dass die Prostituierte versprochene sexuelle Handlungen nur teilweise erbringt, sondern vielmehr der Umstand, dass sie dies bereits bei Vertragsschluss plant. Zu diesem Zeitpunkt täuscht sie den Kunden über ihre Leistungswilligkeit. Entsprechend der Vereinbarung glaubt dieser an ihre vollständige (und nicht nur teilweise) Leistungsbereitschaft, unterliegt also einem Irrtum. Der Abschluss des Prostitutionsvertrages verpflichtet ihn zur Zahlung des Entgelts für sämtliche von der Prostituierten zugesagten Leistungen. Die Betrugsstrafbarkeit basiert folglich auf dem arglistigen Verhalten bei Vertragsschluss. Zu diesem Zeitpunkt erscheint die Prostituierte nicht schutzwürdig. Verspricht sie die Vornahme sexueller Handlungen und plant von vornherein die nur teilweise Erbringung derselben, so macht sie sich deshalb wegen Betruges strafbar.

B. Straf- und ordnungsrechtliche Vorschriften

Prostitution als solche stellt in der Bundesrepublik Deutschland eine grundsätzlich erlaubte Tätigkeit dar. Gleichwohl existieren straf- und ordnungsrechtliche Vorschriften, welche die Arbeitsbedingungen Prostituierter wesentlich beeinflussen. Die Regelungen gliedern sich zum einen in solche, die eine Strafbarkeit der Organisatoren der Prostitution - also etwa der Bordellbetreiber und Zuhälter normieren - und zweitens in Normen, die sich gegen die Prostituierte selbst richten. Während die Bestimmungen gegen die Organisatoren der Prostitution vor allem dem Schutze der Prostituierten dienen, sanktionieren Letztere die Be-

[390] BT-Drs. 14/5958, S. 6.

lästigung Unbeteiligter durch bestimmte Formen der Prostitutionsausübung. Die folgende Darstellung orientiert sich an dieser Unterscheidung[391].

I. Strafrechtliche Vorschriften gegen die Organisatoren der Prostitution

1. Ausbeutung von Prostituierten (§ 180a StGB)

§ 180a StGB schützt die persönliche und wirtschaftliche Unabhängigkeit von Prostituierten im Hinblick auf Gefahren, die eine Verfestigung der prostitutiven Lebensweise typischerweise auch für die sexuelle Selbstbestimmung der Betroffenen mit sich bringt[392]. Die Vorschrift erfuhr durch das Prostitutionsgesetz eine Änderung[393] und enthält zwei Absätze. Während Abs. 1 die Existenz eines Prostitutionsbetriebes erfordert, erstreckt Abs. 2 die Strafandrohung auf abstrakt gefährliche prostitutionsfördernde Handlungen, unabhängig vom Vorliegen eines Betriebes.

a. Streichung des § 180a Abs. 1 Nr. 2 StGB a.F. (Förderung der Prostitution) durch das Prostitutionsgesetz

Das Sexualstrafrecht blieb nach dem 4. Strafrechtsreformgesetz aus dem Jahre 1973 fast zwanzig Jahre lang unangetastet. Seit 1992 sind in diesem Bereich wieder nennenswerte Entwicklungen zu beobachten. Mit sexualstrafrechtlichen Änderungen befassten sich das 26., 27., 29., 30. und 33. StÄG sowie das 6. StrRG[394]. Daneben normierte auch das Gesetz zur Bekämpfung von Sexualdelikten und anderen gefährlichen Straftaten von 1998 umfangreiche Neuerungen. Jüngste Änderungen schuf das Prostitutionsgesetz für den Bereich der Prostitutionsdelikte. Diese beschränken sich allerdings auf die Strafbarkeit der Organisatoren der Prostitution. Hinsichtlich der Strafbarkeit von Prostituierten beinhaltet das Gesetz keinerlei Neuregelungen.

§ 180a Abs. 1 Nr. 2 StGB, die Förderung der Prostitution wurde durch Art. 2 Nr. 2 ProstG ersatzlos gestrichen. Danach machte sich strafbar, „wer gewerbsmäßig einen Betrieb unterhält oder leitet, in dem Personen der Prostitution nachgehen und in dem die Prostitutionsausübung durch Maßnahmen gefördert wird, welche über das bloße Gewähren von Wohnung, Unterkunft oder Aufenthalt und die damit üblicherweise verbundenen Nebenleistungen hinausgehen".

---

[391] Auf eine Darstellung der besonderen Straftatbestände im Zusammenhang von Prostitution und Menschenhandel wird verzichtet. Die §§ 180b, 181 StGB weisen Beziehungen zur Organisierten Kriminalität auf, die nicht Gegenstand dieser Arbeit sind. Ausführlich zu dieser Problematik Hofmann, 2002, Menschenhandel, S. 349 ff.

[392] Tröndle/ Fischer, 2003, § 180a, Rn. 2.

[393] Dazu unten B.I.1.a.

[394] Laubenthal, 2000, Rn. 17 ff.; Schroeder, JZ 1999, S. 827 ff.

Entsprechend der erfolgten Streichung lautet die Überschrift des § 180a StGB nun nicht mehr „Förderung der Prostitution“, sondern „Ausbeutung von Prostituierten“.
Die Streichung des § 180a Abs. 1 Nr. 2 StGB a.F. war seit langem von verschiedener Seite gefordert worden[395]. Der Tatbestand basierte auf der früheren gesetzgeberischen Bewertung, dass die Prostitution für denjenigen, der ihr nachgeht, ein Übel darstellen muss[396]. Aus diesem Grunde bestand die Funktion des § 180a Abs. 1 Nr. 2 StGB vor allem darin, einer Verfestigung der prostitutiven Lebensweise entgegenzutreten und eine Einbindung Prostituierter in das „Milieu“ zu vermeiden. Das gesetzgeberische Vorgehen, Menschen mit Mitteln des Strafrechts vor autonom getroffenen Entscheidungen zu schützen, erachteten Kritiker aus rechtspolitischen Gründen für bedenklich[397]. Zudem wirkte sich der gut gemeinte Schutz Prostituierter in der Praxis meist zu deren Lasten aus, denn die Vorschrift verhinderte akzeptable Arbeitsbedingungen in Prostitutionsbetrieben. Maßgebendes Kriterium für die Beurteilung der Strafbarkeit nach § 180a Abs. 1 Nr. 2 StGB a.F. war die Frage, „ob der Gesamtzustand des Betriebes geeignet ist, die Dirnen in der Prostitution festzuhalten und sie noch enger an diese zu binden“[398]. Eine strafrechtlich relevante Eignung, eine Prostituierte zur Fortsetzung ihrer Tätigkeit zu bewegen, bejahte der BGH bereits beim Bestehen besonders günstiger Arbeitsbedingungen, etwa durch das „Herstellen einer gehobenen und diskreten Atmosphäre“ innerhalb des Betriebes[399]. Auch Einrichtungen, die die Prostitutionsausübung angenehmer und lukrativer gestalteten, unterwarf die Rechtsprechung dem Anwendungsbereich des § 180a Abs. 1 Nr. 2 StGB a.F. Erfasste Handlungen waren etwa das zentrale Kassieren des Prostituiertenlohns, die Auferlegung von Anwesenheitspflichten oder das Treffen von Maßnahmen, die sicherstellen sollten, dass nur finanzstarke Kunden die Prostituierten aufsuchten[400]. Aufgrund der Ausgestaltung des Straftatbestandes als abstraktes Gefährdungsdelikt war der Nachweis einer konkreten Gefährdung des Opfers entbehrlich[401]. Inhaber von Prostitutionsbetrieben, die den bei ihnen tätigen Frauen besonders günstige Arbeitsbedingungen boten, drohte damit stets die Strafbarkeit[402].

---

395 Statt vieler: Agisra, 1990, S. 362; Deutsche Hurenbewegung, 1996, S. 16; Leo, 1995, S. 156 ff.; Rabe, 1998, S. 86 ff.
396 Horstkotte, JZ 1974, S. 87.
397 Kelker, KritV, 1993, S. 311; Rautenberg, NJW 2002, S. 652.
398 BGH NJW 1986, S. 596.
399 BGH NJW 1986, 596; vgl. zu dieser Problematik auch Geerds, JR 1979, S. 344.
400 BGH NStZ 1986, 358 ff.; BayObLG, NJW 1985, 1566.
401 H.M. BVerfG NJW 1993, S. 1911; Lackner/ Kühl, 2001, § 180a, Rn. 3; a.A. Rabe, 1998, S. 49, 84.
402 Aufgrund der genannten Nachteile plädierten Rechtsprechung und Lehre zum Teil für eine restriktive Anwendung der Vorschrift, was jedoch dem Willen des historischen Gesetzgebers widersprach (vgl. zu dieser Problematik Hellebrand, Kriminalistik, 1978, S. 61 ff.)

An § 180a Abs. 1 Nr. 2 StGB a.F. scheiterte faktisch auch der Zugang Prostituierter zur Sozialversicherung. Kein Bordellbetreiber, dessen Mitarbeiterinnen in einem abhängigen, arbeitnehmerähnlichen Verhältnis unter guten Arbeitsbedingungen tätig sind, meldet diese bei der Sozialversicherung, wenn er sich dadurch der Möglichkeit einer strafrechtlichen Sanktion aussetzt[403].
Von der Streichung des § 180a Abs. 1 Nr. 2 a.F. durch das Prostitutionsgesetz verspricht sich der Gesetzgeber, dass schlechte Arbeitsbedingungen in Prostitutionsbetrieben beseitigt werden, indem der Schaffung eines angenehmen Umfeldes nun kein gesetzliches Verbot mehr entgegensteht. Für Bordellbetreiber besteht nach Inkrafttreten des Prostitutionsgesetzes die Möglichkeit, die bei ihnen freiwillig und ohne Ausbeutung tätigen Prostituierten bei der Sozialversicherung zu melden, ohne sich dadurch in die Gefahr einer Strafverfolgung wegen Förderung der Prostitution zu begeben[404]. Eine über die Streichung des § 180a Abs. 1 Nr. 2 StGB a.F. hinausgehende Änderung des § 180a StGB zur Gewährleistung der genannten Ziele hielt der Gesetzgeber nicht für erforderlich[405].

b. § 180a Abs. 1 StGB

aa. Betreiben eines prostitutionsfördernden Betriebes

Nach der Streichung des § 180a Abs. 1 Nr. 2 StGB a.F. beinhaltet Abs. 1 des § 180a StGB nur noch die Begehungsvariante des Betreibens eines prostitutionsfördernden Betriebes. Nach § 180a Abs. 1 StGB macht sich strafbar, „wer gewerbsmäßig einen Betrieb unterhält oder leitet, in dem Personen der Prostitution nachgehen und in dem diese in persönlicher oder wirtschaftlicher Abhängigkeit gehalten werden". Der Tatbestand dient dem Schutze Prostituierter vor Gefahren, die sich daraus ergeben können, dass sie ihre Tätigkeit in einem gewerbsmäßig geleiteten Betrieb ausüben[406]. § 180a Abs. 1 StGB sanktioniert aus diesem Grunde das Unterhalten oder Leiten eines prostitutionsfördernden Betriebes, wenn dies in einer Form geschieht, die eine Verstrickung Prostituierter in Abhängigkeiten bewirkt oder diese Gefahr begründet. Der Tatbestand knüpft nicht an bestimmte Handlungen des Täters an, sondern an die Art des Betriebes, den er unterhält[407]. Unter einem Betrieb iSd. der Vorschrift versteht man ein auf Gewinnerzielung gerichtetes und auf eine gewisse Dauer angelegtes Unternehmen, in das mehrere Prostituierte (mindestens zwei) organisatorisch und räum-

---

[403] Zu den sozialrechtlichen Konsequenzen des Prostitutionsgesetzes oben A.II.
[404] BT-Drs. 14/5958, S. 6.
[405] Zu den strafrechtlichen Forderungen an den Gesetzgeber vgl. unten B.I.3.
[406] Laubenthal, 2000, Rn. 582.
[407] Tröndle/ Fischer, 2003, § 180a, Rn. 6.

lich eingegliedert sind[408]. Der Täter muss ihn gewerbsmäßig[409] unterhalten oder leiten. Damit erfasst die Strafandrohung jedenfalls dessen Inhaber, aber auch jede andere an Gewinn und Verlust beteiligte Person, die bestimmenden Einfluss auf die Betriebsführung nehmen kann[410]. Die Vorschrift setzt voraus, dass dort Personen der Prostitution nachgehen. Darunter fällt nicht nur die Ausübung der Prostitution als solche, sondern auch schon das unmittelbare Aufsuchen von Gelegenheit dazu. Ausreichend ist zudem, wenn Personen sich innerhalb des Betriebes zur Vornahme sexueller Handlungen anbieten, zu deren Vornahme es dann außerhalb des Betriebes kommt[411].

bb. Halten in persönlicher oder wirtschaftlicher Abhängigkeit

Das Halten in persönlicher oder wirtschaftlicher Abhängigkeit setzt eine gezielte Einwirkung des Täters auf die Unabhängigkeit des Opfers voraus[412] und ist gegeben, wenn es durch Druck oder andere gezielte Maßnahmen an der Möglichkeit der Selbstbefreiung aus seiner Lage gehindert wird[413].
Das Tatbestandsmerkmal der persönlichen Abhängigkeit liegt vor, wenn der Betrieb entscheidend die Lebensführung der Prostituierten bestimmt. Die Rechtsprechung erachtete dies etwa bei der Festsetzung von Anwesenheitspflichten, dem Bestimmen von Gästequoten oder der Verordnung einer gewissen Bekleidung als einschlägig[414]. Eine wirtschaftliche Abhängigkeit erfordert, dass die Prostituierte eine Einschränkung ihrer wirtschaftlichen Bewegungsfreiheit erfährt, die ihr ein Abstandnehmen von der Prostitution deutlich erschwert. Die Rechtsprechung bejaht dies, wenn der Täter ihr die Einnahmen aus der Prostitution ganz oder zu einem erheblichen Teil vorenthält mit der Folge, dass sie keine Rücklagen bilden bzw. Zukunftsvorsorge treffen kann und im Extremfall weitere Einkünfte aus der Prostitution erzielen muss, um überhaupt existieren zu können[415].

---

408 Leo, 1995, S. 132; Lenckner/ Perron in Schönke/ Schröder, 2001, § 180a, Rn. 4. In Ermangelung einer betrieblichen Eingliederung genügt das Vermieten eines Zimmers zur Prostitutionsausübung gegen Gewinnbeteiligung oder das Betreiben einer Gaststätte, in der Prostituierte ihre Kunden anwerben, nicht (Tröndle/ Fischer, 2003, § 180a, Rn. 8).

409 Die Gewerbsmäßigkeit setzt voraus, dass sich der Täter durch wiederholte Tatbegehung eine fortlaufende Einnahmequelle von einigem Umfang und einiger Dauer verschaffen will (BGHSt. 1, 383).

410 Lenckner/ Perron in Schönke/ Schröder, 2001, § 180a, Rn. 14.

411 Gössel, 1987, S. 298.

412 BT-Drs. VI/1552, S. 25, 26.

413 Tröndle/ Fischer, 2003, § 180a, Rn. 10.

414 KG NJW 1976, S. 813; OLG Köln, NJW 1974, S. 1831.

415 OLG Köln NJW 1974, 1830 ff.

cc. Bedeutung des Prostitutionsgesetzes für das Merkmal des „Haltens“

Die Entscheidung des Gesetzgebers, § 180a Abs. 1 StGB im Rahmen des Prostitutionsgesetzes nicht gänzlich zu streichen, wird zum Teil für bedenklich erachtet. Kritiker halten die Abschaffung des § 180a Abs. 1 Nr. 2 a.F. für unzureichend, denn die Tatbestandsmerkmale der persönlichen und wirtschaftlichen Abhängigkeit seien geradezu typisch für ein arbeitsrechtliches Verhältnis[416]. Aus diesem Grunde pönalisiere auch der verbleibende § 180a Abs. 1 StGB den Abschluss abhängiger Beschäftigungsverhältnisse eines Bordellbetreibers mit Prostituierten und stehe diesen letztlich entgegen. Die Kritik erscheint auf den ersten Blick nicht ganz unberechtigt. Die persönliche Abhängigkeit des Beschäftigten stellt aus arbeitsrechtlicher Sicht tatsächlich das maßgebliche Kriterium für die Bestimmung der Arbeitnehmereigenschaft einer Person dar. Mit Abschluss des Arbeitsvertrages unterstellt sich der Arbeitnehmer der Leitung des Arbeitgebers und überträgt ihm ein umfassendes Leistungsbestimmungsrecht, welches Inhalt, Durchführung, Zeit und Ort der Tätigkeit betreffen kann[417]. Zwar handelt es sich bei der wirtschaftlichen Abhängigkeit um kein hinreichendes Merkmal zur Abgrenzung des Arbeitnehmerbegriffs, denn diese kann gleichsam in jedem anderen Dienstverhältnis gegeben sein[418]. Allerdings liegt sie auch im Rahmen abhängiger Beschäftigungsverhältnisse von Arbeitnehmern regelmäßig vor.

Zur Vermeidung von Wertungswidersprüchen muss die Auslegung des Tatbestandes in einer Weise erfolgen, die mit den zivilrechtlichen Regelungen des Prostitutionsgesetzes, wonach Beschäftigungsverhältnisse im Rahmen der Prostitution ausdrücklich möglich sein sollen, in Einklang steht. In der Gesetzesbegründung zum Prostitutionsgesetz finden sich Ausführungen zu dieser Problematik. Danach entspricht es dem ausdrücklichen Willen des Gesetzgebers, dass die Tatbestandsmerkmale der persönlichen und wirtschaftlichen Abhängigkeit des § 180a Abs. 1 StGB ein Beschäftigungsverhältnis zwischen Inhabern von Prostitutionsbetrieben und Prostituierten nicht beeinträchtigen[419]. Die notwendige Einschränkung der Strafbarkeit der Arbeitgeber soll anhand des Tatbestandsmerkmals des „Haltens“ erfolgen. Nach den Ausführungen im Gesetzesentwurf zum Prostitutionsgesetz bedeutet „Halten“ ein einseitiges „Festhalten“ der Prostituierten durch den Betriebsinhaber. Ein „Halten“ in persönlicher und wirtschaftlicher Abhängigkeit erachtet der Gesetzgeber als gegeben, wenn gegen den Willen der Prostituierten durch Druck oder sonstige gezielte Einwirkung eine entsprechende Abhängigkeit herbeigeführt oder aufrechterhalten oder

---

[416] So die Argumentation im Gesetzentwurf der PDS, BT-Drs. 14/4456, S. 8.

[417] Hromadka, DB 1995, 1609 ff.

[418] Aus arbeitsrechtlicher Sicht kennzeichnet die wirtschaftliche Abhängigkeit arbeitnehmerähnliche Personen (Junker, 2003, § 2, Rn. 7).

[419] BT-Drs. 14/5958, S. 5.

aber die Prostituierte an einer Selbstbefreiung bzw. Loslösung aus diesem Abhängigkeitsverhältnis gehindert wird[420]. Bei einem freiwillig bestehenden Beschäftigungsverhältnis mit jederzeitiger Austrittsmöglichkeit aus der vertraglichen Beziehung kommt eine Strafbarkeit dagegen nicht in Betracht.
Die vor Inkrafttreten des Prostitutionsgesetzes übliche Rechtsprechung zu den Tatbestandsmerkmalen der persönlichen und wirtschaftlichen Abhängigkeit[421] ist nur noch begrenzt aussagekräftig[422]. Insbesondere vermag die Ausübung des eingeschränkten Weisungsrechts des Arbeitgebers gegenüber der Prostituierten, sich innerhalb einer bestimmten Zeitspanne zur Erbringung sexueller Handlungen im Betrieb bereitzuhalten, keine Strafbarkeit gemäß § 180a Abs. 1 StGB zu begründen[423]. Ein solches Ergebnis wäre im Hinblick auf § 1 S. 2 und § 3 ProstG widersinnig. Maßnahmen, wie etwa das zentrale Aufstellen von Dienstplänen oder die Einteilung des Personals in Dienstschichten, welche die frühere Rechtsprechung unter § 180a Abs. 1 Nr. 1 StGB fasste, bedeuten nach der Wertung des Prostitutionsgesetzes kein strafwürdiges Verhalten mehr. Gleiches gilt für das zentrale Kassieren des Dirnenlohns. Denn die Tatsache, dass ein Arbeitnehmer gegen Zahlung eines bestimmten Festgehaltes zum wirtschaftlichen Nutzen des Arbeitgebers tätig wird, stellt ein typisches Charakteristikum abhängiger Beschäftigungsverhältnisse dar. Maßgeblich für die Abgrenzung zwischen strafbarem und straflosem Verhalten im Rahmen des § 180a Abs. 1 StGB muss daher allein die Frage sein, ob die jeweilige Maßnahme des Arbeitgebers das sexuelle Selbstbestimmungsrecht Prostituierter tangiert. Die Kontrolle der Prostitution durch den Betriebsinhaber, etwa hinsichtlich der Mindestzahl von Kunden, Art und Umfang der vorzunehmenden sexuellen Handlungen oder Verbote, den Betrieb zu verlassen, unterliegen aus diesem Grunde nach wie vor einer strafrechtlichen Sanktion[424].

c. Aufenthaltsgewährung an Minderjährige (§ 180a Abs. 2 Nr. 1 StGB)

§ 180a Abs. 2 StGB pönalisiert unter bestimmten Voraussetzungen die Wohnungsgewährung zur Ausübung der Prostitution. Die Begehungsalternative des Abs. 2 Nr. 1 intendiert den Schutz der Jugend[425]. Strafbar macht sich, wer „einer Person unter achtzehn Jahren zur Ausübung der Prostitution Wohnung[426], ge-

---

420 BT-Drs. 14/5958, S. 5.
421 Dazu oben B.I.1.b.bb.
422 Tröndle/ Fischer, 2003, § 180a, Rn. 12.
423 So auch Heger, StV 2003, S. 351.
424 Mit weiteren Beispielen, Tröndle/ Fischer, 2003, § 180a, Rn. 12.
425 Lenckner/ Perron in Schönke/ Schröder, 2001, § 180a, Rn. 1.
426 „Wohnung" ist eine Räumlichkeit, die außer zur ständigen Benutzung auch zum Übernachten dient (Tröndle/ Fischer, 2003, § 180a, Rn. 15).

werbsmäßige Unterkunft[427] oder gewerbsmäßigen Aufenthalt[428] gewährt“. Das Ziel der Vorschrift besteht darin, eine Einbindung Jugendlicher in Prostitutionsbetriebe zu verhindern[429]. Der Tatbestand erfordert, dass die Gewährung von Wohnung, Unterkunft oder Aufenthalt tatsächlich und zur Prostitutionsausübung erfolgt. Das Wohnen einer Prostituierten, die anderenorts der Prostitution nachgeht, verwirklicht den Tatbestand nicht[430]. Auch die bloße Duldung der Prostitutionsausübung stellt noch keine strafrechtlich relevante Verhaltensweise dar. Vielmehr setzt die Vorschrift ein zumindest stillschweigendes Übereinkommen der Parteien voraus, dass die betreffende Räumlichkeit zur Prostitutionsausübung genutzt werden soll[431]. Entsprechend dem Zweck der Norm als Jugendschutzvorschrift ist es jedoch nicht notwendig, dass die jugendliche Person innerhalb der Räumlichkeit tatsächlich der Prostitution nachgeht[432]. Während die Überlassung einer Wohnung entgeltlich oder unentgeltlich erfolgen kann, erfordern die Begehungsalternativen der Gewährung von Unterkunft oder Aufenthalt, dass dies gewerbsmäßig geschieht. Der Täter muss in diesen Fällen mit Gewinnerzielungsabsicht handeln[433].
Der auf den ersten Blick gut gemeinte Schutz jugendlicher Prostituierter erweist sich in der Praxis als bedenklich. Mit dem Verbot der Wohnungsgewährung und der gewerbsmäßigen Unterkunftsgewährung zur Prostitutionsausübung beschränkt sich der Straftatbestand im Wesentlichen darauf, die Aufnahme Minderjähriger in Prostituiertenwohnheime oder ähnliche Einrichtungen zu verbieten und verweist sie damit letztlich auf den Straßenstrich[434]. Diese Konsequenz war dem Gesetzgeber auch bewusst[435]. Nichtsdestotrotz siegte im Rahmen der Gesetzesberatungen die Auffassung, eine Streichung des § 180a Abs. 2 Nr. 1 StGB sei dem Jugendschutz noch abträglicher als dessen Beibehaltung. Die Befürworter der Norm hielten es für möglich, Jugendliche durch Sozialarbeit von der Straßenprostitution abzubringen. Darüber hinaus erachteten sie den Straftatbestand für erforderlich, um Minderjährige unter dem Gesichtspunkt der Vermeidung von Straftaten im Wege des Zwangs aus Prostitutionsbetrieben zu entfernen[436].

---

427 Unter „Unterkunft“ wird eine auch zum Übernachten geeignete, aber nur für einen kürzeren Zeitraum benutzte Räumlichkeit verstanden, z.B. Absteigequartiere (Lenckner/ Perron in Schönke/ Schroeder, § 180a, Rn. 11).

428 „Aufenthalt“ ist eine nicht notwendig mit einem Dach versehene Räumlichkeit, die nur eine kurzfristige Anwesenheit zulässt (Horn/ Wolters in SK-StGB, 2002, § 180a, Rn. 16).

429 BT-Drs. VI/1552, S. 27.

430 Tröndle/ Fischer, 2003, § 180a, Rn. 16.

431 BGHSt 9, 71 zu § 180 Abs. 3 aF.; Laubenthal, 2000, Rn. 602.

432 Laubenthal, 2000, Rn. 603.

433 Lenckner/ Perron in Schönke/ Schröder, 2001, § 180a, Rn. 18.

434 Maurach/ Schroeder/ Maiwald, 2003, § 20 IV, Rn. 52.

435 BT-Drs. VI/1552, S. 27.

436 Leo, 1995, S. 159 ff.

Offensichtlich folgt der Gesetzgeber dieser Einschätzung auch weiterhin. Ungeachtet aller Bedenken von verschiedener Seite[437] konnte er sich im Rahmen der Beratungen zum Prostitutionsgesetz nicht zugunsten einer Streichung des Straftatbestandes entscheiden[438]. Die Begründung des Gesetzentwurfs beschränkt sich auf den kurzen Hinweis, der Schutz Minderjähriger sei auch nach Inkrafttreten des Prostitutionsgesetzes gewährleistet[439]. Weitergehende Ausführungen, etwa dahingehend, inwieweit sich § 180a Abs. 2 Nr. 1 StGB jugendschutzrechtlich bewährt hat, finden sich darin nicht.

d. Wohnungsgewährung zur Prostitutionsausübung (§ 180a Abs. 2 Nr. 2 StGB)

§ 180a Abs. 2 Nr. 2 StGB sanktioniert das Gewähren einer Wohnung an eine andere Person zur Prostitutionsausübung unter der Voraussetzung, dass diese Person zur Prostitution angehalten oder im Hinblick auf sie ausgebeutet wird. Im Gegensatz zu Abs. 2 Nr. 1 knüpft die Vorschrift nicht an das Alter des Opfers an. Die Norm beruht auf dem Gedanken, dass Prostituierte leicht in Abhängigkeiten von Wohnungsbesitzern geraten können. Sie intendiert daher im Rahmen der 1. Alt. den Schutz der persönlichen Freiheit, in der 2. Alt. dagegen den der wirtschaftlichen Unabhängigkeit der Prostituierten[440]. Der Tatbestand setzt zwingend voraus, dass der Täter dem Opfer Wohnung gewährt. Unterkunft oder Aufenthalt genügen im Unterschied zu Abs. 1 Nr. 1 nicht. Darüber hinaus muss er eine andere Person zur Ausübung der Prostitution anhalten oder im Hinblick auf sie ausbeuten. Ein Anhalten zur Prostitution erfordert, dass der Täter im Wege einer andauernden und nachdrücklichen Beeinflussung auf die Prostituierte einwirkt, der Prostitution nachzugehen oder sie fortzusetzen. Das Anhalten zur Prostitution braucht jedoch nicht tatsächlich zu deren Ausübung zu führen[441].

Die Begehungsvariante des Ausbeutens wird angenommen, wenn der Täter durch planmäßiges und eigensüchtiges Ausnutzen der Prostitutionsausübung als Erwerbsquelle eine spürbare Verschlechterung der wirtschaftlichen Lage der Prostituierten herbeiführt[442]. Die Literatur bejaht dies bereits bei einer eindeutigen Überhöhung des Mietzinses mit Nebenleistungen[443]. Die Erhebung eines

---

[437] Leo, 1995, S. 159 ff.; Maurach/ Schroeder/ Maiwald, 2003, § 20 IV, Rn. 52.

[438] Der Gesetzentwurf der Bundestagsfraktion der PDS beinhaltete die Streichung der Norm (BT-Drs. 14/4456, S. 3, 9).

[439] BT-Drs. 14/5958, S. 6; BT-Drs. 14/7174, S. 8.

[440] Horn/ Wolters in SK-StGB, 2002, § 180a, Rn. 23.

[441] Laufhütte in LK, 1995, § 180a, Rn. 16; Horn/ Wolters in SK-StGB, 2002, § 180a, Rn. 26; a.A. Lenckner/ Perron in Schönke/ Schröder, 2001, § 181a, Rn. 20.

[442] BGH NStZ 1989, S. 67; Laufhütte in LK, 1995, § 180a, Rn. 17.

[443] Tröndle/ Fischer, 2003, § 180a, Rn. 20.

„Unbequemlichkeitszuschlages“ durch den Vermieter als Ausgleich für die Entwertung seines Hauses, das Schädigen des Rufs oder den Verkehr mit zweifelhaften Personen als Folge der Prostitutionsausübung hat die Rechtsprechung dagegen eindeutig gebilligt[444].
Die Ausbeutung muss nach dem Gesetzeswortlaut „im Hinblick“ auf die Prostitution erfolgen. Das ist der Fall, wenn der Täter gerade den Umstand ausnutzt, dass die Prostituierte sich wegen der geringen Neigung der meisten Vermieter, eine Wohnung an sie zu vermieten, in einer besonderen Zwangslage befindet[445].

2. Zuhälterei (§ 181a StGB)

Die Strafbarkeit der Zuhälterei wurde im Jahre 1900 durch die so genannte Lex Heinze[446] eingeführt. Ursprünglich intendierte der Tatbestand die Bekämpfung der parasitären Lebensweise von Zuhältern als Schmarotzer der Dirne. Im Rahmen des 4. StrRG erfolgte eine grundlegende Umgestaltung der Norm. Sie pönalisiert seither nicht mehr die Lebensweise des Täters, aus der Prostitution anderer Gewinn zu schöpfen, sondern vielmehr die aktive Zuhälterei, die nach gesetzgeberischer Wertung die Gefahr begründet, dass Prostituierte zum Ausbeutungsobjekt des Täters degradiert und enger an die Prostitution gebunden werden[447]. Die Zuhälterei dient nun gleichsam § 180a StGB dem Schutze der sexuellen Selbstbestimmung Prostituierter[448].
§ 181a Abs. 1 StGB sanktioniert ausbeuterische und dirigierende, Abs. 2 die gewerbsmäßige und Abs. 3 schließlich die Ehegattenzuhälterei. Alle Tatbestände erfordern, dass das Opfer der Prostitution nachgeht. Entsprechend § 180a StGB fallen darunter bereits Handlungen, die unmittelbar auf die entgeltliche sexuelle Betätigung abzielen, wie etwa Anbahnungsgespräche mit potentiellen Kunden[449].

a. Ausbeuterische Zuhälterei (§ 181a Abs. 1 Nr. 1 StGB)

Der ausbeuterischen Zuhälterei macht sich strafbar, wer eine andere, der Prostitution nachgehenden Person ausbeutet und im Hinblick darauf Beziehungen zu ihr unterhält, die über den Einzelfall hinausgehen.

---

444 BayObLG NJW 1955, 1198; krit. Becker, FamRZ, 1956, S. 8.
445 Lenckner/ Perron in Schönke/ Schröder, 2001, § 180a, Rn. 21.
446 RGBl. I, S. 301.
447 BT-Drs. VI, 1552, S. 29; Horstkotte, JZ 1974, 89.
448 Heger, StV 2003, S. 351.
449 BGHSt 23, 167, 173.

aa. Ausbeuten

Der Tatbestand verlangt ein Abhängigkeitsverhältnis zwischen Opfer und Täter zur Erlangung übermäßiger Vermögensvorteile[450]. Nach überwiegender Ansicht schadet es nicht, dass die Prostituierte sich diesem Abhängigkeitsverhältnis freiwillig unterwirft[451]. Eine Ausbeutung durch den Täter setzt ein planmäßiges und eigensüchtiges Ausnutzen der Prostitutionsausübung als Erwerbsquelle voraus, welches zu einer spürbaren Verschlechterung der wirtschaftlichen Situation des Opfers führt[452]. Die Frage, ob eine solche Verschlechterung im Einzelfall angenommen werden kann, erfordert Feststellungen über die Höhe von Einnahmen und Abgaben der Prostituierten[453]. Eine spürbare Verschlechterung ist gegeben, wenn die an den Zuhälter zu leistenden Abgaben eine Höhe erreichen, die der Prostituierten die Tilgung von Schulden oder die Bildung von Rücklagen unmöglich macht. Nach überwiegender Ansicht liegt ein Ausbeuten bei Abgaben der Prostituierten in Höhe von 50 % der Einnahmen stets nahe[454]. Muss das Opfer alle aus der Prostitution erzielten Einnahmen abgeben, so gilt Gleiches, wenn der Zuhälter nach seinem Ermessen darüber entscheidet, wie viel er davon zurückgewährt.

bb. Unterhalten von Beziehungen, die über den Einzelfall hinausgehen

Neben dem Ausbeuten durch den Täter erfordert § 181a Abs. 1 StGB, dass dieser zum Opfer im Hinblick auf dessen Ausbeutung über den Einzelfall hinausgehende Beziehungen unterhält. Der Wortlaut „im Hinblick“ stellt klar, dass die Beziehungen zu der jeweiligen Tatbestandsvoraussetzung des Abs. 1 in Bezug zu setzen sind. Das Merkmal schließt diejenigen Fallkonstellationen aus dem Anwendungsbereich der Norm aus, die wegen geringer Gefährlichkeit für die Prostituierte als strafunwürdig empfunden werden[455]. Vor allem die Gelegenheitsvermittlung durch Taxifahrer und Hotelportiers bzw. die Ausbeutung ohne Bezug gerade auf die Prostitution, etwa in Form erhöhter Preise für Dienstleistungen, scheiden aus. Vielmehr muss die zwischen Täter und Opfer bestehende Beziehung nach Art und Dauer typischerweise die Gefahr der Abhängigkeit erhöhen[456]. Das Unterhalten von über den Einzelfall hinausgehenden Beziehungen erfordert jedoch nicht, dass es sich zwischen beiden um persönliche Beziehun-

[450] Maurach/ Schroeder/ Maiwald, 2003, § 21 III, Rn. 16.
[451] Lackner/ Kühl, 2001, § 181a StGB, Rn. 3; Laubenthal, 2000, Rn. 616; Maurach/ Schroeder/ Maiwald, 2003, § 21III, Rn. 16; abl. Oetjen, StV 1994, S. 482.
[452] BGH NStZ, 1999, 349 ff.
[453] BGH NStZ 1989, 67.
[454] BGH MDR 1977, 282.
[455] Leo, 1995, S. 178.
[456] Horn/ Wolters in SK-StGB, 2002, § 181a, Rn. 5.

gen bzw. das spezifisch „zuhälterische" Verhältnis handelt, welches mit Deckung des Lebensunterhaltes oder dem Schutz der Prostituierten verbunden ist. Auch rein geschäftliche Beziehungen, die der Täter unter Umständen nur über Mittelsmänner zum Opfer unterhält, reichen aus[457]. Der Tatbestand erfordert lediglich ein auf gewisse Dauer angelegtes, speziell an die Prostitutionsausübung anknüpfendes Einvernehmen, welches der Täter herstellt und aufrechterhält mit dem Ziel, die Prostituierte von sich abhängig zu machen, um sich dadurch die Möglichkeit der Tathandlung zu eröffnen oder zu erhalten[458].

b. Dirigierende Zuhälterei (§ 181a Abs. 1 Nr. 2 StGB)

§ 181a Abs. 1 Nr. 2 StGB enthält drei Begehungsalternativen, die sich durch die Art der vom Täter getroffenen Maßnahmen unterscheiden. Bei der ersten Alt. überwacht der Täter die Ausübung der Prostitution, bei der zweiten bestimmt er Ort, Zeit, Ausmaß oder andere Umstände der Prostitutionsausübung, bei der dritten trifft er Maßnahmen, die eine Person davon abhalten sollen, die Prostitution aufzugeben. Alle der drei Varianten setzen voraus, dass der Täter aufgrund eines Vermögensvorteils handelt und über den Einzelfall hinausgehende Beziehungen zum Opfer unterhält[459].
Im Rahmen des Prostitutionsgesetzes erfolgte keine Novellierung der Vorschrift. Allerdings muss die Auslegung der Tatbestandsmerkmale nunmehr die grundsätzlichen Wertungen des Gesetzes berücksichtigen. Auf diese Weise ist sicherzustellen, dass nach dem Prostitutionsgesetz legitime Verhaltensweisen von Bordellbetreibern nicht über den Weg des Strafrechts sanktioniert werden.

aa. Überwachen

Das Merkmal des Überwachens umfasst sämtliche Handlungen des Täters, die mit den sexuellen Betätigungen, die den Gegenstand der Prostitution bilden, in unmittelbarem Zusammenhang stehen, unabhängig davon, ob die Prostituierte sich dieser Überwachung freiwillig unterwirft oder nicht[460]. Das Erteilen konkreter Weisungen stellt keine notwendige Voraussetzung dar; vielmehr genügt bereits die kontrollierende Überwachung des Geschäftsablaufs durch den Täter. Die Rechtsprechung hat dem Anwendungsbereich der Vorschrift etwa die Kontrolle des Verbleibs im Separeé einer Bar[461], die Einrichtung einer Buchführung, Kontrollen über erzielte Einnahmehöhen[462], Verpflichtungen zur Aufzeichnung

---

457 Lenckner/ Perron in Schönke/ Schröder, 2001, § 181a, Rn. 12.
458 BT-Drs. VI/3521, S. 50.
459 Dazu oben B.I.2.a.bb.
460 BGH NJW 1986, 596; BayOLG NJW 1977, 1209.
461 BGH NStZ 1982, S. 397.
462 BGH NJW 1986, 596.

von Dauer und Entgelt der Sexualkontakte oder Stichproben zur Überprüfung der Abrechnungsehrlichkeit unterworfen[463]. Nach Inkrafttreten des Prostitutionsgesetzes kann auf diese Fälle nicht ohne Weiteres zurückgegriffen werden. Die frühere Rechtsprechung steht zum Teil mit der in diesem Gesetz vorgesehenen Möglichkeit der Vereinbarung abhängiger Beschäftigungsverhältnisse zwischen Prostituierten und Bordellbetreibern im Widerspruch. In seiner Eigenschaft als Arbeitgeber muss dem Bordellbetreiber konsequenterweise auch ein gewisses Maß an betrieblicher Überwachung zustehen. Dieses Erfordernis folgt bereits unmittelbar aus § 2 S. 2 ProstG[464]. Die Vorschrift normiert das Recht, gegen die Lohnforderung der Prostituierten die vollständige oder teilweise Nichterfüllung einzuwenden, sofern sie sich innerhalb des vereinbarten Zeitraumes nicht zur Vornahme sexueller Handlungen bereitgehalten hat. Diese Einwendung macht aber nur dann Sinn, wenn der Arbeitgeber überwachen darf, ob sich die Prostituierte tatsächlich zur vereinbarten Zeit im Betrieb aufhielt[465]. Aus diesem Grunde verwirklicht eine solche Kontrolle nicht den Tatbestand des § 181a Abs. 1 Nr. 2 StGB. Auch die Einrichtung einer Buchführung oder die Überprüfung der Abrechnungsehrlichkeit von Arbeitnehmerinnen durch den Bordellbetreiber erscheinen nicht strafwürdig. All diese Tätigkeiten entsprechen der üblichen Geschäftspraxis in Betrieben. In der Konstellation, in welcher eine lohnabhängige Prostituierte gegen Zahlung eines bestimmten monatlichen Festgehalts im Bordell arbeitet, darf der Arbeitgeber auch die durch seine Mitarbeiterin erzielten Einnahmen verbuchen[466] und überprüfen, ob diese ordnungsgemäß an ihn abgeführt wurden. Die genannten Maßnahmen bedeuten für die Prostituierte auch keine wirtschaftliche Beeinträchtigung, denn deren Entlohnung erfolgt in dieser Konstellation durch monatliche Gehaltszahlung.
Strafwürdig iSd. § 181a Abs. 1 Nr. 2 StGB erscheinen lediglich solche Verhaltensweisen, die mit dem sexuellen Selbstbestimmungsrecht der Prostituierten kollidieren, wie etwa Kontrollen des Arbeitgebers, ob versprochene sexuelle Handlungen auch tatsächlich stattfinden, oder die Festsetzung und Überprüfung von Gästequoten.

bb. Bestimmen

Im Rahmen dieser Begehungsvariante nimmt der Täter bestimmenden Einfluss auf Zeit, Ort, Ausmaß oder andere Umstände der Prostitutionsausübung. Die

---

463 BGH NStZ 1982, 379; 1986, 358.
464 Dazu oben A.II.2.
465 Heger, StV 2003, S. 353.
466 Dies gilt umso mehr, wenn im Arbeitsvertrag ein Festgehalt und zusätzlich eine prozentuale Beteiligung pro Freier vorgesehen ist. In diesen Fällen muss der Arbeitgeber die Höhe der durch die Prostituierte erzielten Einnahmen schriftlich festhalten, um am Monatsende den ihr zustehenden Anteil ermitteln zu können.

bloße Unterstützung derselben genügt dagegen nicht. Als Maßnahmen iSd. Tatbestandsalternative galten vor Inkrafttreten des Prostitutionsgesetzes unter anderem die Festsetzung des Prostitutionsortes, Vorschriften hinsichtlich der Arbeitszeit[467], die Ablehnung von Urlaubswünschen, das Aufstellen eines Einsatzplanes oder Regelungen hinsichtlich der Häufigkeit sexueller Kontakte[468]. Nach Inkrafttreten des Prostitutionsgesetzes erfahren diese Fallgruppen zum Teil eine andere strafrechtliche Bewertung. Die Beurteilung der Strafbarkeit nach § 181a Abs. 1 Nr. 2 2. Alt. StGB hat zu berücksichtigen, ob sich die getroffenen Bestimmungen im Rahmen des eingeschränkten Direktionsrechts des Arbeitgebers[469] bewegen. Ist dies der Fall, so kommt die Annahme einer Strafbarkeit nicht in Betracht. Anderenfalls bestünde ein Wertungswiderspruch zwischen Zivil- und Strafrecht, denn nach dem Prostitutionsgesetz legitime Verhaltensweisen würden über das Strafrecht pönalisiert. Im Rahmen des Beschäftigungsverhältnisses zwischen Prostituierter und Bordellbetreiber steht letzterem nach der Wertung des Prostitutionsgesetzes ein Weisungsrecht zu, welches Zeit und Ort der Bereithaltung zur Prostitution betrifft. Diese zivilrechtliche Entscheidung muss bei der Auslegung der Tatbestandsmerkmale „bestimmen von Zeit und Ort der Prostitutionsausübung" Berücksichtigung finden. Damit kommt dieser Begehungsvariante innerhalb eines freiwillig eingegangenen Beschäftigungsverhältnisses keine Bedeutung mehr zu[470]. Auch die Aufstellung von Arbeitsplänen oder die Ablehnung von Urlaubswünschen aufgrund von Personalengpässen verwirklichen kein strafwürdiges Verhalten. All diese Maßnahmen betreffen lediglich die Organisation des Prostitutionsbetriebes, in welchen sich die Prostituierte freiwillig eingegliedert hat.
Trifft der Arbeitgeber dagegen Bestimmungen, die mit dem sexuellen Selbstbestimmungsrecht der Prostituierten kollidieren - beziehen sie sich etwa auf Art und Ausmaß sexueller Kontakte - so überschreitet der Arbeitgeber seine Direktionsbefugnis. Entsprechend dem Schutzzweck des § 181a StGB stellt derartiges Bestimmen strafbares Verhalten dar.

cc. Maßnahmen, die davon abhalten, die Prostitution aufzugeben

§ 181a Abs. 1 Nr. 2 3. Alt. StGB setzt voraus, dass der Täter Maßnahmen trifft, die darauf abzielen, die Prostituierte von der Aufgabe ihrer Tätigkeit abzuhalten. Ob diese tatsächlich aus der Prostitution aussteigen will, ist unerheblich. Ein Abhalten kann etwa erfolgen durch Drohung, Gewalt, Zerstörung familiärer Kontakte[471], Halten in finanzieller Abhängigkeit oder Verstrickung in Strafta-

---

[467] KG Berlin, MDR 1977, 862 ff.
[468] Weitere Beispiele bei Laufhütte in LK, 1995, § 181a, Rn. 6.
[469] Dazu oben A.II.1.d.
[470] Heger, StV, 2003, S. 354.
[471] Lackner/ Kühl, 2001, § 181a, Rn. 4.

ten[472]. Manche erachten hinsichtlich der Intensität bereits unterhalb der Schwelle zur Nötigung liegende Maßnahmen als tatbestandsmäßig[473]. Andere wiederum fordern zumindest Nötigungscharakter[474]. Einstimmigkeit besteht jedoch insofern, als bloße Bitten und Ratschläge, von der Aufgabe der Prostitution abzusehen, kein pönalisierungswürdiges Verhalten darstellen[475]. Im Rahmen dieser Begehungsalternative ergeben sich durch das Prostitutionsgesetz keinerlei Änderungen. Das Gesetz bezieht sich allein auf die freiwillige Prostitution mit jederzeitiger Ausstiegsmöglichkeit. Sofern eine Person Maßnahmen trifft, die darauf abzielen, eine Prostituierte von der Aufgabe ihrer Tätigkeit abzubringen, verwirklicht er auch nach der Wertung des Prostitutionsgesetzes strafwürdiges Verhalten.

c. Fördernde Zuhälterei (§ 181a Abs. 2 StGB)

Die fördernde Zuhälterei richtete sich vor Inkrafttreten des Prostitutionsgesetzes in erster Linie gegen die Organisatoren von Call-Girl-Ringen. Durch die Schaffung dieses Tatbestandes kriminalisierte der Gesetzgeber eine selbstbestimmte und freie Form der Prostitutionsausübung[476]. Die Norm erwies sich lange Zeit als Hindernis für Frauen, die sich organisatorisch zusammenschließen wollten, um etwa auf telefonische Anfrage Hausbesuche bei Freiern zu tätigen. Denn diejenige, die die telefonische Vermittlung für ihre Kolleginnen übernahm, war regelmäßig nach § 181a Abs. 2 StGB strafbar[477].

aa. Änderung der Vorschrift durch das Prostitutionsgesetz

Die Bestimmung über gewerbsmäßig fördernde Zuhälterei erfuhr durch Art. 2 Nr. 3 ProstG eine Änderung. Die Strafbarkeit nach § 181a Abs. 2 StGB wurde durch die Hinzufügung des Tatbestandsmerkmals der Beeinträchtigung von persönlicher oder wirtschaftlicher Bewegungsfreiheit beschränkt[478]. Nach der Neu-

---

472 KG Berlin, MDR 1977, S. 1209.
473 Laufhütte in LK, 1995, § 181a, Rn. 7.
474 Horn/ Wolters in SK-StGB, 2002, § 181a Rn, 13.
475 Geerds, JR 1978, S. 81.
476 Laskowski, 1997, S. 315.
477 Ungeachtet aller Bedenken entschied sich der Gesetzgeber für eine Sanktionierung, denn „lassen sich Mädchen in einen Call-Girl-Ring einspannen, so bleibt ihnen vielfach die Illusion bestehen, wirkliche Prostituierte seien sie nicht geworden, sie hätten nur wegen ihrer Attraktivität Erfolge auch finanzieller Art". (BT-Drs. VI/3521, Sonderausschuss, S. 1640).
478 § 181a Abs. 2 StGB a.F. lautete: „Mit Freiheitsstrafe bis zu drei Jahren oder mit Geldstrafe wird bestraft, wer gewerbsmäßig die Prostitutionsausübung einer anderen Person durch Vermittlung sexuellen Verkehrs fördert und im Hinblick darauf Beziehungen zu ihr unterhält, die über den Einzelfall hinausgehen".

fassung macht sich strafbar, „wer die persönliche oder wirtschaftliche Bewegungsfreiheit einer anderen Person dadurch beeinträchtigt, dass er gewerbsmäßig[479] die Prostitutionsausübung der anderen Person durch Vermittlung sexuellen Verkehrs fördert und im Hinblick darauf Beziehungen zu ihr unterhält, die über den Einzelfall hinausgehen“[480]. § 181 Abs. 2 StGB dient dem Schutz der sexuellen Selbstbestimmung der Prostituierten. Maßnahmen, die einen unzulässigen wirtschaftlichen oder persönlichen Zwang zur Vornahme sexueller Handlungen darstellen, erscheinen damit unvereinbar[481].

bb. Gewerbsmäßige Vermittlung sexuellen Verkehrs

Die gewerbsmäßige Vermittlung sexuellen Verkehrs setzt voraus, dass der Täter durch seine aktive Tätigkeit den entgeltlichen sexuellen Verkehr gewerbsmäßig vermittelt und auf diese Weise die Prostitutionsausübung erfolgreich unterstützt. Sexuelle Betätigungen müssen also tatsächlich stattfinden[482]. Das Merkmal der Gewerbsmäßigkeit ist gegeben, wenn der Täter die Absicht hat, sich durch die wiederholte Vermittlung eine fortlaufende Einnahmequelle von einiger Dauer und einigem Umfang zu verschaffen. Dies kann etwa in der Form geschehen, dass er von der Prostituierten eine Vermittlungsprovision erhält, aber auch so, dass ihn Interessenten für die Angabe der Adresse der Prostituierten bezahlen[483].

cc. Beeinträchtigung der persönlichen oder wirtschaftlichen Bewegungsfreiheit

Nach Inkrafttreten des Prostitutionsgesetzes verlangt § 181a Abs. 2 StGB das Eintreten einer konkreten Beeinträchtigung der persönlichen oder wirtschaftlichen Bewegungsfreiheit der anderen Person. Bewegungsfreiheit iSd. Vorschrift bedeutet die Möglichkeit, sich frei von Zwängen persönlicher oder wirtschaftlicher Art für oder gegen die Aufnahme oder Fortsetzung der Prostitution zu ent-

---

479 Gewerbsmäßig handelt, wer sich aus wiederholter Förderung der Prostitutionsausübung eine fortlaufende Einnahmequelle von einigem Umfang und einiger Dauer verschafft (Laufhütte in LK, 1995, § 181a, Rn. 13).

480 Zum Erfordernis der über den Einzelfall hinausgehenden Beziehungen siehe oben B.I.2.a.bb.

481 Heger, StV 2003, S. 351, 352.

482 Tröndle/ Fischer, 2003, § 181a, Rn. 17.

483 Lenckner/ Perron in Schönke/ Schröder, 2001, § 181a, Rn. 20.

scheiden und diese Entscheidung auch zu verwirklichen[484]. Der Begriff stellt dagegen nicht auf eine räumliche Bewegungsfreiheit ab[485]. Der Grund für die Ergänzung des Straftatbestandes um das Merkmal der persönlichen oder wirtschaftlichen Bewegungsfreiheit besteht in der Zielsetzung des Gesetzgebers, im Rahmen des Prostitutionsgesetzes Beschäftigungsverhältnisse zwischen Prostituierten und Bordellbetreibern rechtlich anzuerkennen. Der Wortlaut der alten Fassung ließ befürchten, dass bereits die reine Vermittlung freiwilligen sexuellen Verkehrs strafbares Verhalten verwirklichen und aus diesem Grunde einer Anmeldung Prostituierter bei den sozialen Sicherungssystemen entgegenstehen könnte[486]. Dieses Ergebnis wollte der Gesetzgeber vermeiden. Die Novellierung intendiert die Klarstellung, dass eine gewerbsmäßige Vermittlung sexuellen Verkehrs, welche lediglich den Anreiz zur Fortführung einer freiwillig ausgeübten sexuellen Handlung schafft, mangels einer Gefährdung des geschützten Rechtsgutes noch keine Tatbestandsverwirklichung bedeutet[487]. Wer als Vermittler Prostituierten Kunden zwar zuführt, darüber hinaus aber keinen persönlichen oder wirtschaftlichen Zwang zur tatsächlichen Vornahme der von den Freiern gewünschten sexuellen Handlungen ausübt, macht sich nicht strafbar[488]. Damit richtet sich die Norm auch nicht mehr gegen die Organisatoren von Call-Girl-Ringen. Eine Strafbarkeit soll nach gesetzgeberischer Intention erst dann anzunehmen sein, wenn „ein Aspekt der Unfreiwilligkeit" - wie etwa die Wegnahme des Passes - hinzukommt[489].

Die Änderung des § 181a Abs. 2 StGB begegnet grundlegenden Bedenken. Kritiker befürchten, dass die Grenzen der verschiedenen Straftatbestände des Sexualstrafrechts in zunehmendem Maße verschwimmen. Der Novellierung wird etwa vorgeworfen, die neue Überschrift des § 180a StGB, „Ausbeutung von Prostituierten", stimme nun exakt mit dem Inhalt des § 181a Abs. 1 Nr. 1 StGB, der ausbeuterischen Zuhälterei, überein. Die beiden Vorschriften unterschieden sich lediglich noch dadurch, dass der Täter bei § 181a StGB über den Einzelfall hinausgehende Beziehungen zum Opfer unterhält, während die Ausbeutung im Rahmen des § 180a StGB innerhalb eines Betriebes erfolge[490]. Gegen das neue Tatbestandsmerkmal der persönlichen und wirtschaftlichen Bewegungsfreiheit

---

[484] Tröndle/ Fischer, 2003, § 181a, Rn. 19 weisen darauf hin, dass diese Definition in verschiedener Hinsicht einer Einschränkung bedarf. So schützt die Vorschrift etwa nicht die Freiheit zur Ausübung der Prostitution, sodass eine Strafbarkeit desjenigen, der nach Auffassung der Prostituierten nicht genug vermittelt und deswegen höhere Einnahmen verhindert, nicht in Betracht kommt. Vielmehr muss die Vermittlungstätigkeit i.S.d. Abs. 2 selbst zu einer Beeinträchtigung der Prostituierten führen.

[485] Heger, StV 2003, S. 352; a.A. Schroeder, JR 2002, S. 408, 409.

[486] BT-Drs. 14/7174, S. 10.

[487] BT-Drs. 14/7174, S. 10.

[488] Heger, StV 2003, S. 352.

[489] BT-Drs. 14/7174, S. 8.

[490] Schroeder, JR, 2002, S. 409.

wird eingewendet, dieses entziehe sich einer klaren Subsumtion und trage letztlich zu einer erheblichen Rechtsunsicherheit bei[491].

d. Ehegattenzuhälterei (§ 181a Abs. 3 StGB)

§ 181a Abs. 3 StGB pönalisiert die Zuhälterei unter Ehegatten. Strafbar macht sich, wer die in den Abs. 1 oder 2 bezeichneten Handlungen gegenüber seinem Ehegatten vornimmt. Auf eine Feststellung von über den Einzelfall hinausgehenden Beziehungen wird verzichtet, da die Ehe an sich schon eine solche Beziehung begründet[492].

3. Forderungen an den Gesetzgeber zu § 180a und § 181a StGB a.F.

Mit strafrechtlichen Änderungen im Bereich der Prostitutionsdelikte beschäftigte sich auch der von der Deutschen Hurenbewegung vorgelegte Gesetzesentwurf[493]. Es sei vorweggenommen, dass die durch den Gesetzgeber geschaffenen Novellierungen der Strafrechtsnormen den darin enthaltenen Vorschlägen bei Weitem nicht entsprechen. Das Prostitutionsgesetz beschränkt sich auf zwei Neuheiten, nämlich die Streichung des § 180a Abs. 1 Nr. 2 StGB a.F.[494] und Modifikation des § 181a Abs. 2 StGB a.F.[495]. Demgegenüber forderte die Deutsche Hurenbewegung im Rahmen des Bestrebens um eine gesellschaftliche Anerkennung der Prostitution eine vollständige strafrechtliche Gleichstellung mit anderen Berufen. Der von ihr vorgelegte Entwurf beruhte auf der Prämisse, dass die Existenz sexualstrafrechtlicher Sonderregelungen überflüssig ist. Der Schutz Prostituierter - auch jugendlicher Prostituierter unter 18 Jahren - vor Zwang und Ausbeutung durch Zuhälter könne ebenso gut durch die Kernstraftatbestände des StGB, wie Nötigung (§ 240 StGB), Erpressung (§ 253 StGB), Betrug (§ 263 StGB) und Körperverletzung (§ 223 StGB), gewährleistet werden[496]. Vor allem die Problematik der Jugendprostitution lasse sich durch Gesetze nicht verhindern. Die Abschaffung von Sondervorschriften intendiere daher, den real existierenden Umständen Rechnung zu tragen und Jugendliche vor der gefährlichsten Form der Prostitution, der Straßenprostitution, zu bewahren[497].
Die §§ 180a, 181a StGB a.F. sahen sich im Wesentlichen dem Vorwurf ausgesetzt, die Ausübung der Prostitution faktisch zu beeinträchtigen. Entsprechend der Auffassung, dass der Schutz Prostituierter keinerlei Sondervorschriften be-

---

491 So etwa die Kritik der Bundestagsfraktion der CDU/CSU, BT-Drs. 14/7174, S. 9.
492 Laubenthal, 2000, Rn. 612; Laufhütte in LK, 1995, § 181a, Rn. 15.
493 Deutsche Hurenbewegung, 1996, S. 9 ff.
494 Dazu oben B.I.1.a.
495 Dazu oben B.I.2.c.aa.
496 Deutsche Hurenbewegung, 1996, S. 21.
497 Deutsche Hurenbewegung, 1996, S. 14 ff.

darf, enthielt der von der Deutschen Hurenbewegung vorgelegte Reformentwurf die ersatzlose Streichung beider Normen. Die Entwurfsbegründung zur Streichung des § 180a Abs. 1 StGB a.F. lautete, die Norm verhindere faktisch gute Arbeitsbedingungen in Prostitutionsbetrieben[498]. Daneben kennzeichneten die in Abs. 1 enthaltenen Tatbestandsmerkmale der persönlichen und wirtschaftlichen Abhängigkeit den Status von Arbeitnehmerinnen. Gegen eine solche Abhängigkeit bei gleichzeitigem arbeitsrechtlichem Schutz sei aber, wie auch bei anderen Berufen, nichts einzuwenden[499]. Die Streichung der gesamten Vorschrift sollte die Führung ordentlicher Prostitutionsbetriebe legalisieren[500]. Rechtspolitiker verschiedener Parteien teilten die Auffassung, eine Aufhebung des gesamten § 180a StGB sei zur Verbesserung der beruflichen Gleichstellung Prostituierter notwendig. Im Rahmen der Reformbestrebungen legte etwa die Bundestagsfraktion der PDS einen Reformentwurf vor, der ebenfalls die Abschaffung der Norm vorsah[501]. Zur Begründung wurde vorgetragen, der Gedanke, verfestigte Institutionen im Vorfeld zu bekämpfen, sei realitätsfern. Prostituierte entsprächen nach eigenem Selbstverständnis eher dem Bild der Unternehmerin, so dass die Einschätzung der unterdrückten, schützenswerten Kreatur nicht aufrechterhalten werden könne[502]. Auch ein im Jahre 1996 von der Fraktion Bündnis 90/Die Grünen vorgelegter Entwurf sprach sich für die Streichung des gesamten Abs. 1 des § 180a StGB aus. Die Förderung der Prostitution bei Jugendlichen unter 18 Jahren sollte hingegen, mit einer gesetzlichen Modifizierung, strafbar bleiben[503].

Auch hinsichtlich § 181a StGB wurden im Vergleich zum Prostitutionsgesetz wesentlich weitergehende Reformentwürfe unterbreitet. Die Deutsche Hurenbewegung warf dem Gesetzgeber vor, er pönalisiere im Rahmen dieser Vorschrift Handlungen, die der Organisation eines Betriebes entsprechen. Die Betriebsführung umfasse die persönliche und fachliche Weisungsgebundenheit, die Eingliederung in den Betriebsablauf sowie örtliche und zeitliche Bindungen der Beschäftigten. Komme es innerhalb des Arbeitsverhältnisses zur Ausbeu-

---

498 Die Entwurfsbegründung bezieht sich auf § 180a StGB in seiner im Jahre 1996 geltenden Fassung. Die Argumentation nimmt aus diesem Grunde vor allem auf den zu dieser Zeit noch existenten § 180a Abs. 1 Nr. 2 StGB a.F. Bezug (Deutsche Hurenbewegung, 1996, S. 17 ff.). Zur Problematik dieser Vorschrift vgl. oben B.I.1.a.

499 Deutsche Hurenbewegung, 1996, S. 19.

500 Deutsche Hurenbewegung, 1996, S. 16.

501 BT-Drs. 14/4456, S. 3.

502 BT-Drs. 14/4456, S. 8.
Demgegenüber sprach sich die Bundestagsfraktion der CDU/CSU für die Beibehaltung des § 180a StGB, auch des umstrittenen § 180a Abs. 1 Nr. 2 StGB, aus. Die Vorschrift stelle das Kernstück gegen die Förderung der Prostitution dar. Die Schaffung guter Arbeitsbedingungen könne man durch eine Klarstellung im Gesetzeswortlaut anstatt mit einer Streichung erreichen (BT-Drs. 14/7174, S. 8).

503 BT-Drs. 13/6372, S. 3, S. 13.

tung der Prostituierten bzw. hindere ein Bordellbetreiber eine seiner Arbeitnehmerinnen daran, den Betrieb zu verlassen, so sei dessen Strafbarkeit durch die Kernstraftatbestände der §§ 240, 253, 263 StGB garantiert[504]. Sowohl der von den Grünen im Jahre 1996[505] als auch der von der Bundestagsfraktion der PDS[506] vorgelegte Gesetzentwurf teilten diese Auffassung.

4. Eigene Stellungnahme

§ 180a Abs. 1 Nr. 2 StGB a.F. bildete zu Recht den Hauptkritikpunkt an der strafrechtlichen Rechtslage vor Inkrafttreten des Prostitutionsgesetzes[507]. Die Streichung der Vorschrift war lange überfällig und ist zu begrüßen. Es stellt sich die Frage, ob der verbleibende § 180a Abs. 1 StGB (§ 180a Abs. 1 Nr. 1 StGB a.F.) - wie in verschiedenen Reformplänen angenommen - Beschäftigungsverhältnissen Prostituierter entgegensteht bzw. eine Beeinträchtigung ihrer beruflichen Betätigung bedeutet. Werden allein die Tatbestandsmerkmale der persönlichen und wirtschaftlichen Abhängigkeit zur Beurteilung der Problematik herangezogen, so könnte man diese Auffassung auf den ersten Blick als zutreffend erachten, denn persönliche Abhängigkeit und arbeitsorganisatorische Eingliederung kennzeichnen die Arbeitnehmereigenschaft. Wie die Ausführungen zu § 180a Abs. 1 StGB jedoch ergeben haben, liegt das Tatbestandsmerkmal des „Haltens“ in einer solchen Abhängigkeit nicht vor, wenn Prostituierte sich freiwillig den Bestimmungen eines Arbeitgebers unterwerfen[508]. Der autonom gefasste Entschluss, ein Arbeitsverhältnis im Bereich der Prostitution einzugehen, stellt eine freiwillige Unterordnung dar. In dieser Konstellation bedarf die Prostituierte keines strafrechtlichen Schutzes. Unfreiwillige Abhängigkeitsverhältnisse erscheinen demgegenüber weiter pönalisierungswürdig. In einem solchen Falle kann § 180a Abs. 1 StGB auch keine Beeinträchtigung der Berufsfreiheit bedeuten, denn dem Schutze der Rechtsordnung unterliegt nur eine freiwillig eingegangene Berufstätigkeit[509]. Diese Einschätzung, dass in erster Linie § 180a Abs. 1 Nr. 2 StGB a.F. der Erwerbstätigkeit der Betroffenen entgegenstand, teilten offenbar auch die Autorinnen einer vom Bundesministerium für Jugend und Frauen in Auftrag gegebenen Untersuchung zur rechtlichen und sozialen Situation Prostituierter. In einer Empfehlung zu § 180a Abs. 1 StGB sprachen sie

[504] Deutsche Hurenbewegung, 1996, S. 22, 23.
[505] BT-Drs. 13/6372, S. 3.
[506] BT-Drs. 14/4456, S. 3.
[507] Dazu oben B.I.1.a.
[508] Dazu oben B.I.1.b.cc.
[509] Dies ergibt sich daraus, dass der Schutzbereich des Art. 12 GG die Freiwilligkeit der Berufstätigkeit erfordert. Ausführlich zur Verfassungsmäßigkeit von § 180a Abs. 1 Nr. 1 a.F. StGB, Laskowski, 1997, S. 290 ff.

sich dafür aus, der Gesetzgeber möge insbesondere Abs. 1 Nr. 2 auf eine Streichung oder Einschränkung hin überprüfen[510].
Im Zuge der Reformbemühungen zur Prostitution wäre dagegen, den Vorschlägen der Interessenverbände entsprechend, die Aufhebung des rechtspolitisch bedenklichen § 180a Abs. 2 Nr. 1 StGB wünschenswert gewesen[511]. Zwar entspricht es den Tatsachen, dass Jugendliche unter 18 Jahren, die sich typischerweise noch in der Entwicklung befinden, vor der Ausübung der Prostitution zu bewahren sind. Allerdings erweist sich der vom Gesetzgeber gewählte Ansatzpunkt, die Wohnungsgewährung zur Ausübung der Prostitution strafrechtlich zu sanktionieren, als untauglich, denn diese Maßnahme verweist Jugendliche auf die Straße. Weitaus erfolgversprechender wäre es, an die Nachfrage nach jugendlicher Prostitution anzuknüpfen[512], also die Strafbarkeit des Kunden zu betonen. Das Sexualstrafrecht konzentriert sich im Rahmen des Jugendschutzes vor allem auf die Kuppler, anstatt auch bei denjenigen anzusetzen, die sexuelle Handlungen an Jugendlichen vornehmen oder von diesen an sich vornehmen lassen und damit die eigentliche Gefahr für deren Entwicklung hervorrufen. Die strafrechtlichen Vorschriften zum Jugendschutz stellen eine nicht zu rechtfertigende Privilegierung des Freiers dar[513] und hätten im Rahmen der sexualstrafrechtlichen Änderungen durch das Prostitutionsgesetz überdacht werden müssen.

Die unveränderte Beibehaltung des § 181a Abs. 1 Nr. 2 StGB erweist sich als problematisch. Der Vorwurf der Deutschen Hurenbewegung, die Vorschrift stünde abhängigen Beschäftigungsverhältnissen Prostituierter entgegen, besteht nicht unberechtigt. Zur Frage der Vereinbarkeit dieser Norm mit dem Ziel, Prostituierten abhängige Beschäftigungsverhältnisse zu ermöglichen, führt die Gesetzesbegründung aus, das Tatbestandsmerkmal des Bestimmens in § 181a Abs. 1 Nr. 2 StGB erfordere ein „einseitiges Vorgehen" des Täters. Eine freiwillig getroffene Vereinbarung über Ort und Zeit der Prostitutionsausübung, also ein einvernehmlich begründetes rechtlich wirksames Beschäftigungsverhältnis mit jederzeitiger Austrittsmöglichkeit soll nach dem Willen des Gesetzgebers strafrechtlich nicht erfasst sein[514]. Dies bringt der Gesetzeswortlaut aber nicht zum Ausdruck. Vielmehr beschreibt der Tatbestand mit der Bestimmung von Ort und Zeit auf den ersten Blick sozial übliche Handlungen von Arbeitgebern[515], die nach dem Prostitutionsgesetz auch vom eingeschränkten Weisungs-

---

[510] Leopold/ Steffan/ Paul, 1994 S. 306.
[511] Dazu oben B.I.1.c.
[512] Vgl. dazu Leo, 1995, S. 161.
[513] So auch Laubenthal, 2000, Rn. 472.
[514] BT-Drs. 14/5958, S. 5.
[515] So auch Tröndle/ Fischer, 2003, § 180a, Rn. 5.

recht des Bordellbetreibers erfasst sind[516]. Nur durch eine Form der Auslegung, die die Wertungen des Prostitutionsgesetzes berücksichtigt, gelangt man zu einer Verneinung der Strafbarkeit von Bordellbetreibern, die im Rahmen eines Beschäftigungsverhältnisses Zeit und Ort der Bereithaltung zur Prostitution - auch in Form von Dienstplänen usw. - festlegen[517]. Diesbezüglich wäre eine eindeutige Klarstellung wünschenswert gewesen[518]. Die unveränderte Beibehaltung der Norm dürfte Bordellbetreiber auch weiterhin zur Vorsicht bewegen und sie davon abhalten, sozialversicherungspflichtige Beschäftigungsverhältnisse mit Prostituierten einzugehen[519]. Angesichts der verbleibenden Unklarheiten muss sich der Gesetzgeber den Vorwurf gefallen lassen, er habe eine umfassende Novellierung der Straftatbestände zur Reglementierung der Prostitution vermeiden wollen und sich daher mit zwei kleinen Änderungen - der Streichung des § 180a Abs. 1 Nr. 2 und der Neufassung des § 181a Abs. 2 StGB - begnügt[520].

II. Gegen Prostituierte gerichtete straf- und ordnungsrechtliche Vorschriften

Prostituierte begehen allein durch ihre Form der Erwerbstätigkeit keine iSd. Straf- oder Ordnungsrechts relevante Handlung. Geschichtliche Erfahrungen belegen zur Genüge, dass die staatliche Bekämpfung der Prostitution stets zum Scheitern verurteilt war[521]. Gleichwohl existieren Normen, die die Tätigkeit Prostituierter reglementieren und unter bestimmten Voraussetzungen eine Sanktion gegen diese normieren. Das Straf- und Ordnungsrecht gelangt dann zur Anwendung, wenn nach gesetzgeberischer Einschätzung Belange Dritter durch die Prostitutionsausübung beeinträchtigt werden, was vor allem bei Verstößen Prostituierter gegen bestehende Sperrbezirksverordnungen sowie bei jugendgefährdender Prostitution der Fall sein soll.

---

516 Armbrüster in MüKo, 2003, § 1 ProstG, Rn. 14.

517 Dazu oben B.I.2.b.

518 Für eine Streichung bzw. präzisere Fassung des § 181a StGB, die gewährleistet, dass die Vorschrift abhängigen Beschäftigungsverhältnissen Prostituierter nicht entgegensteht, sprachen sich auch die Autorinnen einer vom Bundesministerium für Frauen und Jugend in Auftrag gegebenen Untersuchung aus (Leopold/ Steffan/ Paul, 1994, S. 307).

519 Zur Unverhältnismäßigkeit des § 181a Abs. 1 Nr. 2 StGB vgl. Laskowski, 1997, S. 313.

520 So Schroeder, JR 2002, S. 409.

521 Dazu oben Teil 1.

1. Prostitution und Sperrbezirk

a. Ausübung der verbotenen Prostitution (§ 184a StGB)

§ 184a StGB schützt das Interesse der Allgemeinheit, an bestimmten Orten nicht mit Belästigungen durch Prostitution konfrontiert zu werden[522]. Strafbar macht sich, wer „einem durch Rechtsverordnung erlassenen Verbot, der Prostitution an bestimmten Orten überhaupt oder zu bestimmten Tageszeiten nachzugehen, beharrlich zuwiderhandelt".

aa. Sperrgebietsverordnung

§ 184a StGB setzt das Bestehen einer wirksamen Sperrgebietsverordnung iSd. Art. 297 Abs. 1 EGStGB[523] voraus. Diese Vorschrift ermächtigt Landesregierungen zum Schutze der Jugend und des öffentlichen Anstandes die Ausübung der Prostitution sowohl zeitlich als auch räumlich zu begrenzen. Die zu diesem Zwecke erlassene Verordnung muss den Bereich, auf welchen sich das Verbot erstreckt, genau kennzeichnen[524].

bb. Der Prostitution nachgehen

Gegen § 184a StGB verstößt, wer entgegen den Bestimmungen der Sperrgebietsverordnung der Prostitution nachgeht. Die Norm erfordert jedoch nicht die tatsächliche prostitutive Betätigung. Tatbestandsmäßig sind bereits Handlungen, die auf eine entgeltliche Vornahme sexueller Handlungen abzielen, wie etwa Anbahnungsgespräche oder das Bereitstellen auf dem Straßenstrich. Bei dem Straftatbestand handelt es sich um ein abstraktes Gefährdungsdelikt. Aus diesem Grunde bedarf es keiner Feststellung, dass Dritte durch den Verstoß gegen die Sperrgebietsverordnung tatsächlich belästigt wurden. Auch unauffällige

---

[522] BayObLG 1988, 107, mit Anm. Behm, JZ 1989, S. 301 ff.

[523] Art. 297 EGStGB besagt: „Die Landesregierung kann zum Schutze der Jugend oder des öffentlichen Anstandes
1. für das ganze Gebiet einer Gemeinde bis zu fünfzigtausend Einwohnern,
2. für Teile des Gebiets einer Gemeinde über zwanzigtausend Einwohner oder eines gemeindefreien Gebiets,
3. unabhängig von der Zahl der Einwohner für öffentliche Straßen, Wege, Plätze, Anlagen und für sonstige Orte, die von dort aus eingesehen werden können, im ganzen Gebiet oder in Teilen des Gebiets einer Gemeinde oder eines gemeindefreien Gebiets
durch Rechtsverordnung verbieten, der Prostitution nachzugehen. Sie kann das Verbot nach Satz 1 Nr. 3 auch auf bestimmte Tageszeiten beschränken".

[524] BVerwG NJW 1964, 512 zu § 361Nr. 6c StGB a.F.

Hausbesuche Prostituierter[525] oder Gespräche über einen im Sperrbezirk gelegenen Telefonanschluss erachtet die Rechtsprechung als tatbestandsmäßig[526].

cc. Beharrliche Zuwiderhandlung

§ 184a StGB sanktioniert nur die beharrliche Zuwiderhandlung des Täters gegen die bestehende Sperrbezirksverordnung. Eine solche wird angenommen, wenn in der Tatbegehung eine besondere Hartnäckigkeit und damit gesteigerte Gleichgültigkeit gegenüber dem gesetzlichen Verbot zum Ausdruck kommt, die zugleich die Gefahr der weiteren Tatbegehung indiziert[527]. Manche fordern, dass der Täter vorher mindestens einmal gegen dieselbe Verordnung verstoßen haben muss und wegen dieses Verstoßes auch eine Abmahnung erhalten hat[528]. Das Merkmal der Beharrlichkeit ist nicht unumstritten. Eine klare Abgrenzung, ab wann ein Verhalten als beharrlicher Verstoß gewertet werden kann - mit der Folge, dass § 184a StGB und nicht das Ordnungswidrigkeitenrecht[529] Anwendung findet - bereitet Schwierigkeiten. Dies ergibt sich bereits aus der Tatsache, dass in der Kommentarliteratur keine Einstimmigkeit darüber besteht, ob die vorherige Abmahnung der Prostituierten eine notwendige Voraussetzung der Strafbarkeit darstellt oder nicht[530].

b. § 120 Abs. 1 Nr. 1 OWiG

Mit Ausnahme des Erfordernisses eines beharrlichen Verstoßes gegen die Sperrgebietsverordnung stimmt der Tatbestand des § 120 Abs. 1 Nr. 1 OWiG mit § 184a StGB überein[531]. Kann der Prostituierten ein beharrlicher Verstoß gegen die Sperrgebietsverordnung nicht nachgewiesen werden, so verwirklicht sie keinen Straftatbestand, sondern begeht lediglich eine Ordnungswidrigkeit. Bei § 184a StGB handelt es sich aus diesem Grunde um eine Qualifikation zu § 120 Abs. 1 Nr. 1 OWiG[532].

---

525 Behm, JZ 1989, S. 301; Lenckner/ Perron in Schönke/ Schröder, § 184a, Rn. 4.
526 BayObLG MDR 1989, 301.
527 BayObLG 1988, 41; OLG Köln GA 1984, 333.
528 Laubenthal, 2000, Rn. 565; Leo, 1995, S. 208; a.A. Lenckner/ Perron in Schönke/ Schröder, 2001, § 184a, Rn. 5.
529 Dazu unten B.III.1.b.
530 Zur Kritik Bargon, 1982, S. 291.
531 Es handelt sich daher bei § 120 Abs. 1 Nr. 1 OWiG um einen Mischtatbestand aus Ordnungswidrigkeit und Straftat (Meier, 2003, § 120, Rn. 3).
532 Göhler, 2002, § 120, Rn. 1.

2. Jugendgefährdende Prostitution (§ 184b StGB)

Die Jugendschutzvorschrift des § 184b StGB soll verhindern, dass die sittlichen Wertvorstellungen Jugendlicher durch das Zurschaustellen der Prostitution negativ beeinflusst werden[533]. Die Norm intendiert, die Konfrontation Jugendlicher mit einer bestimmten Form der Sexualität zu unterbinden, der nach gesetzgeberischer Auffassung eine besondere Unsittlichkeit innewohnt[534]. Der Straftatbestand setzt voraus, dass eine Person der Prostitution nachgeht[535], und zwar in der Nähe einer Schule oder einer anderen Örtlichkeit, die zum Besuch von unter Achtzehnjährigen bestimmt ist (Nr. 1), oder in einem Haus, in dem unter Achtzehnjährige wohnen (Nr. 2). Die Prostitutionsausübung muss in jeder dieser Begehungsalternativen in einer Weise erfolgen, die die genannten Personen sittlich gefährdet. Da § 184b StGB ein konkretes Gefährdungsdelikt darstellt, scheiden abstrakt ungeeignete Handlungen, wie etwa das Nachgehen der Prostitution vor einer Grundschule bei Nacht, aus[536]. Ein Jugendlicher, der sich an einer der im Tatbestand genannten Örtlichkeiten aufhielt, muss das Verhalten des Täters in seiner Bedeutung als Prostitution beobachtet haben. Darüber hinaus fordert der Tatbestand das Eintreten einer konkreten Gefahr für die sittliche Entwicklung des Betroffenen. Dies wird überwiegend verneint, wenn der Beobachtende bereits sittlich verdorben ist[537]. Auf eine tatsächliche Beeinträchtigung durch die Tathandlung kommt es hingegen nicht an.

3. Kritische Anmerkungen zu § 120 Abs. 1 Nr. 1 OWiG, §§ 184a, 184b StGB

Die Reglementierung der Prostitution anhand von Sperrbezirks- und Jugendschutzvorschriften ist seit langem aus rechtspolitischen Gründen umstritten, denn sie belastet einseitig Prostituierte. Die Wertungen des Prostitutionsgesetzes, wonach Prostitution eine dem Schutze der Rechtsordnung unterliegende Erwerbstätigkeit darstellt, lassen die genannten Vorschriften noch widersprüchlicher erscheinen.

---

533 Leo, 1995, S. 212; Laufhütte in LK, 1995, § 184b, Rn. 1.
534 Ilg, 1997, S. 103.
535 Das Tatbestandsmerkmal „der Prostitution nachgehen" ist wie in § 184a StGB zu verstehen (dazu oben B.II.1.bb).
536 Laubenthal, 2000, Rn. 576; Lenckner/ Perron in Schönke/ Schröder, 2001, § 184b, Rn. 5.
537 Horn/ Wolters in SK-StGB, 2002, § 184b, Rn. 5.

a. Privilegierung des Freiers im Straf- und Ordnungswidrigkeitenrecht

Die rechtlichen Sanktionen des Straf- und Ordnungswidrigkeitenrechts für Verstöße gegen Sperrbezirksverordnungen und Jugendschutzvorschriften treffen allein Prostituierte. Die am Rechtsgeschäft der Prostitution in gleichem Maße beteiligten Kunden bleiben nach geltender Rechtslage straflos, wenn sie etwa innerhalb eines Sperrgebietes die Leistungen Prostituierter in Anspruch nehmen und auf diese Weise Beihilfe zu verbotenen Formen der Prostitutionsausübung leisten. Dieses inkonsequent erscheinende Ergebnis basiert aus juristischer Sicht auf dem Rechtsinstitut der notwendigen Teilnahme, welches die Annahme einer Teilnehmerstrafbarkeit ausschließt. Eine notwendige Teilnahme bedeutet, dass die Verwirklichung eines Straftatbestandes notwendigerweise die Beteiligung mehrerer Personen erfordert[538]. Einigkeit besteht zudem darüber, dass jede Teilnahme straflos ist, die das Mindestmaß dessen, was die Verwirklichung des Tatbestandes erfordert, nicht überschreitet. Daneben bleibt auch derjenige als Teilnehmer straflos, der durch die jeweilige Strafandrohung geschützt werden soll[539]. Im Rahmen dieses Rechtsinstituts bestehen zahlreiche Ungereimtheiten[540]. Kritiker weisen darauf hin, die Frage, ob eine Person als Teilnehmer strafbar oder als notwendiger Teilnehmer straflos sei, basiere letztlich auf kriminalpolitischen Interessen. Der Hinweis auf die notwendige Teilnahme erfolge vor allem, um strafrechtlichen Entscheidungen eine vermeintlich juristische Grundlage zu verleihen[541].

In der strafrechtlichen Kommentarliteratur besteht Einigkeit darüber, dass die Kunden Prostituierter als notwendige Teilnehmer der §§ 184a, 184b StGB in jedem Fall straflos bleiben[542]. Damit sind sie aus dem Anwendungsbereich der Normen über die Strafbarkeit des Teilnehmers (§§ 26, 27 StGB) ausgenommen. Aus der Anwendung der eben geschilderten Grundsätze der notwendigen Teilnahme resultiert jedoch, dass dieses Ergebnis dogmatisch nicht gerechtfertigt ist[543]. Dies ergibt sich aus Folgendem: Sowohl die Ausübung der verbotenen als auch der jugendgefährdenden Prostitution erfordern, dass eine Person der Prostitution nachgeht. Ein Nachgehen der Prostitution i.S.d. Tatbestände wird aber schon bei der Vornahme von Handlungen angenommen, die auf eine entgeltliche sexuelle Betätigung abzielen[544]. Die Prostituierte verstößt bereits gegen die

---

[538] Roxin in LK, 1993, Vor § 26, Rn. 32.

[539] Roxin in LK, 1993, Vor § 26, Rn. 34.

[540] Vgl. etwa Wolter, JuS 1982, S. 343, der den Begriff der notwendigen Teilnahme als „alt, eingebürgert und ungenau" bezeichnet.

[541] Graalmann-Scheerer, GA 1995, S. 351.

[542] Gössel, 1987, S. 345; Laufhütte in LK, 1995, § 184a, Rn. 6; Lenckner/ Perron in Schönke/ Schröder, 2001, § 184a, Rn. 7.

[543] Ausführlich zu dieser Problematik Graalmann-Scheerer, GA 1995, S. 352 ff.

[544] Dazu oben B.II.1.a.bb.

genannten Vorschriften, wenn sie sich lediglich auf dem Straßenstrich bereitstellt, auf Kunden wartet und keinerlei sexuelle Betätigungen vornimmt. Die Verwirklichung der §§ 184a, 184b StGB erfordert aus diesem Grunde gerade nicht notwendigerweise die Beteiligung mehrerer Personen, wie dies für eine Anwendung des Rechtsinstituts der notwendigen Teilnahme erforderlich wäre[545]. Kommt es sogar zu sexuellem Verkehr zwischen Prostituierter und Freier, so überschreiten beide in deutlichem Maße das Minimum dessen, was der Tatbestand voraussetzt. Auch der Normzweck steht einer Strafbarkeit des Freiers nicht entgegen. § 184a StGB dient dem Schutze der Allgemeinheit vor Belästigung durch die Prostitution, § 184b StGB dem der Jugend. Die Kunden Prostituierter gehören keineswegs zum Kreise der geschützten Personen. Sie sind nicht Opfer der Tat[546]. Damit erweist sich die pauschale Behauptung, der Freier sei als notwendiger Teilnehmer jedenfalls straflos, als verfehlt.
Aber auch bei einer Ablehnung der notwendigen Teilnahme des Freiers gestaltet sich der Nachweis seiner Strafbarkeit als kompliziert. Dies gilt vor allem für § 184a StGB. Das im Rahmen dieses Tatbestandes erforderliche Merkmal des beharrlichen Verstoßes gegen Sperrbezirksregelungen[547] muss als besonderes persönliches Merkmal nach § 28 Abs. 2 StGB auch beim Teilnehmer vorliegen, damit eine Strafbarkeit wegen Beihilfe zur Ausübung der verbotenen Prostitution bejaht werden kann[548]. Aus praktischen Gründen erweist sich dieser Nachweis jedoch als schwierig[549]. Die Begehung einer Ordnungswidrigkeit durch den Freier gemäß § 120 Abs. 1 Nr. 1 OWiG, die den Nachweis der Beharrlichkeit nicht erfordert[550], scheitert nach überwiegender Auffassung ebenfalls an dessen notwendiger Beteiligung[551]. Aus oben genannten Gründen ist diese Privilegierung jedoch nicht gerechtfertigt. Eine ordnungswidrigkeitenrechtliche Verfolgung wäre daher konsequent[552].

b. Unvereinbarkeit von § 120 Abs. 1 Nr. 1 OWiG, §§ 184a, 184b StGB mit den Wertungen des Prostitutionsgesetzes

Nach Inkrafttreten des Prostitutionsgesetzes bestehen noch größere Zweifel an der Existenzberechtigung von Sperrbezirks- und Jugendschutzvorschriften. Das

---

545 Graalmann-Scheerer, GA 1995, S. 353; Leo, 1995, S. 210.
546 Tröndle/ Fischer, 2003, § 184a, Rn. 7.
547 Dazu oben B.II.1.a.cc.
548 Graalmann-Scheerer, GA 1995, S. 353.
549 Leo, 1995, S. 211.
550 Dazu oben B.II.1.b.
551 Göhler, 2002, § 120, Rn. 9; Rebmann/ Roth/ Herrmann, 2002, § 120, Rn. 7.
Aufgrund des im Ordnungswidrigkeitenrecht bestehenden Prinzips der Einheitstäterschaft (§ 14 Abs. 1 OWiG) wird der Freier hier nicht als Gehilfe, sondern als Beteiligter belangt.
552 Graalmann-Scheerer, 1995, S. 357; Leo, 1995, S. 211.

Prostitutionsgesetz intendiert unter anderem eine Verbesserung der Erwerbssituation Prostituierter und beruht auf der Wertung, dass von Erwachsenen freiwillig ausgeübte Prostitution nach heute herrschenden Wertmaßstäben nicht mehr als unsittlich gilt[553]. Die Unvereinbarkeit der genannten Normen mit den Wertungen des Prostitutionsgesetzes ergibt sich vor allem aus Folgendem: Erstens werden die Grenzen der Berufstätigkeit Prostituierter dort in einer Form festgelegt, die an sittliche Wertungen anknüpft, und zweitens stellen die genannten Normen eine ungerechtfertigte Einschränkung der Berufsausübung dar.

aa. Anknüpfung an sittliche Wertungen

Im Rahmen des 4. StrRG[554] erfolgte eine völlige Umgestaltung des Sexualstrafrechts. Ein wesentliches Anliegen der Reform bestand in der Befreiung des Strafrechts von moralisierenden Betrachtungen[555]. Die Reform diente der Klarstellung, dass das Sexualstrafrecht ein Verhalten nicht aufgrund seiner Unmoral pönalisiert, sondern vielmehr erst dann, wenn es Interessen der Allgemeinheit verletzt[556]. Anknüpfungspunkt einer Strafbarkeit sollte von nun an allein die Sozialschädlichkeit eines Verhaltens bilden. Dementsprechend finden sich die früheren Delikte „wider die Sittlichkeit" seither unter der Bezeichnung „Straftaten gegen die sexuelle Selbstbestimmung"[557]. Darüber hinaus ersetzte das Tatbestandsmerkmal der „sexuellen Handlung" den dem alten Sexualstrafrecht zugrunde liegenden Begriff der „unzüchtigen Handlung"[558]. Die Schaffung rational fassbarer Straftatbestände gelang im Bereich der Prostitutionsdelikte jedoch nur in eingeschränktem Maße, wie vor allem eine nähere Betrachtung des Tatbestandes der jugendgefährdenden Prostitution zum Ausdruck bringt. Die Strafbarkeit Prostituierter knüpft hier an die sittliche Gefährdung Minderjähriger an. Eine Definition dieser Begrifflichkeit bereitet jedoch Schwierigkeiten. Geschichtliche Erfahrungen belegen, dass die Bewertung von Sitte und Moral stets kulturellen Schwankungen unterlag. Je nach Moralvorstellung werden Richter bei gleicher Tathandlung die Frage einer sittlichen Gefahr Jugendlicher verschiedenartig beurteilen. Das Tatbestandsmerkmal schafft damit den Nährboden für subjektive Beurteilungen[559].
Nach Inkrafttreten des Prostitutionsgesetzes tritt ein weiterer Gesichtspunkt hinzu, der die Berechtigung des Tatbestandes fragwürdig erscheinen lässt. Ein

---

553 BT-Drs. 14/5958, S. 4.
554 BGBl. I 1973, 1725.
555 Ausführlich Dreher, 1974, S. 45 ff.
556 Zur Trennung von Moral und Strafrecht im Bereich der Sexualdelikte vgl. Hanack, 1968, S. 28.
557 Otto, 2002, § 66, Rn. 1.
558 Hanack, NJW 1974, S. 8.
559 Bargon, 1982, S. 289; Laubenthal, 2000, Rn. 578.

wesentliches Anliegen des Gesetzgebers bestand darin, die Prostitution vom Verdikt der Sittenwidrigkeit zu befreien[560]. Stellt Prostitution keine unsittliche Tätigkeit mehr dar, so bleibt jedoch unverständlich, weshalb der Gesetzgeber in § 184b StGB die sittliche Gefährdung Minderjähriger als Anknüpfungspunkt für eine Strafbarkeit Prostituierter wählt. Es ist nicht einzusehen, wie ein nicht sittenwidriges Verhalten sittlich gefährden soll[561]. Die Beibehaltung der Norm bedingt aus diesem Grunde einen Wertungswiderspruch zum Prostitutionsgesetz.

bb. Beschränkung der Erwerbstätigkeit Prostituierter

Die Arbeitsbedingungen Prostituierter sind entscheidend durch die Existenz von Sperrbezirksverordnungen geprägt. Art. 297 EGStGB[562] gestattet, Prostitution in kleineren Städten völlig zu untersagen und in größeren Gemeinden auf einige Bereiche zu konzentrieren. Von dieser Ermächtigungsgrundlage machen die Länder vielfach Gebrauch. Die verbleibenden Toleranzzonen beschränken sich im Vergleich zur Größe des Bundesgebietes auf kleine Teile[563]. In der Praxis darf Prostitution häufig nur in entlegenen Stadtteilen ausgeübt werden, die schlechte Arbeitsbedingungen aufweisen[564]. Durch die Ausgrenzung in unübersichtliche, dunkle Straßen sehen Prostituierte sich einer erhöhten Gefahr ausgesetzt, Straftätern zum Opfer zu fallen. Zudem begünstigen die Sperrbezirksregelungen die Tätigkeit von Zuhältern, die die Prostitution auf dem Straßenstrich kontrollieren. Aufgrund der räumlichen Beschränkung besteht für Betroffene praktisch keine Möglichkeit, sich dieser Einflussnahme zu entziehen. Die Unattraktivität der Toleranzzonen bedeutet auch eine Einschränkung von Verdienstmöglichkeiten, denn die Betreiber von in Toleranzgebieten befindlichen Bordellen verlangen aufgrund ihrer starken wirtschaftlichen Stellung enorme Tagesmieten für Zimmer. Prostituierten, die aus genannten Gründen in Sperrgebieten arbeiten, droht eine strafrechtliche Verfolgung. § 184a StGB und § 120 Abs. 1 Nr. 1 OWiG begünstigen aus diesem Grunde eine Kriminalisierung der Prostitution. Am praktischen Nutzen dieser Vorschriften bestehen berechtigte Zweifel. Die straf- und ordnungswidrigkeitenrechtliche Verfolgung der Sperrbezirksverstöße bezweckt den Schutz der Allgemeinheit vor Belästigungen durch Prostitution sowie vor allem auch den von Jugendlichen. Für einen Kausalzusammen-

---

560 BT-Drs, 14/5958, S, 4; BT-Drs. 14/7174, S. 7.
Eine Zusammenfassung zur Frage der Sittenwidrigkeit der Prostitution findet sich unter Punkt F.

561 Heger, StV 2003, S. 355; Tröndle/ Fischer, 2003, § 184b, Rn. 3.

562 Dazu oben B.II.1.a.aa.

563 Göhler, 2002, § 120, Rn. 6; Molloy, 1992, S. 34.

564 Zu den negativen Folgen der Sperrbezirksregelungen für die Erwerbstätigkeit Prostituierter vgl. Deutsche Hurenbewegung, 1996, S. 7 ff.; Leopold/ Steffan/ Paul, 1994, S. 302 ff.; Molloy, 1992, S. 33 ff.

hang zwischen Jugendgefährdung und Prostitution existieren allerdings keinerlei Belege. Jugendliche werden permanent durch die Massenmedien mit Sexualität und Nacktheit konfrontiert, so dass die Annahme einer Gefährdung der sittlichen Entwicklung gerade durch die käufliche Liebe auf reiner Willkür beruht[565]. In Städten ohne Sperrbezirksregelungen waren bislang keine negativen Erfahrungen zu beobachten. Das Zuhälterwesen ist dort bei weitem weniger ausgeprägt als in Städten mit Sperrbezirksverordnungen[566]. Die Sperrbezirksvorschriften scheinen gerade die diskreteste Form der Prostitution, nämlich die, dass Prostituierte durch Zeitungsinserate geworbene Kunden in ihren Wohnungen empfangen, zu verhindern[567]. Denn gegen eine Sperrbezirksverordnung verstößt auch, wer telefonische Verabredungen mit Kunden trifft und diese sodann in seiner im Sperrbezirk gelegenen Wohnung empfängt. In dieser Konstellation findet noch nicht einmal die Kontaktanbahnung unter den Augen der Öffentlichkeit statt. In der Praxis hat sich weiter als problematisch erwiesen, dass die Strafverfolgungsorgane Verstöße gegen Sperrbezirksverordnungen regional unterschiedlich handhaben. Verschiedene Faktoren, wie etwa Anwohnerproteste oder Interessen nach einer Umgestaltung des Stadtbildes, beeinflussen ein behördliches Einschreiten[568]. Betroffene empfinden dies als willkürlich.
Vor Inkrafttreten des Prostitutionsgesetzes beurteilten Gerichte die Sperrbezirksregelungen als verfassungsrechtlich unbedenklich[569]. Zur Begründung trugen sie vor, der Gesetzgeber erachte die Ausübung der Prostitution nicht für schutzwürdig. Er dulde sie nur, weil deren Beseitigung unmöglich sei und ein Totalverbot das Gewerbe in die Illegalität abgleiten lasse[570]. In einschlägigen Kommentaren hat sich demgegenüber weitgehend die Auffassung durchgesetzt, dass die Prostitution einen Beruf im Sinne des Art. 12 GG darstellt und daher verfassungsrechtlichen Schutz genießt[571]. Unter diesem Gesichtspunkt werden die auf Art. 297 EGStGB beruhenden Sperrbezirksverordnungen sowie alle anderen Vorschriften, die Verstöße gegen diese sanktionieren, für verfassungsrechtlich bedenklich erachtet, da sie die Berufsausübung Prostituierter weitgehend untersagen[572]. Inzwischen entzieht das Prostitutionsgesetz der Argumentation der Gerichte, der Gesetzgeber halte Prostitution nicht für schutzwürdig, jede Grundlage. Das Gesetz beinhaltet gerade schützende Vorschriften.

565 Ausführlich dazu Laskowski, 1997, S. 265 ff.; Leo, 1995, S. 91 ff.
566 Zu den Erfahrungen in Berlin vgl. BT-Drs. 13/6272, S. 9; BT-Drs. 14/4456, S. 7; Prostituiertenprojekt Hydra, 1991, S. 228.
567 Deutsche Hurenbewegung, 1996, S. 8.
568 Leopold/ Steffan/ Paul, 1994, S. 307.
569 BayVerfGH NJW 1983, 2188 ff.; BayObLG MDR 1963, 614.
570 Leo, 1995, S. 85 ff.
571 Manssen in von Mangoldt/ Klein/ Starck, 1999, Art. 12 GG, Rn. 39; Scholz in Maunz/ Dürig/ Herzog, 2003, Art. 12 GG, Rn. 24.
572 Laskowski, 1997, S. 272; Leo, 1995, S. 87 ff.

§ 1 S. 1 ProstG[573] normiert, dass es sich bei der Lohnforderung der Prostituierten um einen von der Rechtsordnung geschützten Anspruch handelt. Gemäß § 1 S. 2 und § 3 ProstG[574] kann Prostitution Gegenstand sozialversicherungspflichtiger Beschäftigungsverhältnisse sein. Sind auch Mängel dieses Gesetzes zu beklagen, so enthält es dennoch die grundsätzliche Wertung, dass der Gesetzgeber Prostitution als schützenswerte Form der Erwerbstätigkeit erachtet. Dieser Gesichtspunkt ist bei Beurteilung der Frage, ob eine derart weitgehende Beschränkung der Erwerbstätigkeit Prostituierter rechtmäßig sein kann, zu berücksichtigen. Aus diesem Grunde sprechen nach Inkrafttreten des Prostitutionsgesetzes weitere Gesichtspunkte für die Unverhältnismäßigkeit der Sperrgebietsregelungen.

4. Reformvorschläge zu Sperrbezirk und Jugendschutz

Die Deutsche Hurenbewegung forderte aus oben genannten Gründen die ersatzlose Abschaffung des Art. 297 EGStGB[575]. Im Falle einer Streichung der Norm wären auch § 184a StGB sowie § 120 Abs. 1 Nr. 1 OWiG gegenstandslos[576]. Daneben enthält der Reformentwurf auch die Streichung des Delikts der jugendgefährdenden Prostitution. In der Entwurfsbegründung heißt es unter anderem, all diese Vorschriften begünstigten die gesellschaftliche Ausgrenzung und Kriminalisierung Prostituierter. Angesichts der großen Nachfrage nach Sexualdienstleistungen seien diese Gesetze doppelmoralisch[577]. Auch unter Rechtspolitikern existierten Stimmen, die im Rahmen der Reformdiskussionen für eine Abschaffung der Sperrbezirksregelungen plädierten. Im Zuge der Reformbestrebungen im Bereich der Prostitution legte etwa die PDS einen Gesetzentwurf vor, der ebenfalls die ersatzlose Streichung von Art. 297 EGStGB, § 184a StGB, § 120 Abs. 1 Nr. 1 OWiG vorsah[578]. Dieser Antrag wurde jedoch im Gesetzgebungsverfahren zum Prostitutionsgesetz abgelehnt. Stattdessen einigte man sich auf die Formulierung eines Prüfungsauftrages an die Bundesregierung, zu klären, inwieweit die Streichung von §§ 119, 120 OWiG im Lichte der Abschaffung der Sittenwidrigkeit der Prostitution notwendig ist[579]. Da § 120 OWiG die

[573] Dazu oben A.II.1.
[574] Dazu oben A.II.1.d.
[575] Deutsche Hurenbewegung, 1996, S. 6 ff.; Prostituiertenprojekt Hydra, Beruf: Hure, 1991, S. 211 (Forderungskatalog, aufgestellt vom 1. Nationalen Prostituiertenkongress in Berlin im Jahre 1985).
[576] Deutsche Hurenbewegung, 1996, S. 9.
[577] Deutsche Hurenbewegung, 1996, S. 9.
[578] BT-Drs. 14/4456, S. 3; vgl. auch BT-Drs. 14/7174, S. 9.
Die Strafvorschriften zum Minderjährigenschutz sollten dagegen ausdrücklich erhalten bleiben (BT-Drs. 14/4456, S. 2).
[579] BT-Drs. 14/7174, S. 3.

vorsätzliche Zuwiderhandlung gegen Sperrbezirksverordnungen ahndet, müsste dessen Streichung auch dem darauf aufbauenden § 184a StGB die Grundlage entziehen[580].

Zusammenfassend bleibt festzustellen, dass das Prostitutionsgesetz den strafrechtlichen Forderungen der Deutschen Hurenbewegung bei weitem nicht entspricht. Das Gesetz beschränkt sich vielmehr darauf, ein bestimmtes Maß an zivil-, arbeits- und sozialrechtlichem Schutz zu gewährleisten. Die Änderung des Sexualstrafrechts beschränkt sich dementsprechend auf die §§ 180a, 181a StGB, um Prostituierten den Abschluss sozialversicherungsrechtlich anerkannter Beschäftigungsverhältnisse zu ermöglichen. Damit ergeben sich lediglich sexualstrafrechtliche Novellierungen im Bereich der Zuhälterstrafbarkeit. Im Hinblick auf das gesetzgeberische Ziel, die rechtliche und soziale Situation Prostituierter zu verbessern, wäre es jedoch angebracht gewesen, gerade diejenigen Vorschriften aufzuheben, die die Erwerbstätigkeit Prostituierter in besonderem Maße beeinträchtigen und die ihre Ausgrenzung und Stigmatisierung begünstigen. An der praktischen Relevanz des § 184b StGB bestehen ohnehin Zweifel. Ein Blick auf die Verurteilungsstatistik zeigt, dass die Verurteilungszahlen in der Bundesrepublik wegen jugendgefährdender Prostitution in den letzten zehn Jahren bei etwa zwei Personen pro Jahr lagen[581]. Dass dies allein auf die Präventivwirkung des Straftatbestandes zurückzuführen ist, kann angesichts der wesentlich höher liegenden Verurteilungszahlen bei § 184a StGB nicht angenommen werden[582]. Eine Abschaffung der Norm wäre daher konsequent gewesen.

III. Prostitutionswerbung

Die Möglichkeiten Prostituierter, für ihre Dienste öffentlich zu werben, erfahren durch § 119 Abs. 1 Nr. 1 und 2 und § 120 Abs. 1 Nr. 2 OWiG eine starke Einschränkung. In der Praxis bedeuten diese Normen ein totales Werbeverbot, indem sie Zuwiderhandlungen im Wege des Ordnungswidrigkeitenrechts ahnden.

1. § 119 Abs. 1 OWiG

Gemäß § 119 Abs. 1 OWiG handelt ordnungswidrig, „wer öffentlich in einer Weise, die geeignet ist, andere zu belästigen (Nr. 1) oder in grob anstößiger

[580] Heger, StV 2003, S. 355.
[581] Dazu unten Teil 3, Punkt C.
[582] Dazu Gleß, 1999, S. 143.

Weise durch Verbreiten[583] von Schriften, Ton- oder Bildträgern, Abbildungen oder Darstellungen oder durch das öffentliche Zugänglichmachen von Datenspeichern (Nr. 2) Gelegenheit zu sexuellen Handlungen anbietet[584], ankündigt[585], anpreist[586] oder Erklärungen solchen Inhalts bekanntgibt[587]". Im Unterschied zu § 120 Abs. 1 Nr. 2 OWiG stellt § 119 Abs. 1 OWiG nicht auf die Entgeltlichkeit sexueller Betätigungen ab. Gleichwohl erfasst der Anwendungsbereich der Vorschrift insbesondere Prostituierte, denn öffentlich belästigende Angebote kommen vor allem im Zusammenhang mit der Straßenprostitution in Betracht[588].

a. Geschütztes Rechtsgut

§ 119 OWiG richtet sich nicht gegen bestimmte Arten der sexuellen Betätigung, sondern gegen vereinzelte Formen öffentlicher Belästigung. Die Norm bezweckt den Schutz verbreiteter Empfindungen, die verletzt werden, wenn Personen Gelegenheit zu sexuellen Handlungen in Form von Werbung wie Ware anbieten[589]. Da eine Verletzung des Empfindens der Bevölkerung schwer feststellbar ist, formulierte der Gesetzgeber die Vorschrift als abstrakten Gefährdungstatbestand[590].

---

583 Ein Verbreiten ist gegeben, wenn der Täter die Schrift an einen anderen mit dem Ziel weitergibt, sie einem größeren, für den Täter nicht kontrollierbaren Personenkreis, bei dem es sich auch um Mitglieder eines Vereins oder einer Gesellschaft handeln kann, zugänglich zu machen. Bereits die Übergabe an eine Person kann ausreichen, wenn der Täter damit rechnet, dass der Empfänger die Sache anderen Personen zugänglich macht (Senge in Erbs/ Kohlhaas, 2003, § 119, Rn. 20).

584 Das Tatbestandsmerkmal des Anbietens erfüllt sowohl, wer eine eigene Bereitschaft zur unmittelbaren Förderung sexueller Handlungen erklärt, als auch derjenige, der diese nur mittelbar fördert, indem er auftragsgemäß das Angebot eines anderen weiterleitet (Rotberg, 1975, § 119, Rn. 7).

585 Ein Ankündigen liegt vor, wenn auf die Gelegenheit zu sexuellen Handlungen mit Dritten hingewiesen wird, auf deren Durchführung der Hinweisende keinen Einfluss hat. Unter diesen Begriff fällt insbesondere Werbung für Dirnenwohnheime, Massagesalons und ähnliche Einrichtungen (Senge in Erbs/ Kohlhaas, § 119, Rn. 10).

586 Dem Merkmal des Anpreisens kommt keine selbständige Bedeutung zu. Es handelt sich dabei um eine besonders eindringliche Form des Anbietens oder Ankündigens, die mit einer Kundgebung lobenden oder empfehlenden Inhalts einhergeht (Senge in Erbs/ Kohlhaas, 2003, § 119, Rn. 11).

587 Die Begehungsvariante der Bekanntgabe stellt eine besondere Form der Beteiligung dar. Danach begeht auch derjenige eine Ordnungswidrigkeit, der nicht selbst anbietet, ankündigt oder anpreist, sondern der dies für einen anderen tut, etwa durch die Weitergabe fremder Werbung (Rebmann/ Roth/ Herrmann, 2002, § 119, Rn. 6).

588 Göhler, 2002, § 119, Rn. 8; Kurz in KK, 2000, § 119, Rn. 9.

589 BT-Drs. VI/1552, S. 36 ff.; Rotberg, 1975, § 119, Rn. 3.

590 Kurz in KK, 2000, § 119, Rn. 2.

b. § 119 Abs. 1 Nr. 1 OWiG

Als öffentlich belästigende Angebote gelten vor allem solche im Zusammenhang mit der Straßenprostitution[591]. Das jeweilige Angebot muss sich auf die Vornahme sexueller Handlungen beziehen, wobei dieser Begriff in gleicher Weise verstanden wird wie in den §§ 174 ff. des Strafgesetzbuches[592]. Im Unterschied dazu enthält § 119 Abs. 1 OWiG zwar keine Erheblichkeitsklausel. Allerdings folgt die Einschränkung auf Angebote für sexuelle Betätigungen von Erheblichkeit zwangsläufig daraus, dass die Vorschrift nur belästigende oder grob anstößige Verhaltensweisen erfasst[593]. Werbemaßnahmen für sexuell unerhebliche Aktivitäten erfüllen diese Voraussetzung nicht. Ein Verhalten eignet sich zur Belästigung anderer, wenn dadurch nicht nur eine geringfügige Beeinträchtigung ihres körperlichen Wohlbefindens droht[594]. Auf den tatsächlichen Eintritt einer Belästigung kommt es nicht an. Die für § 119 Abs. 1 OWiG ausreichende abstrakte Gefahr besteht bereits in der Eignung zur Belästigung bzw. in der grob anstößigen Betätigung[595]. In Anbetracht des weit gefassten Wortlauts nehmen Rechtsprechung und Literatur bestimmte Verhaltensweisen aus dem Anwendungsbereich der Norm heraus[596]. Allein der Umstand, dass eine auf der Straße umhergehende Frau als Prostituierte erkennbar ist, reicht nicht aus, um die Eignung der Belästigung zu bejahen. Gleiches gilt für ein Zunicken mit dem Kopf als Aufforderung. Auch die üblichen Kontaktversuche in Dirnenstraßen stellen kein iSd. § 119 Abs. 1 OWiG relevantes Verhalten dar. Eine grob anstößige Aufforderung gilt demgegenüber stets als belästigend[597].

c. § 119 Abs. 1 Nr. 2 OWiG

Der Sinn des § 119 Abs. 1 Nr. 2 OWiG besteht darin, vor allem Zeitungsanzeigen mit Angeboten zur Vornahme sexueller Handlungen zu verhindern[598]. Als Täter kommen der Inserent sowie alle anderen im Pressewesen tätigen verant-

---

591 Dazu bereits oben B.III.1.

592 Dazu oben A.II.1.a.aa.

593 Kurz in KK, 2000, § 119, Rn. 5; Rebmann/ Roth/ Herrmann, 2002, § 119, Rn. 4.

594 OLG Frankfurt NJW 1967, 2022.

595 Göhler, 2002, § 119, Rn. 2; Kurz in KK, 2000, § 119, Rn. 2.

596 Der Wortlaut des § 119 Abs. 1 Nr. 1 OWiG, der lediglich die Eignung zur Belästigung fordert, ist nicht unproblematisch. Geschichtliche Erfahrungen belegen, dass derart formulierte Vorschriften häufig zu einem radikalen Vorgehen gegen Prostituierte missbraucht wurden. Vgl. zu dieser Problematik auch Laskowski, 1997, S. 275, die anführt, die Norm eigne sich im Grunde zu einem ordnungswidrigkeitenrechtlichen Vorgehen gegen jede Frau, die sich abends allein auf der Straße bewegt.

597 Göhler, 2002, § 119, Rn. 10; Kurz in KK, 2000, § 119 Rn. 11.

598 BT-Drs. VI/1552, S. 37.

wortlichen Personen in Betracht[599]. Eine „grob anstößige" Werbung liegt vor, wenn entweder der Inhalt der Schrift oder die sonstigen Umstände ihrer Verbreitung in erheblicher Weise Sitte, Anstand und Schamgefühl verletzen, das heißt, wenn sie das nach der Ansicht der Mehrheit der Bevölkerung gebotene Maß an Zurückhaltung deutlich überschreitet[600]. Hinsichtlich der Umstände der Verbreitung der Werbung sind Zeit und Ort relevant. Eine grobe Anstößigkeit wird etwa angenommen, wenn Werbezettel für ein Sexzentrum an Kirchen- oder Theaterbesucher verteilt werden. Demgegenüber kann eine andere rechtliche Bewertung erfolgen, wenn dies in einem Dirnenviertel geschieht[601]. Die Beurteilung berücksichtigt weiter, ob das Angebot den Menschen zu einem beliebig austauschbaren Gegenstand geschlechtlicher Begierde herabwürdigt. So gelten etwa Formen der Partnersuche als grob anstößig, bei denen das Geschlechtliche so sehr in den Vordergrund rückt, dass demgegenüber menschliche Beziehungen ganz zurücktreten, wie beispielsweise bei der Partnersuche ausschließlich zum Geschlechtsverkehr oder zu „Perversitäten"[602]. Diese Voraussetzungen erachtet die Kommentarliteratur vor allem bei einem großen Teil der Inserate der St.-Pauli-Presse als gegeben, die allein den Zweck verfolgen, Partner für sexuelle Betätigungen zu finden[603].

2. § 120 Abs. 1 Nr. 2 OWiG

Gemäß § 120 Abs. 1 Nr. 2 OWiG handelt ordnungswidrig, „wer durch Verbreiten von Schriften, Ton- oder Bildträgern, Datenspeichern, Abbildungen oder Darstellungen Gelegenheit zu entgeltlichen sexuellen Handlungen anbietet, ankündigt, anpreist oder Erklärungen solchen Inhalts bekanntgibt; dem Verbreiten steht das öffentliche Ausstellen, Anschlagen, Vorführen oder das sonstige öffentliche Zugänglichmachen gleich".
Die Vorschrift dient dem Schutze der Allgemeinheit und in besonderem Maße dem von Jugendlichen vor den mit der Prostitution verbundenen Belästigungen und Gefahren. Sie basiert auf dem Gedanken, der Prostitution bereits im Vorfeld durch weitgehende Werbebeschränkungen zu begegnen und auf diese Wei-

[599] Senge in Erbs/ Kohlhaas, 2003, § 119, Rn. 18.
[600] Kurz in KK, 2000, § 119, Rn. 15.
[601] Rebmann/ Roth/ Herrmann, 2002, § 119, Rn. 9b.
[602] Göhler, 2002, § 119, Rn. 17; OLG Hamburg, NJW 1972, 115. Zur Kritik an dieser Einschätzung vgl. Laskowski, 1997, S. 276, die zu Recht anführt, der Umgang mit sexuellen Bedürfnissen habe sich in den letzten Jahrzehnten grundlegend geändert, sei offener und direkter geworden. Die Suche nach kurzfristigen sexuellen Kontakten werde als Ausdruck sexueller Autonomie verstanden. Ein Ausleben von Sexualität habe mit Perversitäten nichts zu tun, sondern breche lediglich mit herkömmlichen kirchlich-ethischen Wertvorstellungen.
[603] Senge in Erbs/ Kohlhaas, 2003, § 119, Rn. 21.

se die durch § 119 Abs. 1 OWiG verbleibende Lücke zu schließen[604]. Der Tatbestand ähnelt zwar dem des § 119 Abs. 1 Nr. 2 OWiG, unterscheidet sich von diesem jedoch in zweierlei Hinsicht. Zum einen setzt § 120 Abs. 1 Nr. 2 OWiG eine Werbung für sexuelle Handlungen gegen Entgelt[605] voraus. Zum anderen fordert der Tatbestand nicht, dass die Werbung in grob anstößiger Weise erfolgt[606]. Die Regelung beruht auf der gesetzgeberischen Einschätzung, dass Prostitutionswerbung schlechthin gegen das Ordnungswidrigkeitenrecht verstößt, gleichgültig, ob sie in anstößiger Form erfolgt oder nicht[607]. Somit erfüllt bereits eine sachlich-nüchterne Form der Werbung den Tatbestand. Gleiches gilt für Prostitutionswerbung in „verbrämter" Form, solange nur für jede verständige Person ersichtlich ist, dass der Inserent für Prostitution wirbt[608], so dass auch Werbmaßnahmen für Dienste von „Massagesalons", „Saunaclubs" oder „Hostessen" unter den Tatbestand fallen. Gleiches gilt für Anzeigen, in denen lediglich Vorname, Telefonnummer und Uhrzeit angegeben werden.
Wie bei § 119 Abs. 1 OWiG kommt nicht nur die Prostituierte als Täter in Betracht, sondern jeder, der Prostitutionswerbung ermöglicht. Dies sind insbesondere Redakteure und Herausgeber von Zeitungen.

3. Rechtspolitische Bedenken gegen das Werbeverbot

Der praktische Sinn der §§ 119 Abs. 1, 120 Abs. 1 Nr. 2 OWiG erscheint zweifelhaft. Bereits das zur Rechtfertigung des Werbeverbotes immer wieder angeführte Argument des Jugendschutzes vermag nicht zu überzeugen. Jugendliche werden in der heutigen Zeit permanent auf verschiedenste Weise - etwa durch Jugendzeitschriften, Fernsehen oder das Internet - mit Sexualität konfrontiert[609]. All diese Medien sind ihnen leicht zugänglich. Die gesetzgeberische Einschätzung, dass gerade von Prostitutionswerbung eine besondere Gefahr für Jugendliche ausgeht, erscheint im Hinblick darauf unverständlich. Dies gilt vor allem in Anbetracht der Tatsache, dass für den Verstoß gegen § 120 Abs. 1 Nr. 2 OWiG bereits eine sachlich-nüchterne Art der Werbung, etwa in Form der Anga-

---

[604] BT-Drs. VI/3521, S. 64.
[605] Entgeltliche sexuelle Betätigungen liegen vor, wenn für sie eine Gegenleistung in Form eines Vermögensvorteils gewährt wird. Es macht keinen Unterschied, ob es sich dabei um eine Geldleistung oder eine andere geldwerte Leistung handelt. Die Entgeltlichkeit ist aber dann abzulehnen, wenn die Prostituierte sich nur Speisen und Getränke von unerheblichem Wert gewähren lässt (Senge in Erbs/ Kohlhaas, 2003, § 120, Rn. 14).
[606] OLG Karlsruhe, NJW 1978, 61.
[607] Rebmann/ Roth/ Herrmann, 2002, § 120, Rn. 2.
[608] BGH NJW 1992, 2557; Göhler, 2002, § 120, Rn. 11; a.A. Lüthge-Bartholomäus, NJW 1976, S. 139, die davon ausgeht, dass das Tatbestandsmerkmal der Entgeltlichkeit in der Anzeige zum Ausdruck kommen muss; vgl. auch Kiphuth, NJW 1975, 2328, ff.
[609] So auch Laskowski, 1997, S. 277.

be von Name und Telefonnummer, genügt[610]. Die §§ 119 Abs. 1, 120 Abs. 1 Nr. 2 OWiG bewirken zudem keineswegs eine Verhinderung der Prostitutionswerbung. Für die Verwaltungsbehörden besteht grundsätzlich keine Verpflichtung, bei Verstößen gegen die genannten Normen vorzugehen. Aus Opportunitätsgründen können sie von einem Einschreiten absehen und etwa Anzeigen in einschlägigen Zeitschriften dulden[611]. Bei diskreter und verdeckter Prostitutionswerbung entspricht dies auch der gängigen Praxis[612]. Aufgrund des dennoch verbleibenden Restrisikos der verantwortlichen Redakteure und Zeitungsherausgeber, im Rahmen des Ordnungswidrigkeitenrechts mit einer Geldbuße belangt zu werden, verlangen Zeitschriften und Anzeigenblätter meist einen „Risikozuschlag" für den Druck von Prostitutionswerbung[613]. Aus diesem Grunde enthalten - ungeachtet des bestehenden Werbeverbotes - zahlreiche Zeitungen und Magazine unter Duldung der Behörden Prostitutionswerbung zu überhöhten Preisen. Das Werbeverbot erschöpft sich faktisch darin, Anzeigen zu überhöhten Preisen zu rechtfertigen und Prostituierte gegenüber anderen Erwerbstätigen zu benachteiligen[614]. Betroffene kritisieren es daher zu Recht als doppelmoralisch[615].

Die Vorgehensweise der Behörden, lediglich unauffällige Prostitutionswerbung zu dulden, erweist sich nach Ansicht der Enquete-Kommission „Gefahren von Aids und wirksame Wege zu ihrer Eindämmung" von 1990 aus einem weiteren Grunde als problematisch. Wegen der geltenden Rechtslage seien Zeitungen, die entsprechende Werbeanzeigen abdrucken, nicht bereit, Hinweise auf „nur safer sex" in den Anzeigetext aufzunehmen[616]. Ein solcher Zusatz würde eindeutig klarstellen, dass sich der Werbetext auf Prostitution bezieht[617] und die Wahrscheinlichkeit einer Verfolgung im Rahmen des Ordnungswidrigkeitenrechts erhöhen. Für Prostituierte bestehe daher keine Möglichkeit, unliebsame Kunden, denen diese Voraussetzung nicht zusagt, von vornherein auszuschlie-

---

610 Dazu oben B.III.2.

611 Das Opportunitätsprinzip führt zu Unterschieden bei der Verfolgung von Verstößen gegen das Ordnungswidrigkeitenrecht. Zum Teil werden Verstöße gegen das Werbeverbot innerhalb desselben Bundeslandes verschieden behandelt, vgl. BayObLG, JZ 1981, S. 637. Für Prostituierte ist diese Praxis daher mit einem gewissen Maß an Rechtsunsicherheit verbunden.

612 Leopold/ Steffan/ Paul, 1994, S. 42.

613 BT-Drs. 6372, S. 10.

614 Laskowski, 1997, S. 278.

615 Deutsche Hurenbewegung, 1996, S. 27.

616 Aids: Fakten und Konsequenzen: Endbericht der Enquete-Kommission des 11. Deutschen Bundestages, Bonn 1990, S. 473; zum Einfluss des Themas „Aids" auf Prostituiertenprojekte ausführlich Prostituiertenprojekt Hydra, Beruf: Hure, 1991, S. 184 („Aids – Ein Virus verändert ein Projekt").

617 Inzwischen scheinen Wochenblätter und Tageszeitungen jedoch auch zum Druck eindeutigerer Formen der Prostitutionswerbung bereit zu sein, vgl. etwa den Anzeigenteil des Wiesbadener Wochenblatts vom 6.5.2004; Bild vom 10.5.2004, S. 18.

ßen. Aufgrund dieser Nachteile wird dem Gesetzgeber seit längerem nahe gelegt, gesetzlich klarzustellen, dass unauffällige Prostitutionswebung, einschließlich Hinweisen auf „safer sex", keine Ordnungswidrigkeit darstellt[618].
Seit Inkrafttreten des Prostitutionsgesetzes sprechen darüber hinaus dessen Wertungen gegen die Existenzberechtigung des Werbeverbotes. Dies gilt in besonderem Maße für § 120 Abs. 1 Nr. 2 OWiG, der auf der Prämisse beruht, dass Prostitutionswerbung grundsätzlich - also ohne Hinzutreten weiterer Merkmale - grob anstößig und damit ordnungswidrig ist[619]. In der Konsequenz kann dies nur bedeuten, dass der Gesetzgeber auch die Prostitution selbst, als Erwerbstätigkeit, auf welche sich das Werbeverbot bezieht, als grob anstößig erachtet und ihr deshalb rechtliche Beschränkungen auferlegt. Diese Einschätzung widerspricht jedoch der Aussage des Prostitutionsgesetzes, wonach Prostitution als solche gerade nicht mehr das Anstandsgefühl aller billig und gerecht Denkenden verletzt[620], sondern vielmehr in Form eines Rechtssetzungsaktes als schützenswerter Teil des Wirtschaftlebens anerkannt wurde. Diese grundlegende Bewertung hätte auch im Rahmen des Ordnungswidrigkeitenrechts ihren Niederschlag finden müssen. Die beiden Gesetze beruhen folglich auf einer divergierenden Einschätzung der Prostitution. Entgegen den Ausführungen im Gesetzgebungsverfahren machte der Gesetzgeber noch nicht gänzlich „Schluss mit der Doppelmoral"[621]. Vielmehr beeinträchtigt das Werbeverbot gerade die Erwerbssituation jener Frauen, die ihrer Tätigkeit nicht in Clubs oder ähnlichen Etablissements, sondern vielmehr unabhängig und außerhalb von Prostitutionsbetrieben nachgehen wollen[622]. In diesen Fällen sind Betroffene in besonderem Maße auf Prostitutionswerbung angewiesen, um überhaupt Kontakte zu Kunden knüpfen zu können.
Aus genannten Gründen sprachen sich Vertreter verschiedener Seiten im Rahmen der Reformdiskussionen für eine Änderung der Rechtslage aus. Die Deutsche Hurenbewegung forderte die ersatzlose Streichung werbebeschränkender Vorschriften[623]. Darüber hinaus legte die Bundestagsfraktion der PDS einen Gesetzesentwurf vor, der zwar die Streichung des an die Prostitution anknüpfenden § 120 OWiG, nicht aber die von § 119 OWiG beinhaltete[624]. Der Gesetzgeber war sich der Problematik der §§ 119 Abs. 1, 120 Abs. 1 Nr. 2 OWiG im Gesetzgebungsverfahren bewusst. Hinsichtlich des Werbeverbotes hieß es, man habe bewusst davon abgesehen, die Streichung der Normen im Gesetzesentwurf

---

618 BT-Drs. 11/7200, S. 17 zum Thema „Prostitution und Aids".
619 Dazu oben B.IV.2.
620 BT-Drs. 14/5958, S. 4.
621 So aber die Einschätzung der Bundestagsfraktion von Bündnis 90/ Die Grünen (BT-Drs. 14/7174, S. 8).
622 Deutsche Hurenbewegung, 1996, S. 27.
623 Deutsche Hurenbewegung, 1996, S. 26.
624 BT-Drs. 14/4456, S. 3.

aufzunehmen, da die Länderzuständigkeit tangiert und eine Mehrheit im Bundesrat fraglich gewesen sei[625]. Dennoch ist eine Streichung des Werbeverbotes für die Zukunft nicht ausgeschlossen. Der Bundestag formulierte einen politischen Prüfungsauftrag an die Bundesregierung, in dem er diese auffordert, im Benehmen mit den Bundesländern zu klären, inwieweit die §§ 119, 120 OWiG im Lichte der Abschaffung der Sittenwidrigkeit der Prostitution notwendig sind[626]. Insofern ist nicht auszuschließen, dass dieser Prüfungsauftrag letztlich in eine Gesetzesänderung mündet.

C. Prostitution und Infektionsschutz

Sowohl im Zeitalter der Syphilis[627] als auch in dem von Aids sahen und sehen sich Prostituierte dem Vorwurf ausgesetzt, ein wesentliches Risiko der Krankheitsübertragung darzustellen. Aus diesem Grunde erfolgte die Kontrolle der Prostitution vor allem anhand von Gesundheitsvorschriften, namentlich dem GeschlKrG und dem BSeuchenG. Zwar enthielten beide Gesetze keine ausdrückliche Regelung, die besagte, dass Prostituierte aufgrund ihrer Erwerbstätigkeit einer besonderen Gesundheitskontrolle bedürfen. Gleichwohl bildeten sie in der Praxis in vielen Städten die Grundlage der Prostituiertenreglementierung[628]. § 4 Abs. 1 GeschlKrG verpflichtete Geschlechtskranke und Personen, die dringend verdächtig waren, geschlechtskrank zu sein und diese Krankheit weiterzuverbreiten, auf Verlangen des Gesundheitsamtes - gegebenenfalls auch wiederholt in bestimmten Zeitabständen - zur Vorlage von Gesundheitszeugnissen. Prostituierte galten ohne nähere Begründung als dringend verdächtig iSd. Vorschrift[629].

Mit dem Auftreten von Aids gestattete auch das BSeuchenG gesundheitliche Maßnahmen gegen Prostituierte. Die §§ 31 ff. des Gesetzes bildeten die Grundlage seuchenrechtlicher Ermittlungseingriffe der Gesundheitsbehörden, die aufgrund ihrer Ermittlungsbefugnisse zum Teil die Durchführung von HIV-

---

625 BT-Drs. 14/7174, S. 8.

626 BT-Drs. 14/7174, S. 3. Der Entschließungsantrag beruht auf einer Initiative der Bundestagsfraktion der FDP, die kritisierte, dass sich die Regierungskoalition im Rahmen der Reformbemühungen nicht auch für die Aufhebung der Werbeverbote einsetzte. Zur Begründung wurde vorgetragen, man könne nicht auf der einen Seite die Sittenwidrigkeit abschaffen und auf der anderen Seite eine Grauzone beibehalten und Werbung verbieten. Es bedürfe auch in diesem Bereich einer klaren gesetzlichen Regelung (BT-Drs. 14/7174, S. 9).

627 Dazu Teil 1, Punkt D.I.2.

628 Ausführlich Gleß, 1999, S. 110 ff; Molloy, 1991, S. 19.

629 Dazu Teil 1, Punkt.G.II.4.

Antikörpertests anordneten[630]. Wie im Rahmen des GeschlKrG galten Prostituierte auch nach dem BSeuchenG als generell ansteckungsverdächtig im Zusammenhang mit der Immunschwächekrankheit Aids[631]. Beide Gesetze bedeuteten für Prostituierte erniedrigende Zwangsuntersuchungen, deren praktischer Nutzen letztlich unbewiesen blieb. Unter Berufung auf wissenschaftliche Untersuchungen, denen zufolge Prostituierte keineswegs häufiger als die Normalbevölkerung unter sexuell übertragbaren Erkrankungen leiden, forderte die Deutsche Hurenbewegung lange Zeit die Abschaffung des GeschlKrG. Darüber hinaus sah der von ihr vorgelegte Reformentwurf eine Änderung des BSeuchenG vor. Nach § 2 Nr. 3 BSeuchenG galt als ansteckungsverdächtig „eine Person, von der anzunehmen ist, dass sie Krankheitserreger aufgenommen hat, ohne krank, krankheitsverdächtig oder Ausscheider zu sein". Die Aufnahme des Zusatzes - „die Ausübung eines bestimmten Berufes begründet keine Annahme im vorstehenden Sinne" - in den Gesetzestext sollte klarstellen, dass Personen nicht mehr allein aufgrund des Umstandes, dass sie der Prostitution nachgehen, den Maßnahmen des Gesetzes unterworfen werden können[632].
Gegenwärtig wird der Bereich der Gesundheitsvorsorge für Prostituierte, wie für alle anderen Bürger, im Infektionsschutzgesetz (IfSG) geregelt. Das am 1. Januar 2001 in Kraft getretene Gesetz ersetzte sowohl das GeschlKrG als auch das BSeuchenG[633].

I. Regelungszweck des Infektionsschutzgesetzes

Das IfSG bezieht sich nicht nur auf die im alten § 1 GeschlKrG genannten vier Geschlechtskrankheiten Syphilis, Tripper, Weicher Schanker und Venerische Lymphknotenentzündung, sondern darüber hinaus auf andere bedrohliche Erkrankungen, wie etwa Aids[634]. Die Neuregelung betont in besonderem Maße Aufklärung, Beratung und freiwillige Hilfsangebote im Bereich der Infektionsprävention[635]. Der Grund für diese Vorgehensweise besteht in zahlreichen medizinischen und sozialwissenschaftlichen Untersuchungen, die belegen, dass Zwang, namentliche Erfassung bei Behörden und polizeiliche Kontrolle, wie dies der gängigen Praxis unter Geltung des GeschlKrG entsprach, stets die Ge-

---

[630] Vgl. dazu Deutscher Bundestag (Hrsg.), Endbericht der Enquete-Kommission des 11. Deutschen Bundestages „Gefahren von Aids und wirksame Wege zu ihrer Eindämmung, 1990, S. 346.
Ausführlich zur Behandlung aidskranker Prostituierter nach dem BSeuchenG, Gauweiler, ZRP 1989, S. 85 ff.; zur Systematik der §§ 31 ff. BSeuchenG Gallwas, NJW 1989, S. 1516 ff.

[631] Vgl. etwa v. Hippel, ZRP 1987, S. 129.

[632] Deutsche Hurenbewegung 1996, S. 30 ff.

[633] Vgl. dazu Art. 5 Abs. 1 Nr. 2 IfSG vom 20. Juli 2000, BGBl. 2000 I, S. 1076 ff.

[634] Bales/ Baumann/ Schnitzler, 2003, § 19, Rn. 1.

[635] Bales/ Baumann/ Schnitzler, 2003, § 19, Amtliche Begründung zu Absatz 1.

fahr begründeten, dass Personen, die ein erhöhtes Infektionsrisiko aufweisen, ärztliche Kontakte meiden[636]. Die Rechtsänderung zielt vor allem auf ein besseres Erreichen von Risikogruppen ab. Gesundheitsämter bieten hinsichtlich sexuell übertragbarer Krankheiten Beratung und Untersuchung auf freiwilliger Basis an (§ 19 Abs. 1 S. 1 IfSG). Bei Personen, deren Lebensumstände eine erhöhte Ansteckungsgefahr für sich oder andere begründen, können Behörden diese Maßnahmen aufsuchend anbieten und, sofern dies zur Verhinderung der Krankheitsausbreitung notwendig ist, ambulante ärztliche Behandlung zur Verfügung stellen (§ 19 Abs. 1 S. 2 IfSG). Als Personen mit erhöhter Ansteckungsgefahr gelten etwa drogenabhängige männliche und weibliche Prostituierte bzw. solche, die sich illegal in der Bundesrepublik aufhalten und die sich aufgrund persönlicher Notsituationen oder schlichter Unwissenheit weder präventiv verhalten noch ärztliche Beratung beanspruchen[637]. Um eine möglichst große Akzeptanz der Angebote sicherzustellen, können Betroffene nach § 19 Abs. 1 S. 3 IfSG alle Angebote hinsichtlich sexuell übertragbarer Krankheiten auch anonym beanspruchen. Die Anonymität bezieht sich auf sämtliche Befunde, einschließlich HIV. Der Sinn dieser Regelung besteht darin, der besonderen Sensibilität des Themas Rechnung zu tragen[638] und solche Personen mit dem Beratungsangebot zu erreichen, die anderenfalls Kontakte zur öffentlichen Gesundheitsfürsorge meiden würden. Dieser Zweck würde verfehlt, wenn die Anonymität bei bestimmten positiven Befunden aufgehoben wäre[639].

II. Rechtsgrundlage für Untersuchungen

Trotz der Betonung freiwilliger Hilfsangebote gestattet das IfSG in bestimmten Fällen die Anordnung von Untersuchungen. Die §§ 25 ff. IfSG enthalten Ermächtigungsgrundlagen der Behörden zur Bekämpfung übertragbarer Krankheiten, wobei diese den Bestimmungen des BSeuchenG weitgehend ähneln[640]. Gemäß § 25 Abs. 1 IfSG kann das Gesundheitsamt die erforderlichen Ermittlungen, insbesondere über Art, Ursache, Ansteckungsquelle und Ausbreitung der Krankheit, anstellen, sofern sich ergibt oder anzunehmen ist, dass jemand krank, krankheitsverdächtig, ansteckungsverdächtig oder Ausscheider ist. § 26 Abs. 2 IfSG ermächtigt die zuständige Behörde, die in § 25 Abs. 1 genannten

---

636 Bales/ Baumann/ Schnitzler, 2003, § 19, Amtliche Begründung zu Absatz 1. Das GeschlKrG wurde aufgrund seiner antiquierten Vorschriften sowie seiner Beschränkung auf vier Geschlechtskrankheiten seit langem als „überholt und gesundheitspolitisch nicht mehr vertretbar" betrachtet (Heinz-Trossen, 1993, S. 329).

637 Bales/ Baumann/ Schnitzler, 2003, § 19, Rn. 4.

638 Bales/ Baumann/ Schnitzler, 2003, § 19, Amtliche Begründung zu Absatz 1.

639 Bales/ Baumann/ Schnitzler, 2003, § 19, Rn. 8.

640 Bales/ Baumann/ Schnitzler, 2003, Vorbem zu den §§ 25 ff.

Personen vorzuladen und sie dazu zu verpflichten, Untersuchungen und Entnahmen von Untersuchungsmaterial an sich vornehmen zu lassen.

Die Annahme eines Ansteckungsverdachtes stellt die schwächste aller Alternativen für ein gesundheitsrechtliches Einschreiten gemäß §§ 25 ff. IfSG dar[641]. Die Vorschrift soll Behörden bereits in einem frühen Stadium die Vornahme von Ermittlungen ermöglichen. Im Zusammenhang mit der Prostitution stellt sich die Frage, ob auf dieser Rechtsgrundlage Routineuntersuchungen Prostituierter auf Geschlechtskrankheiten hin gestützt werden können, etwa mit der Begründung, bei ihnen liege die Annahme eines Ansteckungsverdachtes stets nahe. Ein Ansteckungsverdacht im Sinne des IfSG ist anzunehmen, wenn die vorhandenen gesundheitlichen Kenntnisse ihn noch nicht mit der gebotenen Gewissheit begründen, aber bei verständiger Würdigung und Berücksichtigung des medizinischen Wissens Anlass geben, zu klären, ob ein Ansteckungsverdacht vorliegt[642]. Die Annahme eines Ansteckungsverdachtes stellt somit auf die Würdigung und Berücksichtigung medizinischen Wissens ab. Der automatische Rückschluss von der Zugehörigkeit zur Berufsgruppe der Prostituierten auf die Annahme eines Ansteckungsverdachtes ist damit unvereinbar. Dies gilt umso mehr, als in der medizinischen Forschung zum Teil vertreten wird, Prostituierte seien nicht häufiger mit sexuell übertragbaren Krankheiten infiziert als andere Personen[643]. Daneben steht einer solchen Praxis der Sinn des § 19 IfSG entgegen. Die Vorschrift setzt, wie oben gesehen, hinsichtlich der Verhütung übertragbarer Erkrankungen in erster Linie auf freiwillige Maßnahmen und vertrauensvolle Zusammenarbeit zwischen Betroffenen und Behörden. Die amtliche Begründung zu § 19 IfSG verweist ausdrücklich auf die Sinnlosigkeit von Zwangsmaßnahmen im Bereich der Infektionsprävention[644]. Eine pauschale Anknüpfung an bestimmte Berufsgruppen wäre damit nicht nur unvereinbar, sondern zudem verfassungsrechtlich bedenklich[645].

Dennoch bleibt fraglich, ob in der Praxis gerade im Zusammenhang mit der AIDS-Problematik eine Verbesserung für Prostituierte eintritt. Aufgrund der Schwere der idR. tödlich verlaufenden Erkrankung können besondere Umstände behördliche Ermittlungen schon bei einem sehr geringen Verdacht rechtfertigen[646]. Aus der Tatsache, dass die Generalklauseln des IfSG mit denen des

---

641 Bales/ Baumann/ Schnitzler, 2003, § 25, Rn. 2.

642 Bales/ Baumann/ Schnitzler, 2003, § 24, Rn. 2.

643 Vgl. etwa Jäger/ Pätzelt/ Schmacke, Gesundheitswesen 1993, S. 182; Marquart, Gesundheitswesen 1994, S. 617 ff.

644 Bales/ Baumann/ Schnitzler, 2003, § 19, Amtliche Begründung zu Abs. 1.

645 Zur Verfassungswidrigkeit der Zwangsuntersuchungen Prostituierter nach dem GeschlKrG vgl. Laskowski, 1997, S. 337; Leo, 1995, S. 105; zur Verfassungswidrigkeit der Anordnung von HIV-Antikörpertests gegenüber Prostituierten vgl. Laskowski, 1997, S. 339 ff.

646 Bales/ Baumann/ Schnitzler, 2003, § 25 IfSG, Rn. 3.

BSeuchenG weitgehend übereinstimmen[647], wird gefolgert, die Argumentation von Literatur und Rechtsprechung zum BSeuchenG könne weitgehend auf das IfSG übertragen werden[648]. In der Konsequenz würde dies bedeuten, dass nun dieses, wie zuvor das BSeuchenG, Rechtsgrundlage für die Anordnung von HiV-Anikörpertests wäre.

D. Regelungen des Ausländerrechts

Für ausländische Prostituierte erweist sich die Erwerbstätigkeit in der Bundesrepublik als kompliziert. Gemäß § 3 Abs. 1 AuslG bedürfen alle Ausländer - Bürger der Europäischen Union ausgenommen - für Einreise und Aufenthalt im Bundesgebiet einer Aufenthaltsgenehmigung, die vor Einreise in Form eines Sichtvermerks (Visum) einzuholen ist (§ 3 Abs. 3 AuslG). § 1 Abs. 1 DVAuslG nimmt Angehörige der in einer Positivliste genannten Staaten (Anlage 1 zur DVAuslG) vom Erfordernis einer Aufenthaltsgenehmigung aus, sofern sie sich nur bis zu drei Monaten im Bundesgebiet aufhalten. Unabhängig vom Aufenthaltsstatus dürfen in der Bundesrepublik lebende Ausländer nach § 1 Abs. 1 S. 1 Nr. 2 DVAuslG keiner Erwerbstätigkeit nachgehen. Allerdings besteht grundsätzlich die Möglichkeit einer Genehmigung (§ 284 SGB III iVm. § 285 SGB III)[649]. Die Ausübung der Prostitution gilt nach der Rechtsprechung als Erwerbstätigkeit i.S.d. § 12 DVAuslG[650]. Ausländische Prostituierte brauchen daher ein einsprechendes Visum, welches ihnen die Ausübung der Prostitution gestattet. Unter Bezugnahme auf die Sittenwidrigkeit der Prostitution verweigerten Deutsche Botschaften im Ausland bislang jedoch die Ausstellung desselben[651]. Auch ein Touristenvisum hilft Betroffenen nicht weiter. Da die Prostitution eine Erwerbstätigkeit iSd. Ausländerrechts darstellt, gelten Ausländerinnen, die in Deutschland der Prostitution nachgehen, nicht als Touristinnen, so dass

---

647 Die Legaldefinition des Begriffs „Ansteckungsverdächtiger" in § 2 Nr. 7 IfSG entspricht inhaltlich § 2 Nr. 3 BSeuchenG. Eine Klarstellung, dass die Zugehörigkeit zu einer bestimmten Berufsgruppe nicht die Annahme eines Ansteckungsverdachtes begründet – wie von der Deutschen Hurenbewegung gefordert - erfolgte nicht.

648 Bales/ Baumann/ Schnitzler, 2003, Vorbem zu den §§ 25 ff.; § 25, Rn. 3.

649 Für Ausländer, denen nach den Rechtsvorschriften der Europäischen Gemeinschaften Freizügigkeit zu gewähren ist, gelten diese Regelungen nicht, § 284 Abs. 1 Nr. 1 SGB III.

650 BGH NJW 1990, S. 2207; Renner, 1999, § 46 AuslG, Rn. 28.
§ 12 Abs. 1 DVAuslG lautet: „Erwerbstätigkeit im Sinne dieser Verordnung ist jede selbständige und unselbständige Tätigkeit, die auf Erzielung von Gewinn gerichtet oder für die ein Entgelt vereinbart oder üblich ist oder für die eine Genehmigung für die Beschäftigung als Arbeitnehmer oder eine Berufsausübungserlaubnis erforderlich ist".

651 Hofmann, 2002, S. 78.

ein solches Visum nicht genügt[652]. Daneben enthält das Ausländerrecht einen speziellen Ausweisungstatbestand, der an die Ausübung der Prostitution anknüpft. Gemäß § 46 Nr. 3 AuslG kann „insbesondere ausgewiesen werden, wer gegen eine für die Ausübung der Gewerbsunzucht geltende Rechtsvorschrift oder behördliche Verfügung verstößt"[653]. Angesichts der geltenden Rechtslage üben Ausländerinnen die Prostitution häufig illegal und verdeckt aus. Ihnen droht permanent die Ausweisung durch deutsche Behörden[654]. Die komplizierte Situation veranlasst viele Frauen dazu, die Hilfe von Zuhältern in Anspruch zu nehmen, was ein freies und selbstorganisiertes Arbeiten weitgehend ausschließt. Aufgrund dieser Problematik beinhalteten verschiedene Gesetzesentwürfe die Streichung des § 46 Nr. 3 AuslG[655] mit der Begründung, die rechtliche Diskriminierung ausländischer Prostituierter beseitigen zu wollen. Der Gesetzgeber entschied sich letztlich gegen die Änderung ausländerrechtlicher Regelungen[656]. Allerdings beeinflusst das Prostitutionsgesetz die Situation ausländischer Prostituierter zumindest mittelbar. Die eindeutige Klarstellung, dass Prostitution in der Bundesrepublik als anerkannte, rechtlich geschützte Erwerbstätigkeit gilt, führt dazu, dass der Versagung eines Visums mit der Begründung, Prostitution sei keine anerkannte Form der Erwerbstätigkeit, die Grundlage entzogen wurde.

E. Prostitution im Gaststätten- und Gewerberecht

I. Traditionelle Ansicht in Rechtsprechung und Literatur

Unter den Begriff des Gewerbes iSd. Gewerbeordnung fällt nach allgemeiner Auffassung eine selbständige, erlaubte (nicht sozial unwertige und generell nicht verbotene), auf Gewinnerzielung gerichtete und auf gewisse Dauer ange-

[652] BT-Drs. 14/4456, S. 10; Leopold/ Steffan/ Paul, 1994, S. 55; Niesner/ Anonuevo/ Aparicio/ Sonsiengchai-Fenzl, 1997, S. 152.

[653] Anders als nach § 10 Abs. 1 Nr. 8 AuslG a.F. von 1965 stellt Prostitution als solche noch keinen Ausweisungsgrund dar. Nach dieser Vorschrift durfte ein Ausländer ausgewiesen werden, wenn er „bettelt, der Erwerbsunzucht nachgeht oder als Landstreicher oder Landfahrer umherzieht". § 10 Abs. 1 Nr. 9 sah vor, dass ausgewiesen werden kann, wer „die öffentliche Sittlichkeit gefährdet". Der Ausweisungsgrund nach § 46 Nr. 3 AuslG ist erst erfüllt, wenn eine Prostituierte gegen Rechtsvorschriften oder behördliche Verfügungen verstößt. In Betracht kommen insofern Sperrbezirksregelungen oder Ordnungswidrigkeiten nach § 120 Abs. 1 Nr. 2 OWiG (GK-AuslR, 2002, § 46, Rn. 87).

[654] Agisra, 1990, S. 103.

[655] So etwa der Gesetzentwurf der Bundestagsfraktion Bündnis 90/Die Grünen von 1996 (BT-Drs. 13/6372, S. 3, 15) sowie der von der PDS vorgelegte Entwurf aus dem Jahre 2000 (BT-Drs. 14/4456, S. 4, 10).

[656] Zur Kritik der CDU/CSU-Fraktion, das ProstG berücksichtige nicht die besonders hilfsbedürftigen Gruppen Prostituierter, vgl. BT-Drs. 14/7174, S. 8.

legte Tätigkeit, ausgenommen die Urproduktion, die sogenannten freien Berufe, die bloße Nutzung und Verwaltung eigenen Vermögens sowie gewisse Betätigungsarten, die nach ihrem Zuschnitt dem herkömmlichen Bild eines Gewerbes nicht entsprechen[657]. Basierend auf der Betrachtungsweise der Prostitution als sittenwidrige und sozial unwertige Tätigkeit bestand in höchstrichterlicher Rechtsprechung[658] und weiten Teilen der gewerbe- und gaststättenrechtlichen Literatur[659] Einigkeit, dass die Ausübung der Prostitution keine gewerberechtlich relevante Tätigkeit darstellte. Ein Gastwirt, der die Prostitution förderte, indem er etwa günstige Bedingungen für die Anbahnung geschlechtlicher Beziehungen zwischen Prostituierten und Freiern in seinen Schankräumen bot, leistete nach bisher überwiegend vertretener Rechtsauffassung der Unsittlichkeit iSv. § 4 Abs. 1 Nr. 1 GastG[660] Vorschub[661]. In der Konsequenz konnte dies für den Gaststättenbetreiber die Rücknahme der Gaststättenerlaubnis nach § 15 GastG[662] bedeuten.

II. Rechtliche Neubewertung der Prostitution im Gewerberecht

Zwei Ereignisse, nämlich das Urteil des VG Berlin vom 1.12.2001[663] sowie das Inkrafttreten des Prostitutionsgesetzes am 1.1.2002, erfordern ein Überdenken dieser gewerberechtlichen Rechtspraxis.
Die Entscheidung des VG Berlin betraf die oben aufgeführte Konstellation des Entzuges der Gaststättenerlaubnis. Die Betreiberin einer Gaststätte erlaubte Prostituierten, in den Gasträumen den Gästen ihre Dienste anzubieten. Gleichzeitig vermietete sie Wohnungen für Prostituierte und Kunden zur Prostitutionsausübung. Nach Auffassung der Behörden leistete die Betreiberin durch ihr

---

657 Landmann/ Rohmer, 2003, § 1 GewO, Rn. 3.
658 BVerwG, Urteil vom 15.07.1980, GewArch 1981, S. 140; BayOblG, Beschluss vom 22.06.1981, GewArch 1981, 311.
659 Landmann/ Rohmer, 2003, § 14 GewO, Rn. 15.
660 § 4 Abs. 1 Nr. 1 GastG lautet: „Die Erlaubnis ist zu versagen, wenn Tatsachen die Annahme rechtfertigen, dass der Antragsteller die für den Gewerbebetrieb erforderliche Zuverlässigkeit nicht besitzt, insbesondere dem Trunke ergeben ist oder befürchten lässt, dass er Unerfahrene, Leichtsinnige oder Willensschwache ausbeuten wird oder dem Alkoholmissbrauch, verbotenem Glücksspiel, der Hehlerei oder der Unsittlichkeit Vorschub leisten wird (…)“.
661 BVerwG Beschluss vom 14.11.1990, NVwZ 1991, S. 373; Michel/ Kienzle, 1995, § 4 GastG, Rn. 15.
662 § 15 Abs. 1 und 2 GastG lauten: „Die Erlaubnis zum Betrieb eines Gaststättengewerbes ist zurückzunehmen, wenn bekannt wird, dass bei ihrer Erteilung Versagungsgründe nach § 4 Abs. 1 Nr. 1 GastG vorlagen (Abs. 1). Die Erlaubnis ist zu widerrufen, wenn nachträglich Tatsachen eintreten, die die Versagung der Erlaubnis nach § 4 Abs. 1 Nr. 1 rechtfertigen würden (Abs. 2)“.
663 VG Berlin, Urteil vom 01.12.2001, GewArch 2001, S. 128.

Verhalten der Unsittlichkeit Vorschub, weshalb sie die Gaststättenerlaubnis nach § 15 Abs. 2 GastG widerrief. Aufgrund der Anfechtungsklage der Gewerbetreibenden hob das VG Berlin den Widerruf der Erlaubnis auf. Die Richter befanden in einer sehr umfangreich begründeten Entscheidung, dass „Prostitution, die von Erwachsenen freiwillig und ohne kriminelle Begleiterscheinungen ausgeübt wird, nach den heute anerkannten sozialethischen Wertvorstellungen in unserer Gesellschaft – unabhängig von der moralischen Beurteilung – im Sinne des Ordnungsrechts nicht (mehr) als sittenwidrig anzusehen ist."[664] Die Aufgabe des Gaststättenrechts als gewerbliches Ordnungsrecht bestehe nicht darin, „den Menschen ein Mindestmaß an Sittlichkeit vorzuschreiben". Hinsichtlich des Hauptarguments, die traditionelle Rechtsauffassung diene dem Schutze der Menschenwürde Prostituierter, führte das Gericht an: Wer die Menschenwürde von Prostituierten gegen ihren Willen schütze, der vergreife sich in Wahrheit an ihrer von der Menschenwürde geschützten Freiheit der Selbstbestimmung und zementiere ihre rechtliche und soziale Benachteiligung. Im Ergebnis urteilten die Richter, dass das Betreiben eines Bordells mit Anbahnungsgaststätte zur Prostitution nicht mit dem Gaststättenrecht kollidiert. Die Gaststättenbetreiberin leiste, entgegen der zuvor herrschenden Ansicht, nicht iSd. § 4 Abs. 1 Nr. 1 GastG der Unsittlichkeit Vorschub. Das Urteil des VG wurde von verschiedener Seite als Schritt in die richtige Richtung begrüßt[665]. Andere wiederum warnten vor einer Überbewertung. So führte etwa der Bund-Länder-Ausschuss „Gewerberecht" zur Frage der zukünftigen Bedeutung des Urteils für die gewerberechtliche Praxis an, mangels gefestigter Rechtsprechung[666] biete das Urteil keinen Anlass, die bestehende Verwaltungspraxis zu ändern. Eine neue Definition des Begriffes der Sittenwidrigkeit könne nur durch einen Akt des Gesetzgebers erfolgen[667].
Das am 1.1.2002 in Kraft getretene Prostitutionsgesetz stellt einen solchen gesetzgeberischen Akt dar, der jedoch bislang kaum zu einer Klärung beizutragen vermochte. Die Frage, ob das Gesetz die gewerberechtliche Bewertung der Prostitution beeinflusst, ist umstritten. Der Gesetzeswortlaut bezieht sich nicht ausdrücklich auf die in § 33a Abs. 2 Nr. 2 GewO[668] bzw. in § 4 Abs. 1 Nr. 1 GastG enthaltenen Sittlichkeitsbestimmungen. Aus diesem Grunde vertreten manche Autoren die Auffassung, das Prostitutionsgesetz entfalte keine unmittelbaren Auswirkungen auf das Gaststätten- und Gewerberecht. Die Zielsetzung

---

[664] VG Berlin, Urteil vom 01.12.2001, GewArch 2001, S. 128.
[665] Gusy, EWiR 2001, S. 375 ff; Hösch, GewArch 2001, S. 112 ff.
[666] In etwa zeitgleich ergingen Urteile andere Verwaltungsgerichte, die in ähnlich gelagerten Fällen iSd. bisher h.M. entschieden. Ausführlich dazu Pauly, GewArch 2002, S. 217.
[667] Schönleiter/ Kopp, GewArch 2001, S. 329.
[668] § 33a GewO betrifft das Erfordernis einer Erlaubnis für Schaustellungen von Personen. Gemäß § 33a Abs. 2 Nr. 2 GewO ist die Erlaubnis zu versagen, wenn „zu erwarten ist, dass die Schaustellungen den guten Sitten zuwiderlaufen werden".

der Verbesserung der rechtlichen und sozialen Rechtsstellung Prostituierter beschränke sich allein auf Änderungen im Bereich des Zivil- und Strafrechts. Ein Wandel der bisherigen Einschätzung im Rahmen des Gaststätten- und Gewerberechts bedürfe der eindeutigen Klarstellung des Gesetzgebers[669]. Der Bund-Länder-Ausschuss „Gewerberecht" äußerte sich ebenfalls zurückhaltend: An der bisherigen gewerberechtlichen Einschätzung der Sittenwidrigkeit und sozialen Unwertigkeit der Prostitution „mögen sich Änderungen ergeben, auch wenn das ProstG sich zunächst nur mit den zivil- und strafrechtlichen Konsequenzen befasst". Angesichts der Komplexität der Materie wollte man zunächst noch keine konkreten Folgerungen ziehen, sondern erst einmal die weitere Entwicklung abwarten. Dies gilt auch für die Problematik der Schließung von Anbahnungsgaststätten wegen Unzuverlässigkeit des Wirtes[670].

III. Stellungnahme unter Berücksichtigung der neueren Rechtsprechung

Eine unveränderte Beibehaltung der bisherigen rechtlichen Bewertung im Bereich des Gewerbe- und Gaststättenrechts erweist sich als widersprüchlich. Aus dogmatischen Gründen scheint es schwer vertretbar, die Prostitution im Zivilrecht als vom Verdikt der Sittenwidrigkeit befreite Form der Erwerbstätigkeit zu betrachten, sie aber gleichwohl im besonderen Verwaltungsrecht als unsittlich einzuschätzen[671]. Die das Prostitutionsgesetz dominierenden Wertungen beeinflussen das Gaststätten- und Gewerberecht, so dass eine Auslegung des unbestimmten Rechtsbegriffs der Unsittlichkeit die Aussage des Prostitutionsgesetzes berücksichtigen muss, welches die Vornahme entgeltlicher sexueller Handlungen nicht als sittenwidrig bewertet. Diese Lösung entspricht dem eindeutigen Willen des Gesetzgebers, der zu dieser Problematik in der Gesetzesbegründung ausdrücklich Stellung bezog. Dort heißt es:[672] „Folgeänderungen im Gaststättengesetz, soweit dort auf Unsittlichkeit abgestellt wird, sind nicht erforderlich: Artikel 1 des Gesetzes stellt klar, dass bei entgeltlichen sexuellen Handlungen nicht mehr automatisch von Unsittlichkeit ausgegangen werden kann (vgl. auch Urteil des VG Berlin vom 1.12.2000)".

Dieser Lösung scheint auch die Rechtsprechung zu folgen. Dort war schon immer die Tendenz zu beobachten, den Begriff der Sittenwidrigkeit hinsichtlich der Prostitution in verschiedenen Rechtsgebieten einheitlich zu verstehen[673]. So führte etwa der BayVGH[674] in einer Entscheidung, welche die Erweiterung ei-

[669] Kurz, GewArch 2002, S. 143; Metzner, 2002, § 4, Rn. 75; Pauly, GewArch 2002, S. 218 ff.; Schönleiter, GewArch 2002, S. 319.
[670] Schönleiter/ Kopp, GewArch 2002, S. 59 ff.
[671] So auch Caspar, NVwZ 2002, S. 1325; Pöltl, 2003, § 4, Rn. 64.
[672] BT-Drs. 14/5958, S. 6.
[673] Laskowski, AuR 2002, S. 407.
[674] BayVGH, Urteil vom 29.04.2002, GewArch 2002, S. 296.

ner bestehenden Gaststättenerlaubnis zum Zwecke der Eröffnung eines Pärchentreffs und Swingerclubs zum Gegenstand hatte, aus: „Die gesetzliche Anerkennung der durch vorherige Vereinbarung begründeten Entgeltforderung für sexuelle Handlungen als rechtswirksam (Art. 1, § 1 ProstG) sowie die Aufhebung der Strafbarkeit der Förderung der Prostitution (Art. 2 Nr. 2 b cc ProstG) haben Auswirkungen auf die Auslegung des § 4 Abs. 1 Nr. 1 GastG. Die bisher weitgehend unstrittige Bewertung der Prostitution als unsittlich kann nicht mehr unter allen Umständen aufrechterhalten werden, nämlich dann nicht, wenn die Ziele des ProstG erreicht werden können“[675].

Das BVerwG[676] bestätigte diese Rechtsauffassung. Die Richter entschieden, dass allein der Umstand, dass sich ein Gastwirt „nicht auf eine entgeltliche Bewirtung im üblichen Sinne beschränkt, sondern auch oder gar hauptsächlich aus der Bereitstellung der Räumlichkeiten mit der Möglichkeit, darin Geschlechtsverkehr mit wechselnden Partnern auszuüben und / oder diesen zu beobachten, finanziellen Nutzen zieht, nicht die Anwendung des § 4 Abs. 1 S. 1 Nr. 1 GastG rechtfertigt“. Das Gericht stützt sich hinsichtlich seiner Argumentation auf die Wertungen des Prostitutionsgesetzes. Zwar habe der Gesetzgeber in dem Gesetz von Änderungen des Gaststättenrechts abgesehen. Allerdings drücke sich im Prostitutionsgesetz „ein Wandel der sozialethischen Vorstellungen mit der Folge aus, dass ordnungsrechtliches Ziel des § 4 Abs. 1 S. 1 Nr. 1 GastG nicht der Schutz vor dem sexuellen Geschehen als solchen oder die Verhinderung der Erzielung von Einkünften daraus ist, sondern vornehmlich der Schutz vor der ungewollten Konfrontation mit derartigen Vorgängen“[677]. Die Richter sprechen sich folglich für eine nach Inkrafttreten des Prostitutionsgesetzes gebotene restriktive Auslegung der Norm aus[678]. Das Normziel des § 4 GastG besteht nicht darin, die Sittlichkeit zu fördern oder zu ihr zu erziehen. Der Anwendungsbereich der Vorschrift des Gaststättenrechts als Teil des Gefahrenabwehrrechts beschränkt sich vielmehr auf strafrechtlich verbotene Verhaltensweisen bzw. auf Fälle, in denen Personen gegen ihren Willen mit dem Geschehen konfrontiert werden[679].

Zusammenfassend bleibt daher festzuhalten, dass das Prostitutionsgesetz, soweit es um die Auslegung des Begriffes der Unsittlichkeit geht, das Gaststätten- und Gewerberecht beeinflusst, auch wenn es diese Bereiche nicht explizit an-

---

675 BayVGH, Urteil vom 29.04.2002, GewArch 2002, S. 298.

676 BVerwG, Urteil vom 06.11.2002, GewArch 2003, S. 122 ff.

677 BVerwG, Urteil vom 06.11.2002, GewArch 2003, S. 123.

678 Dazu ausführlich Pauly, GewArch 2003, S. 152.

679 BVerwG, GewArch 2003, S. 123.
Das BVerwG geht in seiner Entscheidung davon aus, dass sexuelle Handlungen in für die Allgemeinheit zugänglichen Räumen grundsätzlich zu unterbleiben haben. Etwas anderes kann aber gelten, wenn sich das Geschehen in abgeschirmten Teilbereichen der Gaststätte abspielt.

spricht[680]. Darüber hinaus spricht die neuere Entwicklung in der Rechtsprechung für einen Wandel der bisher im Gaststätten- und Gewerberecht herrschenden Ansicht.

F. Zusammenfassung: Prostitution und (Un)-Sittlichkeit im geltenden Recht

Nach Inkrafttreten des Prostitutionsgesetzes ist in der öffentlichen Diskussion häufig von der „Abschaffung der Sittenwidrigkeit der Prostitution" die Rede. Im Anschluss an die Erörterung rechtlicher Bestimmungen stellt sich abschließend die Frage, inwieweit diese Auffassung zutrifft bzw. welche Aspekte dafür sprechen, dass Prostitution auch im geltenden Recht noch eine sittenwidrige und diskriminierte Tätigkeit darstellt. In diesem Zusammenhang müssen verschiedene Aspekte berücksichtigt werden: zum einen die Aussage des Prostitutionsgesetzes zur Frage der Sittenwidrigkeit, zum anderen die sich abzeichnende Tendenz der Rechtsprechung zum Prostitutionsgesetz sowie in anderen Rechtsbereichen getroffene Wertentscheidungen des Gesetzgebers.

I. Wortlaut des Prostitutionsgesetzes

Das Prostitutionsgesetz trifft auf den ersten Blick keine eindeutige Aussage zur Frage der Sittenwidrigkeit. Der Gesetzgeber sieht sich aus diesem Grunde dem Vorwurf ausgesetzt, er habe eine explizite Stellungnahme zur Problematik der Unsittlichkeit bewusst vermieden und sich stattdessen auf die Normierung einer wirksamen Lohnforderung der Prostituierten beschränkt[681]. Der Gesetzeswortlaut des § 1 S. 1 ProstG[682] lässt zwei Auslegungsmöglichkeiten zu: Die erste Lösung betrachtet § 1 S. 1 ProstG lediglich als Ausnahmevorschrift zu § 138 Abs. 1 BGB. Danach handelt es sich bei der Prostitutionsvereinbarung um einen sittenwidrigen, aber dennoch entgegen § 138 Abs. 1 BGB bezüglich des Entgeltanspruchs der Prostituierten wirksamen Vertrag. Nach dieser Auffassung

---

680 Gleichwohl erscheint eine unmodifizierte Unterwerfung der Prostitution unter das Gaststätten- und Gewerberecht nicht unproblematisch und wohl auch nicht unbedingt im Interesse der Prostituierten. Sie würde im Ergebnis eine gewerberechtliche Anzeigepflicht nach § 14 GewO bedeuten, deren Missachtung mit Bußgeld bedroht bleibt. Dies widerspricht dem Interesse vieler Prostituierter an Anonymität. Zudem stellt sich die Frage, inwieweit für Prostituierte, die ihrem Gewerbe auf dem Straßenstrich nachgehen, eine Reisegewerbekartenpflicht nach § 55 GewO bestehen würde (vgl. zu dieser Problematik Pauly, GewArch 2002, S. 220 ff.).

681 Kurz, GewArch 2002, S. 143; Vahle, NZA 2002, S. 1078.

682 Zu § 1 ProstG siehe oben A.II.1.

erschöpft sich die Funktion des § 1 ProstG darin, die Forderung der Prostituierten zu sichern[683]. Die zweite Ansicht interpretiert § 1 S. 1 ProstG als Ausdruck einer gesetzgeberischen Wertenscheidung, derzufolge die Erbringung sexueller Leistungen gegen Entgelt nicht mehr mit dem Sittenrecht kollidiert.
Die Vertreter der ersten Auffassung stützen sich allein auf den Wortlaut des Gesetzes und führen an, der Sinn der Regelungen bestehe allein darin, durch die Normierung einer wirksamen Forderung und der Möglichkeit des Beitritts zu den sozialen Sicherungssystemen die soziale Situation Prostituierter zu verbessern. Auf die grundsätzliche rechtliche Bewertung der Prostitution als unsittlich habe das Gesetz keinerlei Auswirkungen[684]. Darüber hinaus beziehen sie sich auf in anderen Rechtsbereichen getroffene Wertenscheidungen, die den Schluss zuließen, dass der Gesetzgeber die Prostitution auch nach Inkrafttreten des Prostitutionsgesetzes weiter missbilligt[685]. Das letzte Argument ist schwer von der Hand zu weisen. So basiert etwa § 184b StGB, die Ausübung der jugendgefährdenden Prostitution[686], auf der Vorstellung, dass Prostitution eine sittliche Gefährdung darstellen kann. Darüber hinaus ließ der Gesetzgeber die Ermächtigungsgrundlage für den Erlass von Sperrbezirksregelungen, Art. 297 EGStGB[587], unangetastet, so dass Prostitution nach wie vor in Randbereichen stattfindet und eine gesellschaftliche Ausgrenzung erfährt. Gleichwohl bestätigen Gesetzesmaterialen und Reformdiskussionen zum Prostitutionsgesetz, dass es einem wesentlichen Anliegen des Gesetzgebers entsprach, von Erwachsenen freiwillig ausgeübte Prostitution vom pauschalen Vorwurf der Unsittlichkeit zu befreien[688]. So heißt es etwa im Hinblick auf § 1 ProstG: „Eine Klarstellung ist dahingehend notwendig, Prostituierten, die freiwillig ihre Tätigkeiten anbieten, rechtlichen Schutz zu gewähren. Ihre Tätigkeit wird vom Gesetzgeber nicht als gegen die guten Sitten verstoßend bewertet. § 138 BGB ist insoweit nicht mehr anwendbar.“[689] Auch im Rahmen der Beratungen des Gesetzentwurfs zum Prostitutionsgesetz im Ausschuss für Familie, Frauen und Jugend wurde ausdrücklich darauf hingewiesen, kein Gericht könne die Prostitution in Zukunft als sittenwidrig bewerten[690]. Nach alledem widerspricht die erst genannte Lösungsmöglichkeit dem Willen des Gesetzgebers. Trotz der auf den ersten Blick beste-

683 Sack in Staudinger, 2003, § 138, Rn. 397, 454, 455.
684 Kurz, GewArch 2002, S. 144; Pauly, GewArch 2003, S. 219; Sack in Staudinger, 2003, § 138, Rn. 454.
685 Kurz, GewArch 2002, S. 143.
686 Dazu oben B.II.2.
687 Dazu oben B.II.1.
688 BT-Drs. 14/5958, S. 4: „Die Vereinbarung verstößt nicht gegen die guten Sitten“; BT-Drs. 14/7174, S. 7; Beschluss vom 19.10.2001, BR-Drs. 817/01; vgl. auch die Stellungnahme der Abgeordneten Schewe-Gerigk, BT-Plenarprotokoll 14/168, S. 16490: „...wir (schaffen) den Tatbestand der Sittenwidrigkeit ab“.
689 BT-Drs. 14/5958, S. 6.
690 BT-Drs. 14/7174, S. 8.

henden Unklarheit stellt Prostitution nach der Wertung des Prostitutionsgesetzes keine sittenwidrige Tätigkeit mehr dar[691].

II. Sittenwidrigkeit der Prostitution in besonderen Fällen

Auch nach Inkrafttreten des Prostitutionsgesetzes kann Prostitution im Einzelfall noch sittenwidrig sein, wenn besondere Umstände hinzutreten, die gesellschaftlichen Wertvorstellungen widersprechen[692]. Diese Ausnahme muss jedoch nach Sinn und Zweck des Prostitutionsgesetzes, die rechtliche Situation Prostituierter zu verbessern, restriktiv angewendet werden. Die Kommentarliteratur fasst z.B. entgeltliche Vereinbarungen über die Vornahme lebensgefährdender Sexualpraktiken unter den Tatbestand der Sittenwidrigkeit[693].
Öffentliche Veranstaltungen, wie etwa Peep-Shows, Swinger-Clubs[694] oder die Vorführung des Geschlechtsverkehrs auf der Bühne, kollidieren nicht mehr mit dem Sittenrecht[695]. Nach Auffassung des BVerwG[696] verletzte eine Peep-Show die Menschenwürde der zur Schau gestellten Person. Das Gericht argumentierte, die Frau werde zum Sexualobjekt der Kunden degradiert. Dem Staat obliege daher die Pflicht, derartige Angriffe auf die Menschenwürde abzuwehren[697]. Diese Rechtsauffassung war bereits vor Inkrafttreten des Prostitutionsgesetzes stark umstritten[698]. Kritiker argumentierten, die grundgesetzlich geschützte Menschenwürde umfasse die Freiheit zur Selbsterniedrigung. „Unwürdiges" Verhalten sei letztlich Ausdruck der allgemeinen Handlungsfreiheit und von Seiten des Staates als erlaubt hinzunehmen[699]. Allmählich wendet sich auch die Rechtsprechung von dieser Rechtsauffassung ab[700]. Nunmehr lässt sich anfüh-

691 So auch Armbrüster in MüKo, 2003, § 1 ProstG, Rn. 19; Laskowski AuR 2002, 406; Schack, 2002, Rn. 265; Schwab, 2002, Rn. 692; a.A. Heinrichs in Palandt, 2004, § 138, Rn. 52; Medicus, 2002, Rn. 701.
692 Armbrüster in MüKo, 2003, § 1 ProstG, Rn. 20.
693 Armbrüster in MüKo, 2003, § 1 ProstG, Rn. 20.
694 Hinsichtlich Swinger-Clubs ist die bereits an mehreren Stellen genannte Entscheidung des BVerwG, GewAch 2002, S. 122 zu beachten, wonach der Unsittlichkeit iSd. Gaststättenrechts dann Vorschub geleistet wird, wenn Dritte mit den Darbietungen ungewollt konfrontiert werden.
695 Armbrüser in MüKo, § 1 ProstG, Rn. 22; a.A. hinsichtlich der Vorführung des Geschlechtsverkehrs auf der Bühne, Schack, 2002, Rn. 265.
696 Vgl. dazu die Peep-Show Entscheidungen des BVerwG von 1981 (BVerfGE 64, S. 274 ff.), 1990 (BVerwGE 84, S. 314 ff.) und 1995 (BVerwG, GewArch 1996, S. 19 ff.).
697 BVerwG 64, S. 274, 280.
698 Gleß 1999, S. 124; Gusy, GewArch 1984, 154; Höfling, NJW 1983, S. 1582; Laskowski, 1997, S. 191ff.; v.Olshausen, NJW 1982, 2222; Schittek, NVwZ 1988, S. 804; Singer, JZ 1995, S. 1133 ff.
699 Hillgruber, 1992, S. 109 ff.
700 VG Berlin, GewArch 2001, S. 128.

ren, dass die genannten Darbietungen entgeltliche sexuelle Betätigungen darstellen und aus diesem Grunde unter den Anwendungsbereich des Prostitutionsgesetzes fallen, welches den Einwand der Sittenwidrigkeit ausschließt. Gleiches gilt für Vereinbarungen über Telefonsex[701].

Bedroht der Kunde die Prostituierte, übt er Gewalt aus oder zwingt er sie im Rahmen der Prostitutionsausübung gegen ihren Willen zur Vornahme bestimmter sexueller Betätigungen, so widerspricht dies zwar der Rechtsordnung. Gleichwohl führen derartige strafbare Verhaltensweisen nicht zur Sittenwidrigkeit des Prostitutionsvertrages. Es wäre ein unakzeptables Ergebnis, wenn der gegen die Strafrechtsordnung verstoßende Kunde dem Entgeltanspruch der Prostituierten die Sittenwidrigkeit und damit zivilrechtliche Nichtigkeit des Prostitutionsvertrages entgegenhalten könnte.

III. Prostitution in der neueren Rechtsprechung

Die Einschätzung, dass Prostitution als solche nach heute herrschenden Moralvorstellungen nicht mehr als unsittlich erachtet werden kann, findet sich auch in der jüngeren Rechtsprechung. Bereits vor Inkrafttreten des Prostitutionsgesetzes war dort eine Veränderung hinsichtlich der Frage der Unsittlichkeit der Prostitution erkennbar[702]. Nach Inkrafttreten des Prostitutionsgesetzes zeichnet sich eine Tendenz ab, nach der die Gerichte dazu übergehen, dessen Wertungen auf andere, vom Prostitutionsgesetz nicht unmittelbar berührte Rechtsbereiche zu übertragen[703]. Folglich beeinflusst das Gesetz nach Auffassung der Rechtsprechung die Gesamteinschätzung der Prostitution und nicht lediglich die von ihm unmittelbar geregelten Bereiche des Zivil- und Strafrechts. Diese Lösung erscheint nicht zuletzt im Hinblick auf das Gebot der Einheit der Rechtsordnung, wonach grundsätzliche Wertenscheidungen einer Teilrechtsordnung in anderen Teilrechtsordnungen Berücksichtigung finden müssen[704], konsequent.
Die Ansicht, dass Prostitution ein schützenswertes Gewerbe darstellt, findet auch im Europarecht Bestätigung. Wie der EuGH am 20.11.2001 entschied, ist Prostitution als selbständige Erwerbstätigkeit iSv. Art. 44 des Assoziierungsabkommens mit Polen sowie Art. 45 des Assoziierungsabkommens mit der Tsche-

---

[701] Heinrichs in Palandt, 2004, § 138, Rn. 52a.
[702] So etwa im Urteil des VG Berlin vom 1.12.2001, GewArch 2001, 128 (dazu oben E.II.); vgl. auch BGH, NJW 2002, S. 361 (in der Urteilsbegründung führten die Richter an, es habe ein erheblicher Wandel sexualmoralischer Vorstellungen stattgefunden); BGH NJW 1990, 2207 (Prostitution als Erwerbstätigkeit iSd. § 1 Abs. 2 DVAuslG); BFH NJW 2000, 2919 (zu § 15 Abs. 2 EStG).
[703] Vgl. BayVGH, GewArch 2002, 296; BVerwG, GewArch 2003, S. 122 (ausführlich zur gewerberechtlichen Rechtspraxis oben, E.III).
[704] Felix, 1998, S. 360.

chischen Republik anzusehen[705]. Im niederländischen Ausgangsverfahren begehrten sechs polnische und tschechische Klägerinnen die Erteilung von Aufenthaltserlaubnissen, um in Amsterdam selbständig der Fensterprostitution nachzugehen. Die niederländischen Behörden lehnten dies ab, da Prostitution eine verbotene Tätigkeit sei. Die betroffenen Frauen erhoben dagegen Klage. Im Rahmen des Klageverfahrens legte das zuständige Gericht, die Arrondissementsrechtbank Den Haag, dem EuGH gemäß Art. 234 EG verschiedene Fragen zur Vorabentscheidung vor, welche unter anderem die Auslegung von Art. 44 des Polnischen Abkommens sowie Art. 45 des Tschechischen Abkommens betrafen. Der EuGH entschied, dass Art. 44 des Assoziierungsabkommens mit der Republik Polen und Art. 45 des Assoziierungsabkommens mit der Tschechischen Republik dahingehend auszulegen sind, dass die Prostitution unter die selbständig ausgeübten Erwerbstätigkeiten i.S. dieser Bestimmungen fällt, wenn der Dienstleistende sie nicht im Rahmen eines Unterordnungsverhältnisses in Bezug auf die Wahl dieser Tätigkeit, die Arbeitsbedingungen und das Entgelt ausübt, sondern vielmehr in eigener Verantwortung und gegen ein Entgelt, das ihm vollständig und unmittelbar gezahlt wird. Diese Entscheidung des EuGH erscheint richtungsweisend für die Beurteilung, ob die Ausübung der Prostitution dem Schutze der gemeinschaftsrechtlichen Grundfreiheiten unterliegt. In einem Vorabentscheidungsersuchen an den EuGH legte das BVerwG die Frage vor, ob die von einer Angehörigen eines Mitgliedstaats der Europäischen Union in einem anderen Mitgliedstaat ausgeübte Prostitution durch die Niederlassungs- oder Dienstleistungsfreiheit erfasst wird[706]. Der dem Verfahren zugrunde liegende Fall betrifft eine niederländische Staatsangehörige, die sich ohne Aufenthaltsgenehmigung in der Bundesrepublik aufhielt, um der Prostitution nachzugehen. Die zuständige Behörde erachtete dies als Verstoß gegen § 46 Nr. 2 AuslG und ordnete die Ausweisung der Betroffenen an. Die nach erfolglosem Widerspruch erhobene Klage der Frau vor dem VG hatte Erfolg. Die Beklagte erhob gegen das Urteil erfolglos Berufung. Das Revisionsverfahren vor dem BVerwG wurde vorübergehend wegen des Vorlageersuchens ausgesetzt. Die Entscheidung hängt davon ab, ob sich die niederländische Prostituierte auf die Grundfreiheiten der Niederlassungs- und Dienstleistungsfreiheit berufen kann. Sollte dies der Fall sein, so hat die Revision keinen Erfolg. In der Vorlagebegründung bezog sich das Gericht auf einen erkennbaren Wandel gesellschaftlicher Auffassungen zur Prostitution[707] und wich bereits ausdrücklich von seiner bisherigen Linie ab. Im Urteil vom 15.7.1980[708] hatte der beschließende Senat des BVerwG noch befunden, die Prostitution könne ohne jeden vernünftigen Zweifel als sittenwidrige und in verschiedener Hinsicht sozialwidrige Tätigkeit

705 EuGH Urteil vom 20.11.2001 – Rs. C-268/99, EuZW 2002, S. 120.
706 BVerwG, DVBl. 2002, 54.
707 BVerwG, DVBl. 2002, 55.
708 BVerwG, DVBl. 1980, 1048 ff.

nicht Teil des Wirtschaftslebens i.S.v. Art. 2 EGV sein[709]. An dieser Auffassung hält das Gericht nun ausdrücklich nicht mehr fest: „Im Hinblick auf die seitherige Rechtsprechung des EuGH könnte vielmehr einiges für die Zugehörigkeit der Prostitution zum Wirtschaftsleben sprechen."[710] Der Vorlagebeschluss wurde inzwischen unter Bezugnahme auf das Urteil des EuGH vom 20.11.2001 aufgehoben[711].
Das BVerwG schließt sich nunmehr ausdrücklich der Ansicht des EuGH an, wonach die selbständig ausgeübte Prostitution als Bestandteil des gemeinschaftlichen Wirtschaftslebens zu betrachten ist. Aufgrund dessen betrachtet es das Gericht als geklärt, dass diese auch den Schutz der gemeinschaftsrechtlichen Niederlassungs- und Dienstlassungsfreiheit genießt[712].

IV. Fazit

Sowohl nach gesetzgeberischer Bewertung als auch vor dem Hintergrund der neueren Rechtsprechung stellt die Ausübung der Prostitution keine unsittliche Tätigkeit mehr dar. Das Prostitutionsgesetz bedeutet für Prostituierte eine Verbesserung der zivil- und sozialrechtlichen Rechtsstellung, denn im Gegensatz zur alten Rechtslage unterliegt ihre Entgeltforderung dem Schutze des Zivil- und Strafrechts. Darüber hinaus ermöglichte das Gesetz den Abschluss sozialversicherungspflichtiger Beschäftigungsverhältnisse. Unabhängig vom Prostitutionsgesetz ist im Bereich der Gesundheitsvorsorge mit Abschaffung des lange umstrittenen GeschlKrG, das als Rechtsgrundlage für entwürdigende Zwangsuntersuchungen diente, eine begrüßenswerte Entwicklung zu verzeichnen. Gleichwohl gelang dem Gesetzgeber noch keine vollständige Beseitigung der rechtlichen Diskriminierung. Wie vor allem Vorschriften des Straf- und Ordnungswidrigkeitenrechts belegen, bestehen nach wie vor grundsätzliche Unterschiede zwischen der Prostitution und anderen Formen der Erwerbstätigkeit. Darüber hinaus erweisen sich diese Regelungen im Verhältnis zu den Wertungen des Prostitutionsgesetzes als widersprüchlich. Denn während das am 1. Januar 2002 in Kraft getretene Prostitutionsgesetz die Vornahme entgeltlicher sexueller Betätigungen nicht mehr als unsittlich betrachtet, stammen die Sondervorschriften zur Prostitution aus einer Zeit, in der die Ausübung derselben noch mit dem Vorwurf der Sittenwidrigkeit behaftet war und keine schützenswerte Tätigkeit darstellte. Sie beruhen demzufolge auf einer überkommenen gesetzgeberischen Wertentscheidung und hätten einer Korrektur bedurft.

---

[709] BVerwG, DVBl. 1980, 1050.
[710] BVerwG, DVBl. 2002, 54.
[711] BVerwG 1 C 31.02 v. 24.10.2002 = DVBl. 2003, 478.
[712] BVerwG, DVBl 2003, 478; so auch Caspar, NVwZ 2002, S. 25; Laskowski, EuR 2003, S. 476.

Die Betroffenen selbst dürften die Rechtsentwicklung zwar als verbessert, aber kaum als befriedigend empfinden. Wesentliche Kernforderungen der Deutschen Hurenbewegung, wie etwa die Abschaffung von Sperrbezirksregelungen, die die Ausübung der Prostitution in besonderem Maße beeinträchtigen, oder die Streichung des Werbeverbotes, welche sich vor allem für diejenigen Frauen als positiv erwiesen hätte, die ihrer Erwerbstätigkeit selbständig und außerhalb von Prostitutionsbetrieben nachgehen wollen, finden im Prostitutionsgesetz keinerlei Berücksichtigung.
Über die praktischen Konsequenzen des Prostitutionsgesetzes für die soziale Situation Prostituierter kann erst einige Zeit nach Inkrafttreten des Gesetzes am 1.1.2002 eine zuverlässige Aussage getroffen werden. Aus diesem Grunde forderte der Deutsche Bundestag die Bundesregierung auf, über die Auswirkungen der neuen Rechtslage auf Grund des Prostitutionsgesetzes nach Ablauf von drei Jahren zu berichten[713].

[713] BT-Drs. 14/7174, S. 3.

Teil III:

Begriffsklärung, Ursachendiskussion und gesellschaftliche Sichtweisen

A. Begriffsbestimmung

Eine Definition der Prostitution erweist sich als schwierig, da dieser Begriff sexualmoralischen Entwicklungen unterliegt und somit zeitlich wie kulturell unterschiedlich verstanden wird. In der Literatur findet sich daher ein breites Spektrum an Begriffsbestimmungen, die sich mitunter sogar widersprechen. Manche beziehen sich nur auf die weiblich-heterosexuelle, andere auf sämtliche Formen weiblicher und männlicher Prostitution. Wesentliche, zur Beschreibung der Prostitution herangezogene Kriterien bestehen in der Käuflichkeit von Sexualität, der Wahllosigkeit der Kundenauswahl Prostituierter sowie der emotionalen Gleichgültigkeit prostitutiver Sexualkontakte.

I. Zu Beginn des zwanzigsten Jahrhunderts gebräuchliche Definitionen

Zu Beginn des 20. Jahrhunderts beschäftigten sich vor allem Ellis und Bloch ausführlich mit dem Prostitutionsbegriff. Im Unterschied zu Ellis ging Bloch in seinem im Jahre 1912 erschienenen grundlegenden Werk zur Prostitution von einer weiten Definition aus, indem er bereits „das Treiben eines nymphomanischen Weibes, das sich wahllos unbestimmt vielen Männern in raschem und häufigem Wechsel auch ohne Entgelt geschlechtlich preisgibt“[714], darunter fasste. Eine weitere Extremauffassung, die vorwiegend theologische Wissenschaftler propagierten[715], vertrat im Jahre 1930 Kisch, der jeden außerehelichen Geschlechtsverkehr als Prostitution bezeichnete[716]. Ellis hielt dagegen gerade die Käuflichkeit sexueller Betätigungen für ein Spezifikum der Prostitution[717]. Während manche Autoren die Entlohnung der Prostituierten wegen der Möglichkeit einer klareren Abgrenzung zu anderen Formen der Sexualität auf Geld beschränkten[718], bezogen andere auch Sachwerte als mögliche Form der Gegenleistung ein[719]. Im Extremfall bedeutete die zweite Auffassung, dass bereits die

[714] Bloch I, 1912, S. 27.
[715] Werner, Kriminalistik 1956, S. 84.
[716] Kisch, zitiert nach Hirschfeld, Geschlechtskunde Bd. 3, 1930, S. 298.
[717] Ellis, 1911, S. 10.
[718] So etwa Kinsey, 1955, S. 547.
[719] So etwa Bloch I, 1912, S. 10.

Entscheidung einer Frau, der materiellen Absicherung wegen eine Ehe einzugehen, unter den Begriff der Prostitution subsumiert werden konnte[720].
Die Abgrenzung der Prostitution zu anderen Erscheinungen außerehelicher Sexualität, etwa der „wilden Liebe" oder dem „Verhältnis", bereitet seit jeher Schwierigkeiten[721]. Ellis argumentierte, allein die Tatsache, dass ein Mann eine Frau beschenkt, um sie sodann als seine Sexualpartnerin zu gewinnen, rechtfertige noch nicht die Annahme der Prostitution. Denn das Geschenk sei in solchen Fällen „lediglich eine Art Werbung, die zu einer vorübergehenden Beziehung führt". Die Frau behalte in einem solchen Fall im Wesentlichen ihre soziale Stellung und sei nicht dazu gezwungen, „künftig aus der Käuflichkeit ihrer Gunst ein Gewerbe zu machen"[722].
Ein weiteres Merkmal prostitutiver Sexualität bildete die Emotionslosigkeit von Prostituierten. Nach Bloch war „die Gleichgültigkeit gegen die Person des den Geschlechtsverkehr begehrenden Individuums und das Fehlen aller individuellen seelischen Beziehungen zwischen der Prostituierten und ihrem Klienten (...) charakteristisch für das Wesen der vollentwickelten Prostitution"[723]. Uneinigkeit bestand darüber, ob der Prostitutionsbegriff darüber hinaus die Vornahme mehrmaliger sexueller Handlungen gegen Entgelt erfordert[724] oder ob bereits die einmalige entgeltliche Hingabe genügt[725]. Nach Ellis mussten „die Akte der Prostitution gewohnheitsmäßig mit verschiedenen Personen vollzogen werden". Eine Frau, die sich ihren Lebensunterhalt als Maitresse eines Mannes verdiente, dem sie treu blieb, galt demzufolge nicht als Prostituierte[726].
Zu jener Zeit gebräuchliche Begriffsbestimmungen bezogen sich meist nur auf Frauen, die sich für Männer prostituierten. Die Konstellationen der männlich-heterosexuellen sowie der gleichgeschlechtlichen Prostitution wurden aufgrund ihrer in Umfang und Ausmaß vergleichsweise geringen Bedeutung zum Teil von der Definition ausgeschlossen[727]. Dieser Ansicht trat Ellis ausdrücklich entgegen, indem er argumentierte, die Existenz der Homosexualität habe auch das Bedürfnis nach männlicher Prostitution hervorgerufen. Es prostituiere sich daher eine Person, „die ein Gewerbe daraus macht, den Geschlechtstrieb verschiedener Personen des eigenen oder des anderen Geschlechts zu befriedigen"[728].

---

[720] Vgl. dazu Sidgwick, zitiert nach Ellis, 1911, S. 10: „Derartige Ehen werden manchmal als legalisierte Prostitution bezeichnet, aber man hat das Gefühl, dass diese Bezeichnung übertrieben und paradox ist".
[721] Dazu Bauer, 1982, S. 16 ff.; Borelli/ Starck, 1957, S. 3.
[722] Ellis, 1911, S. 12.
[723] Bloch, 1912, S. 32.
[724] So Blaschko in Elster/ Conrad/ Lexis/ Loening, 1910, S. 1227.
[725] So Bernsdorf, 1971, S. 241.
[726] Ellis, 1911, S. 11.
[727] Sieverts, 1971, S. 307.
[728] Ellis, 1911, S. 11.

II. Begriffsbestimmungen der zeitgenössischen Literatur

Zeitgenössische Begriffsbestimmungen beziehen sich sowohl auf weibliche als auch auf männliche Prostitution, die beide wiederum in hetero- oder homosexueller Form ausgeübt werden können[729]. Von diesen vier verschiedenen Erscheinungsformen kommt der weiblich-heterosexuellen die weitaus größte Bedeutung zu[730], wobei in den letzten Jahrzehnten - insbesondere in Großstädten - eine deutliche Zunahme an männlich-homosexueller Prostitution zu beobachten ist[731]. Die Varianten der lesbischen und der männlich-heterosexuellen Prostitution spielen dagegen nur eine untergeordnete Rolle[732]. Der Prostitutionsbegriff besitzt vor allem in der soziologischen, kriminologischen, strafrechtlichen und feministischen Literatur Bedeutung.

1. Juristischer Prostitutionsbegriff

In der Rechtswissenschaft erscheint eine Begriffsklärung der Prostitution in erster Linie im Straf- und Ordnungswidrigkeitenrecht bedeutsam, seit Inkrafttreten des Prostitutionsgesetzes[733] am 1.1.2002 ist sie auch im Zivilrecht relevant.
Nach römischem Recht, das die Grundlage für weitere juristische Begriffsbestimmungen bildete, galt als Prostituierte eine Frau, die sich öffentlich oder im Geheimen einer größeren Anzahl von Männern ohne Unterschied und Wahl zum Zwecke des Gelderwerbs geschlechtlich preisgab[734]. Die deutsche Rechtswissenschaft verwendete als Synonym lange Zeit den moralisch abwertenden Begriff der Gewerbsunzucht. Nach einer Definition des Reichsgerichts war diese gegeben, „wenn die betreffende Frauensperson sich einem individuell nicht bestimmten Kreise von Männern gegen Entgelt geschlechtlich preisgegeben hat oder hat preisgeben wollen" und zwar „mit der für die Gewerbsmäßigkeit des Unzuchtbetriebes entscheidenden Willensrichtung"[735]. Erst im Rahmen des 4. StrRG ersetzte der Gesetzgeber diesen moralisierenden Ausdruck durch den der Prostitution. Eine Legaldefinition dieses Begriffs findet sich weder im Straf- und Ordnungswidrigkeitenrecht, noch im Prostitutionsgesetz. Der Gesetzgeber scheint die begriffliche Bedeutung vorauszusetzen. Während römisches Recht und Reichsgericht vornehmlich auf die weiblich-heterosexuelle Prostitution abstellten, beziehen sich die in der zeitgenössischen juristischen Literatur gegebenen Definitionen auf alle denkbaren Konstellationen hetero- und homosexueller

---

[729] Bargon, 1982, S. 124 ff.; Röhr, 1972, S. 16 ff.
[730] Sieverts, 1971, S. 307; Simson/ Geerds, 1969, S. 506.
[731] Zur gleichgeschlechtlich-männlichen Prostitution vgl. Reng/ Redhardt, 1968, S. 58 ff.
[732] Röhr, 1972, S. 17.
[733] Dazu oben Teil 2, Punkt A.
[734] Bernsdorf, 1971, S. 241; Hirschfeld, 1930, S. 229.
[735] RGSt 45, 264.

Sexualkontakte.[736] Als Rechtsbegriff gilt Prostitution als entgeltliche Vornahme sexueller Handlungen mit wechselnden Partnern, wobei auch ein fester Kundenstamm bestehen kann. Die zwischen Prostituierter und Kunden vorgenommenen Aktivitäten müssen nicht zwingend in der Ausübung des Geschlechtsverkehrs bestehen[737]. Die rechtliche Definition basiert auf einer weiten Begriffsauffassung. Daher umfasst die Prostitutionsausübung nicht nur das Vornehmen oder Geschehenlassen sexueller Handlungen, sondern darüber hinaus alle weiteren Betätigungen, die dem sexuellen Vorgang unmittelbar vorausgehen oder nachfolgen, wie etwa die Kontaktaufnahme zu Kunden, Verhandlungen über das Entgelt sowie alle anderen, dem Vollzug der Prostitutionsvereinbarung dienenden Vorbereitungshandlungen[738]. Als weitere prostitutionstypische Kriterien finden sich in der juristischen Literatur zum Teil die Merkmale der Wahllosigkeit und der emotionalen Indifferenz der Prostituierten[739].

2. Kriminologischer Prostitutionsbegriff

Aus kriminologischer Sicht gilt Prostitution als abweichendes Verhalten[740], dessen Gegenpol die Konformität bzw. normales Verhalten darstellt. Beide Begriffe beziehen sich auf den jeweiligen gesellschaftlichen Standard. Die Feststellung abweichenden Verhaltens erfordert den Bezug zu normalem Verhalten[741]. Soziale Abweichung stellt nicht etwa eine Eigenschaft dar, die menschlichem Verhalten innewohnt, sondern vielmehr eine Definition, die die Gesellschaft an bestimmte Verhaltensweisen knüpft[742]. Die Existenz eines jeden bleibt durch soziale Erwartungen und Normen bestimmt[743]. Entspricht ein Verhalten diesen Erwartungen, so wird es als konform bezeichnet[744], entspricht es ihnen nicht, so weicht der Betroffene ab. Ganz allgemein wird abweichendes Verhalten daher als eine Verletzung von Erwartungen der größten Zahl der Mitglieder einer Gesellschaft begriffen[745]. Dies allein erscheint aus kriminologischer Sicht noch nicht problematisch. Denn auch derjenige, der etwa soziale Erwartungen im positiven Sinne übertrifft, weicht letztlich vom Standard ab, so dass idR. jeder Mensch - zumindest zeitweise - Abweichungen aufweist. Die Gesellschaft tole-

---

736 Göhler, 2002, § 120, Rn. 4.

737 Laufhütte in LK, 1995, § 180a, Rn. 4; Lenckner/ Perron in Schönke/ Schröder, 2001, § 180a, Rn. 5.

738 Lackner/ Kühl, 2001, § 180a StGB, Rn. 1a.

739 Zur Problematik dieser Abgrenzungskriterien Kühne, ZRP 1995, S. 184; vgl. auch Werner, Kriminalistik 1956, S. 84 ff.

740 Kerner, 1991, S. 1.

741 Kerner, 1991, S. 2.

742 Kaiser, 1996, § 36, Rn. 3; Schneider, 1987, S. 42.

743 Kaiser/ Kerner/ Sack/ Schellhoss, 1993, S. 1; vgl. auch Eisenberg, 2000, § 5, Rn. 1.

744 Kerner, 1991, S. 172.

745 Kaiser, 1996, § 36, Rn. 3.

riert jedoch nicht alle abweichenden Verhaltensmuster. In der Kriminologie verbirgt sich hinter der Verwendung des Begriffes der Abweichung die Intention, eine Abgrenzung sozial störenden Verhaltens vorzunehmen[746]. Neben der Kriminalität als Hauptgegenstand kriminologischer Forschungen existieren weitere Verhaltensweisen, die zwar als solche nicht unbedingt gegen die Rechtsordnung verstoßen, die aber dennoch keine gesellschaftliche Akzeptanz erfahren. Darunter fasst die Kriminologie z.B. Suizid, Alkoholismus, Drogenabhängigkeit, Glücksspiel, Wohnsitzlosigkeit oder die Ausübung der Prostitution[747]. Neben dieser abstrakten Begriffseinordnung der Prostitution existieren auch konkretere kriminologische Ansätze. Eisenberg definiert Prostitution als kommerzialisierte, emotional gleichgültige Promiskuität ohne Auswahl der Partner. Er weist darauf hin, dass im Einzelfall Abgrenzungsprobleme zu anderen Formen geschlechtlicher Beziehungen bestehen können, wie etwa zur Geliebten oder zur Ausgehaltenen[748]. Ähnlich lautet die Definition Schneiders. Er bezeichnet als Prostituierte eine Person, die sich „zum Zwecke der Bestreitung ihres Lebensunterhaltes in der Regel ohne Gefühlsbeteiligung gegen Entgelt – Geld oder sonstigen materiellen Gewinn – wahllos vielen Partnern, meist Männern, die sie für gewöhnlich nicht kennt, zum Geschlechtsverkehr oder anderen Sexualleistungen hingibt“[749].

3. Der Prostitutionsbegriff in Soziologie und Sexualforschung

Bernsdorf, der sich in den siebziger Jahren umfassend mit der Soziologie der Prostitution befasste[750], verwendet diesen Begriff für Personen, „die ihren Körper gelegentlich oder gewerbsmäßig im allgemeinen vielen zu deren sexueller Befriedigung gegen materielle Entlohnung preisgeben“. Das Merkmal der wahllosen Hingabe Prostituierter an alle Männer erachtet er als unzureichendes Abgrenzungskriterium, denn eine Frau könne sich aus reinem Sexualhunger wahllos vielen anbieten oder aber eine gewisse Vorauswahl treffen und sich wenigen, im Grenzfall gar nur einem Mann, gewerbsmäßig hingeben[751]. Stattdessen betont Bernsdorf den Aspekt der Gewerbsmäßigkeit prostitutiver Sexualität und differenziert in diesem Zusammenhang Gelegenheits-, Nebenerwerbs- und Haupterwerbsprostitution, die alle in öffentlicher oder geheimer Form ausgeübt werden können[752].

---

746 Kerner, 1991, S. 3.
747 Eisenberg, 2000, § 5 Rn. 10 ff., 22; Kaiser/ Kerner/ Sack/ Schellhoss, 1993, S. 1.
748 Eisenberg, 2000, § 5, Rn. 22.
749 Schneider, 1986, S. 257.
750 Bernsdorf, Soziologie der Prostitution in: Giese, Die Sexualität des Menschen, Bd. 1, 1971, S. 191 ff.
751 Bernsdorf, 1971, S. 241.
752 Bernsdorf, 1971, S. 242.

Ein weiterer soziologischer Ansatz findet sich bei Röhr. Sie bezeichnet Prostitution kurz als „sexuelle Dienstleistung außerhalb der Ehe gegen Entgelt“[753]. Reng/ Redhardt, die sich im Rahmen einer sexualwissenschaftlichen Untersuchung mit dem sexuellen Verhalten weiblicher Prostituierter beschäftigten, beziehen zusätzlich die emotionale Gleichgültigkeit der sich prostituierenden Person in ihre Begriffsbestimmung ein. Danach handelt es sich bei der Prostitution um die „gewerbsmäßige Befriedigung der Libido eines – meist unbekannten – Partners gegen Entgelt (in irgendeiner Form) bei eigener emotioneller Gleichgültigkeit und häufigem Wechsel der Personen“. Bei einem „Stammkunden“ könne die emotionale Gleichgültigkeit im Einzelfall aufgehoben sein[754]. Ahlemeyer spricht in diesem Zusammenhang zwar nicht ausdrücklich von emotionaler Gleichgültigkeit, betrachtet es jedoch als Charakteristikum der Prostitution, dass sich der Kontakt zwischen Prostituierter und Kunden idR. auf Aushandlung und Vollzug des Sexualkontaktes beschränkt. Darüber hinausgehende Verpflichtungen werden nicht begründet: „Weder muss der Freier nach dem Akt befürchten, Alimente zahlen oder die Frau heiraten zu müssen, noch darf er hoffen, dass die Zeitbegrenzung aufgehoben und er bei ihr bleiben könne. Eine über die intime Interaktion des Sexualkontaktes hinausgehende Erwartungsverdichtung an eine Beziehung findet in prostitutiven Intimsystemen typischerweise nicht statt“[755].

4. Feministische Ansätze

In der feministischen Literatur wird Prostitution zum Teil als Ausdruck patriarchaler Herrschaft begriffen[756]. Giesen/ Schumann gehen davon aus, dass allen Frauen ein gewisser Prostitutionsstatus zukommt, den lediglich eine um Unabhängigkeit bemühte Minderheit professionell umsetzt[757]. Ein ähnlicher Ansatz findet sich bei Millet. Sie bezeichnet Prostitution als „Exempel für die soziale Situation der Frau“, in welchem Abhängigkeitsverhältnisse und finanzielle Geschlechterbeziehungen klar hervortreten und – im Gegensatz zur Ehe – keine Verschleierung in Form eines Heiratsvertrages erfahren. Denn auch die Ehe beruhe letztlich auf dem Prinzip „Sex für Sachwerte“[758]. Auch De Beauvoir vergleicht die ökonomische Situation Prostituierter mit der einer Ehefrau: „Vom wirtschaftlichen Standpunkt aus gesehen ist ihre Situation ein Pendant zu der der verheirateten Frau. (…) Für beide ist der sexuelle Akt eine Dienstleistung.

---

[753] Röhr, 1972, S. 16.
[754] Reng/ Redhardt, 1968, S. 2.
[755] Ahlemeyer, 1996, S. 51 ff.
[756] Giesen/ Schumann, 1980, S. 17; Giesen / Schumann, 1987, S. 143 ff.
[757] Giesen/ Schumann, 1987, S. 143.
[758] Millet, 1973, S. 73.

Die Zweite wird auf Lebensdauer von einem einzigen Mann verpflichtet, die Erste hat mehrere, die sie stückweise bezahlen“[759].

Manche Feministinnen halten den Aspekt der sexuellen Erniedrigung für prostitutionstypisch. Nach Millet verkauft die Prostituierte im Rahmen der Prostitutionsvereinbarung ihre Entwürdigung; umgekehrt erwirbt der Kunde für das von ihm gezahlte Geld nicht Sex, sondern in erster Linie das Gefühl der Macht über eine andere Person[760]. In der Tatsache, dass ein solches Geschäft überhaupt möglich sei, offenbare sich das wahre Geschlechterverhältnis. Der Mann nehme die Rolle des Herrn und Gebieters ein, die Frau die der Sklavin[761]. Im Ergebnis bezeichnet sie Prostitution als ein Verbrechen gegen die Menschlichkeit[762]. Auch die Feministin Barry sieht in der Prostitution vor allem eine Form der sexuellen Herrschaft über Frauen[763]. Sowohl die Ehe als auch die Prostitution nennt sie als Hauptinstitutionen, in welchen sexuelle Sklaverei betrieben werde[764].

Eine der Antworten, die der Feminismus auf die Prostitutionsfrage gibt, besteht in der Bestrafung von Zuhältern und der Entmutigung von Freiern. Eine Stärkung der Prostituierten innerhalb ihrer Tätigkeit wird dagegen häufig nicht in Erwägung gezogen[765].

5. Fazit

Der feministische Definitionsansatz, der allen Frauen einen genuinen Prostituiertenstatus zuschreibt, erweist sich als schwierig. Er verklärt die Randgruppenproblematik[766], der sich Prostituierte im Unterschied zu Nicht-Prostituierten häufig ausgesetzt sehen, und ermöglicht keine klare Abgrenzung der Prostitution zu anderen Formen von Sexualität. Gerade darin besteht aber der Sinn von Begriffsbestimmungen. Für die wissenschaftlichen Bereiche der Soziologie, Kriminologie, Sexualforschung oder Rechtswissenschaft erscheint der Ansatz daher unbrauchbar. Daneben dürfte auch die These, die soziale Situation von Frauen sei von patriarchaler Unterdrückung und materieller Abhängigkeit geprägt, dem Selbstverständnis vieler widersprechen, die in gleichberechtigter Partnerschaft leben, berufstätig sind und auf diese Weise einen Beitrag zur materiellen Versorgung ihrer Partnerschaft bzw. Familie leisten. Diese Aussage

---

[759] De Beauvoir, 1951, S. 572.
[760] Millet, 1973, S. 73.
[761] Millet, 1973, S. 73
[762] Millet, 1973, S. 75.
[763] Barry, 1983, S. 19, 100 ff.
[764] Barry, 1983, S. 306.
[765] Dazu Pheterson, 1990, S. 44 ff.
[766] Lissner/ Süssmuth/ Walter, 1988, S. 914; Stallberg,1988, S. 10.

degradiert letztlich alle Frauen – und erst recht Prostituierte[767] – zu Opfern. Soweit Feministinnen die Abschaffung der Prostitution fordern, verkennen sie, dass viele Frauen ihrer Tätigkeit aus freien Stücken nachgehen, sie schlicht als ihre Existenzgrundlage begreifen[768]. Daher beklagen Prostituierte die feministischen Ausführungen zum Teil als einen Angriff auf ihren Beruf[769].
Alle weiteren Begriffsbestimmungen zur Prostitution beinhalten übereinstimmend den gewerbsmäßigen Aspekt prostitutiver Sexualität. Sofern sie Unterschiede aufweisen, bestehen diese in erster Linie in den Merkmalen der gefühlsmäßigen Indifferenz der Prostituierten sowie der Wahllosigkeit ihrer Kundenauswahl. Zutreffend erscheint, dass der Prostitutionsvertrag für beide Teile weder materielle noch ideelle an die Zukunft gerichtete Verpflichtungen oder Erwartungen begründet. Es handelt sich idR. um ein entgeltliches, zeitlich begrenztes Beisammensein. Nicht zuletzt aus diesem Grunde scheint Prostitution für viele Kunden attraktiv zu sein[770]. Sofern verschiedene Autoren eine völlige emotionale Gleichgültigkeit für prostitutionstypisch halten, bleibt anzumerken, dass sich das Verhältnis zwischen Prostituierter und Kunde idR. grundlegend ändert, sobald letzterer zum Stammkunden wird[771]. Hier kann durchaus ein Vertrauensverhältnis[772] zwischen beiden entstehen, das auch emotionale Aspekte beinhaltet.
Ob das Kriterium der Wahllosigkeit zutrifft, darf bezweifelt werden. Wie Pheterson anführt, halten viele Prostituierte das Recht, ihre Kunden auszuwählen, für einen wichtigen Bestandteil ihres Erwerbslebens. Zwar entspricht es der Realität, dass für eine große Zahl Prostituierter aufgrund faktischer Zwänge keine Wahlmöglichkeit besteht. Allerdings wird die Wahllosigkeit weniger als typisches Charakteristikum der Prostitution, sondern eher als Verstoß gegen die sexuelle Selbstbestimmung Prostituierter empfunden[773]. Zudem birgt dieses Merkmal die Gefahr der Stigmatisierung von Prostituierten[774].
Letztlich erweist sich eine Minimaldefinition im Sinne von Röhr als vorzugswürdig, die Prostitution schlicht als sexuelle Dienstleistung außerhalb der Ehe gegen Entgelt bezeichnet. Eine solche Betrachtungsweise erscheint frei von emotionalen Bewertungen und ermöglicht - trotz des Verzichts auf die Merkmale der Wahllosigkeit und der gefühlsmäßigen Indifferenz - eine Abgrenzung zu anderen Formen von Sexualität. Die Einschätzung, dass sich eine Definition, die

---

767 Zur Kritik vgl. Molloy, 1991, S. 15.
768 Dazu ausführlich Laskowski, 1997, S. 46; vgl. auch Pheterson, 1990, S. 44..
769 Molloy, 1991, S. 47 bezüglich der PorNo-Kampagne von „Emma“; vgl. auch Prostituiertenprojekt Hydra, Beruf: Hure, 1991, S. 15 ff.
770 Kleiber/ Velten, 1994, S. 66.
771 Grundlegend zu Stammkundenbeziehungen Ahlemeyer, 1996, S. 196 ff.
772 Ahlemeyer, 1996, S. 201.
773 Pheterson, 1990, S. 16; vgl. auch Schneider, 1986, S. 259 zur Kundenauswahl in Massagesalons.
774 So auch Leo, 1995, S. 24.

das ökonomische Moment der Prostitution betont, als ausreichend erweist, teilen auch Kahmann/ Lanzerath. Sie bezeichnen Prostitution als „das Beziehungsgefüge zwischen einer Frau und mindestens einem Mann, das dadurch gekennzeichnet ist, dass die Frau sich einem Manne zu sexuellen Handlungen anbietet und / oder hingibt und im Falle der sexuellen Hingabe durch Geldzuwendungen entlohnt wird“[775]. Die Autoren weisen zutreffend darauf hin, dass im Einzellfalle weitere prostitutionstypische Merkmale hinzutreten können, die jedoch allesamt keine notwendigen Bedingungen der Prostitution darstellen[776].

B. Theorien zur Ursache von Prostitution

Die Frage, welche Umstände und Beweggründe Personen zur Prostitution veranlassen, beschäftigte zahlreiche medizinische, psychologische, kriminologische und gesellschaftswissenschaftliche Untersuchungsreihen. Aus diesem Grunde existieren verschiedene Erklärungsansätze, die das Phänomen der Prostitution erklären sollen und die in unterschiedlichem Maße biologische, psychologische oder gesellschaftliche Aspekte betonen. Mitunter leisteten diese Theorien einen erheblichen Beitrag zur Stigmatisierung, indem sie die Ursache der Prostitution etwa auf genetische Anlagen, Schwachsinn oder sexuelle Andersartigkeit von Prostituierten zurückführten.

I. Biologisch-anthropologische Theorien

Innerhalb der in der Literatur zu findenden Erklärungsansätze nehmen die biologisch-anthropologischen Prostitutionstheorien die extremste Position ein. Diese um die vorletzte Jahrhundertwende vertretenen Erklärungsansätze betonen in besonderem Maße den Faktor der Vererbung und sehen die Ursache der Prostitution in der genetisch-biologischen Konstitution der Prostituierten begründet.

1. Anlagetheorie von Lombroso und Ferrero

Als Hauptvertreter des anthropologischen Erklärungsansatzes gelten Lombroso und Ferrero. In ihrem im Jahre 1894 erschienenen Werk „Das Weib als Verbrecherin und Prostituirte“ vertraten sie die These der „geborenen Dirne“. Anknüpfend an Lombrosos Lehre vom „geborenen Verbrecher“, wonach Verbrecher

---

[775] Kahmann/ Lanzerath, 1981, S. 15. Die Untersuchung der Autoren bezieht sich auf die weiblich-heterosexuelle Prostitution in Hamburg. Aus diesem Grunde findet auch die von ihnen gegebene Definition nur auf die Konstellation Anwendung, in der sich Frauen für Männer prostituierten.

[776] Kahmann/ Lanzerath, 1981, S. 15.

schon an äußeren körperlichen Anomalien erkennbar sein sollten[777], gingen sie davon aus, dass in gleicher Weise auch von einer „geborenen Dirne" gesprochen werden könne. Ihre Behauptung stützten die beiden Wissenschaftler auf verschiedene Untersuchungen, die sie gegen Ende des 19. Jahrhunderts an Prostituierten vornahmen. Wie zuvor schon Lombroso im Rahmen seiner Forschungen über männliche Verbrecher maßen sie körperliche Merkmale von Prostituierten im Bereich des Schädels, werteten diese aus und stellten Auffälligkeiten fest, die bei der Kontrollgruppe der sich nicht prostituierenden Frauen angeblich seltener auftraten[778]. Aus ihren Beobachtungen schlossen sie, dass Prostituierte typische, für Verbrecher eigentümliche Degenerationsmerkmale physischer Art aufwiesen. Zudem glaubten sie, auch eine „sittlichen Idiotie"[779] zu diagnostizieren, die sich angeblich in Form eines besonders ausgeprägten Sexualverlangens, sittlicher Entartung, mangelnden Muttergefühls sowie Unfähigkeit zur Angehörigenliebe zeigen sollte. Im Ergebnis vertraten Lombroso/ Ferrero die Auffassung, dass „die Identität zwischen der Verbrechernatur und der Dirnennatur auf anatomischem und psychologischem Gebiete so vollständig wie nur möglich ist. Beide sind identisch mit dem Typus des sittlich idiotischen Degenerierten und somit einander gleich. Beide weisen dieselben sittlichen Defekte auf"[780]. Die Ausübung der Prostitution stellte nach jener Auffassung letztlich die weibliche Erscheinungsform von Kriminalität dar[781].
Neben der Frage nach der Entstehung der Prostitution erlangte der Ansatz von Lombroso/ Ferrero zeitweise auch bei der Erklärung des geringen Umfangs der registrierten weiblichen im Vergleich zur männlichen Kriminalität[782] Bedeutung. Basierend auf ihren Erkenntnissen wurde vertreten, der niedrige Anteil weiblicher Delinquenz erkläre sich dadurch, dass für die Frau die Prostitution einen Ersatz für den Rechtsbruch darstelle[783].

2. Die Anlagetheorie Weiningers

Neben Lombroso und Ferrero sah auch Weininger die Ursache der Prostitution genetisch begründet. In seiner im Jahre 1904 erschienenen Abhandlung „Geschlecht und Charakter" differenzierte er zwei grundsätzlich verschiedene Ty-

---

[777] Lombroso, Der Verbrecher, Bd. 1, 1894.
[778] Lombroso/ Ferrero, 1894, S. 287.
[779] Lombroso/ Ferrero, 1894, S. 543.
[780] Lombroso/ Ferrero, 1894, S. 576.
[781] Neben Lombroso/ Ferrero ging auch Wulffen davon aus, dass das Phänomen der Prostitution ohne die Dirnennatur des Weibes nicht erklärbar sei (Wulffen, 1923, S. 401). Prostitution und Kriminalität hielt er zwar gleichermaßen für „Rückschlagserscheinungen", entgegen Lombroso/ Ferrero aber nicht für identisch (Wulffen, 1923, S. 406).
[782] Dazu Eisenberg, 2000, § 48, Rn. 41 ff.; Göppinger, 1997, S. 524 ff.
[783] Kaiser, 1996, Rn. 34.

pen des weiblichen Geschlechts: den der absoluten Mutter und den der absoluten Dirne[784]. Mutterschaft und Prostitution stellten nach seiner Einschätzung einander vollkommen widersprechende Gegensätze dar[785]. Die Verschiedenartigkeit dieser beiden Typen sollte sich vor allem im Verhältnis einer jeden zum Kinde und zum Koitus zeigen: „Der absoluten Dirne liegt nur am Manne, der absoluten Mutter kann nur am Kinde gelegen sein."[786] Während die Mutter auf Erhaltung der Nachkommenschaft bedacht sei und sich nur aus diesem Grunde dem Gattungszweck unterwerfe, übe die Dirne den Koitus allein zum Selbstzweck aus[787]. Sie verschaffe sich den „Reiz der Wollust zu jeder Zeit und von jedem Manne"[788]. Andere Ansätze als die, dass die Prostitution in der Natur der sie ausübenden Person begründet ist, hielt Weininger für abwegig.[789] Vielmehr betrachtete er die Eignung zu Mutterschaft oder Prostitution „in einem Weibe organisch, von der Geburt an vorhanden"[790]. Weininger war zwar - gleichsam Lombroso/ Ferrero - Anhänger des anthropologischen Erklärungsansatzes. Im Unterschied zu diesen erachtete er die Prostitution jedoch nicht als eine Erscheinungsform des Verbrechertums[791].

Wissenschaftler widerlegten die biologisch-anthropologischen Erklärungsansätze bereits zur Zeit Lombrosos[792]. Im Anschluss daran wurden angeblich registrierte Auffälligkeiten von Prostituierten, die die Anthropologen für angeborene Degenerationsmerkmale hielten, zum Teil als Erscheinungsform einer „Berufskrankheit" bzw. notwendige Folge eines ausschweifenden Lebens, des Stehens auf kalter Straße sowie des übermäßigen Konsums von Alkohol und Nikotin interpretiert[793].

In der zeitgenössischen kriminologischen Literatur finden die biologisch-anthropologischen Erklärungsmodelle zu Recht keine große Beachtung mehr und werden allenfalls am Rande dargestellt[794].

---

[784] Weininger, 1904, S. 281, 282.
[785] Weininger, 1904, S. 283.
[786] Weininger, 1904, S. 287.
[787] Weininger, 1904, S. 304, 307.
[788] Weininger, 1904, S. 306.
[789] Weininger, 1904, S. 284.
[790] Weininger, 1904, S. 285.
[791] Weininger, 1904, S. 311.
[792] Während des Nationalsozialismus erlebten diese Theorien jedoch eine Renaissance. Einschlägige Forschungen des NS-Regimes betrachteten sie unter dem Aspekt der Rassenzugehörigkeit und missbrauchten sie für ideologische Zwecke zur Verfolgung von Juden und psychisch Kranken. Denn die kriminalpolitische Konsequenz seiner Lehre bestand für Lombroso letztlich in der Unschädlichmachung des geborenen Verbrechers durch Todesstrafe oder lebenslange Freiheitsstrafe (Kaiser, 1996, § 18, Rn. 4 ff.; Schwind, 2004, § 4, Rn. 19, 22, 35).
[793] So etwa Thorbecke, 1919, S. 183; vgl. auch Herren, MSchrKrim 1959, S. 251, der von den „unauslöschbaren Spuren einer ungesunden Lebensweise" spricht.
[794] Vgl. etwa Kaiser 1996, § 43, Rn. 34.

II. Psychologische Theorien

Psychologischen Erklärungsansätzen zur Prostitution ist gemeinsam, dass sie sich im Wesentlichen auf die Prostituiertenpersönlichkeit beziehen, während gesellschaftliche Prozesse, denen die Betroffene sich ausgesetzt sieht, nur am Rande Bedeutung besitzen[795]. Psychologische Prostitutionstheorien lassen sich in psychopathologische, sexualpsychologische und psychoanalytische Modelle unterteilen.

1. Psychopathologischer Ansatz

Psychopathologie bedeutet Erfahrungswissenschaft vom seelisch Abnormen[796]. Dort gelten solche Personen als psychopathische Persönlichkeiten, die an ihrer Abnormität leiden oder unter deren Abnormität die Gesellschaft leidet[797]. Das psychopathologische Erklärungsmodell sieht die Ursache der Prostitution in psychischen Defekten von Prostituierten begründet und wurde vor allem in der Nachkriegszeit zur Klärung der Prostitutionsfrage herangezogen. Schaller stellte fest, dass mehr als die Hälfte der von ihm beobachteten Prostituierten ausgeprägte psychopathische Persönlichkeitsstörungen und nahezu alle der Probandinnen einen „Mangel intellektueller Hemmungen" sowie „defekte sittliche Anlagen" aufwiesen"[798]. In der Folgezeit schlossen sich weitere Wissenschaftler diesen Erkenntnissen an. Borelli/ Starck bestätigten im Jahre 1957, dass auch ein nicht unerheblicher Teil der von ihnen untersuchten Prostituierten an „angeborenen psychischen Mängeln"[799] leide. Die Auswertung verschiedener Persönlichkeitstest ergab, dass angeblich alle Testpersonen durch „Störungen im Bereich des Gefühlslebens" auffielen[800].
Mergen sprach noch im Jahre 1963 von „seelischer Abnormität"[801]. Bei jeder seiner Testpersonen glaubte er, psychische Auffälligkeiten feststellen zu können. Den Großteil von ihnen (56 %) hielt er für schwachsinnig, wobei der Schwachsinn nach seinen Ausführungen nicht nur die intellektuelle Ebene umfasste, sondern „die gesamte Persönlichkeit, also auch das affektive und volitive Erleben". Die übrigen Probandinnen unterteilte er in schizophrene Psychotiker und schizoide Persönlichkeiten (18 %), willensschwache (12 %) und geltungssüchtige hysterische Psychopathen (14 %)[802].

---

795 Schwind, 2004, § 6, Rn. 1.
796 Bresser, 1983, S. 86.
797 K. Schneider, 1950, S. 3.
798 Schaller zitiert nach Kahmann/ Lanzerath, 1981, S. 28.
799 Borelli/ Starck, 1957, S. 250.
800 Borelli/ Starck, 1957, S. 250.
801 Mergen, 1963, S. 162.
802 Mergen, 1963, S. 163.

Die These der allgemeinen Psychopathie von Prostituierten fand über Jahre hinweg allgemeine Zustimmung und leistete einen nicht unwesentlichen Beitrag zu deren Stigmatisierung. Inzwischen gelten die geschilderten Untersuchungsergebnisse nicht mehr als aussagekräftig. Sie bezogen sich meist nur auf kleine Probandengruppen und gaben in der Mehrzahl keine Auskunft über die Höhe des Anteils an Psychopathinnen unter Nicht-Prostituierten[803]. Gerade das wäre aber erforderlich, um eine Aussage darüber treffen zu können, ob Prostituierte tatsächlich zu einem wesentlich höheren Anteil Persönlichkeitsstörungen aufweisen. Für die Haltlosigkeit dieser psychopathologischen Untersuchungen spricht vor allem, dass die Wissenschaftler sie zu einem nicht unerheblichen Teil an Strafgefangenen, Patientinnen, Drogenabhängigen oder minderjährigen Prostituierten vornahmen. Die Persönlichkeitstests erfolgten somit unter einer eindeutigen Überrepräsentation von Frauen, die sich innerhalb eines Abhängigkeitsverhältnisses bzw. in einer psychischen Ausnahmesituation befanden. Eine Übertragung der auf diesem Wege gewonnenen Ergebnisse auf alle Prostituierten erscheint unhaltbar[804]. Die These der allgemeinen Debilität von Prostituierten konnte längst durch einschlägige Intelligenztests widerlegt werden[805].

2. Sexualpsychologischer Ansatz

Neben psychologischen zog die Wissenschaft zum Teil auch sexualpsychologische Besonderheiten zur Klärung der Prostitutionsfrage heran. Dieser inzwischen nicht mehr vertretene Ansatz lässt sich in zwei gegensätzliche Ausprägungen in Form der Trieb- und der Frigiditätstheorie unterteilen. Beide Erklärungsansätze erachten abweichendes Sexualverhalten von Prostituierten für einen die Prostitution begünstigenden Faktor.

a. Triebtheorie

Die Triebtheorie stellt hinsichtlich der Erklärung von Prostitution auf die Natur des Sexualtriebes ab. Aufgrund der polygamen Veranlagung des Menschen kämen alle Männer potentiell als Kunden und alle Frauen als „Ware“ auf dem Prostitutionsmarkt in Frage. Vor allem denjenigen Mädchen und Frauen wurden prostitutive Neigungen zugeschrieben, die angeblich in besonderem Maße polygame Tendenzen aufwiesen[806]. Ihre sexuelle Triebhaftigkeit sollte sie zur Ergreifung dieser Tätigkeit veranlassen. Dieser Ansatz findet sich u.a. bei Wei-

[803] Schneider, 1986, S. 262.
[804] Zur Kritik an den psychologischen Untersuchungsmethoden vgl. Giesen/ Schumann, 1987, S. 141; Pheterson, 1990, S. 38.
[805] Vgl. etwa Reng/ Redhardt, 1968, S. 42, die mit Prostituierten den Hamburg-Wechsler-Intelligenztest durchführten; dazu auch Röhr, 1972, S. 106.
[806] Dazu ausführlich Bernsdorf, 1971, S. 192.

ningers Abhandlung zur absoluten Dirne[807]. Bei dieser werde der Koitus zum Selbstzweck. Aus diesem Grunde suche sie - letztlich vergebens[808] - ihre Triebbefriedigung in der Prostitution. Ellis ging davon aus, dass vor allem jugendliche Prostituierte zu Beginn ihrer Laufbahn einen hohen Grad an sexueller Sinnlichkeit aufweisen[809]. Manche Wissenschaftler glaubten sogar, bei den von ihnen untersuchten Dirnen einen „Hang zu Perversionen" entdeckt zu haben, welche in der Prostitution ausgelebt werden könnten[810].

b. Frigiditätstheorie

Die Frigiditätstheorie stellt das Gegenstück zur Triebtheorie dar und basiert auf der Prämisse, dass zur Prostitution nur sexuell unempfindsame Personen fähig sind. Lombroso wertete „geschlechtliche Kälte" als Vorteil bei der Prostitutionsausübung, „denn ein geschlechtlich leicht und stark erregbares Weib würde das Leben einer Prostituierten nicht ertragen können, ohne schnell in Erschöpfung zu verfallen". Für die Dirne sei der Koitus lediglich ein „psychisch und physisch gleichgültiger Akt", den sie ausschließlich der materiellen Gegenleistung wegen betreibe[811]. Auch Mergen sprach von einem überwiegend „abgestumpften Triebleben" Prostituierter. Ein großer Anteil seiner Probandinnen gab an, frigide zu sein bzw. über gleichgeschlechtliche sexuelle Erfahrungen zu verfügen[812]. Borelli/ Starck schlossen aus den Schilderungen der von ihnen befragten Prostituierten, dass diese „häufig in einem nur geringen Maße sexuell ansprechbar sind"[813].
Der sexualpsychologische Ansatz gilt inzwischen als widerlegt[814]. Eine in den sechziger Jahren vorgenommene Untersuchung von Reng/ Redhardt ergab, dass grundlegende Unterschiede zwischen privaten und beruflichen Sexualkontakten Prostituierter bestehen[815]. Im Gegensatz zu sexuellen Betätigungen im Privatbereich erscheinen geschäftliche Kontakte vor allem dadurch geprägt, dass sexuelle Empfindungen rational beherrscht und unterdrückt werden können. In diesem Zusammenhang sprechen die Autoren auch von einer „relativen Frigidität"[816].

---

[807] Dazu oben B.I.2.
[808] Weininger, 1904, S. 307.
[809] Ellis, 1911, S. 46.
[810] So Martineau und Roussel, zitiert nach Bernsdorf, 1971, S. 192.
[811] Lombroso/ Ferrero, 1894, S. 388, 550.
[812] Mergen, 1963, S. 163.
[813] Borelli/ Starck, 1957, S. 250.
[814] Vgl. dazu etwa Röhr, 1972, S. 120 ff.
[815] Gegenstand dieser Untersuchung war nicht das Sexualverhalten Prostituierter im Vergleich zu Nicht-Prostituierten, sondern vielmehr das sexuelle Verhalten Prostituierter vergleichsweise im beruflichen und privaten Bereich (Reng/ Redhardt, 1968, S. 6).
[816] Reng/ Redhardt, 1968, S. 54; siehe auch Abraham, 1971, S. 90.

3. Psychoanalytischer Ansatz

Der psychoanalytische Erklärungsansatz sieht die Ursache der Prostitution in der frühkindlichen Entwicklung der Prostituierten begründet. Die Grundlage dieser von Glover[817] und Greenwald[818] vertretenen Theorie bildet Freuds Persönlichkeitsmodell. Danach besteht die menschliche Psyche aus drei verschiedenen Teilen: Dem triebhaften „Es", mit seinen beiden Hauptmerkmalen des Sexual- und Aggressionstriebes, dem die beiden weiteren psychischen Instanzen von „Ich" und „Über-Ich" gegenüberstehen. Während das „Über-Ich" die Moral oder das Gewissen repräsentiert und idR. durch die Verinnerlichung elterlicher Ge- und Verbote entsteht, stellt das „Ich" die Vermittlungsinstanz zwischen den Ansprüchen von „Es" und „Über-Ich" dar und ermöglicht eine Anpassung an die soziale Umwelt[819]. Nach Freud wird der Mensch zunächst als sozial unangepasstes Wesen geboren und im Laufe eines Sozialisationsprozesses, innerhalb dessen der Identifikation mit den Eltern eine entscheidende Bedeutung zukommt, sozialisiert. Sozial abweichendes Verhalten erklärt sich nach dem psychoanalytischen Erklärungsansatz mit einer Schädigung der Ich- oder Über-Ich-Entwicklung. Ist die Kontrollfunktion dieser beiden Instanzen nicht hinreichend gewährleistet, so soll es beim Betroffenen zu abweichenden Neigungen und Bedürfnissen kommen.

Über die Frage, welche gestörten Eltern-Kind-Beziehungen im Einzelnen zur Prostitution führen, besteht unter Psychoanalytikern Uneinigkeit. Insofern existieren verschiedene Ansätze. Greenwald geht davon aus, dass Prostituierte sich in ihrer Kindheit häufig emotionaler Ablehnung ausgesetzt sahen, die letztlich eine Identifikation mit den Eltern unmöglich machte. Neunzehn der zwanzig von ihm untersuchten Call-Girls gaben an, sich in ihrer Kindheit von den Eltern zurückgewiesen gefühlt zu haben[820]. Diese zurückgewiesenen Mädchen entdeckten nach den Ausführungen Greenwalds bereits in jungen Jahren, dass sie sich in erster Linie durch Sexualität Anerkennung verschaffen konnten, was den Weg in die Prostitution begünstigt habe[821].

Teilweise wird auch ein „Elektra-Komplex" für ausschlaggebend erachtet. Die Prostituierte soll nach jener Auffassung im Kindesalter eine enge Beziehung zum Vater unterhalten haben, die jedoch im Laufe der Pubertät allmählich nachließ. Die nachlassende Zuneigung des Vaters und dessen Bevorzugung der Mutter empfindet das Mädchen als Treuebruch. Der Entschluss zur Prostitution

---

[817] Glover, 1960, S. 244 ff.; Glover, 1969, S. 3 ff.
[818] Greenwald, 1969, S. 194 ff.
[819] Freud, 1940, S. 237 ff.; Freud, 1941, S. 128 ff.
[820] Greenwald, 1969, S. 194; vgl. dazu auch Röhr, 1972, S. 78 ff.
[821] Greenwald, 1969, S. 195.

stellt einen Racheakt gegen den Vater dar, indem die Betroffene sich wahllos vielen Männern geschlechtlich preisgibt[822].

Andere wiederum erachten die Mutter-Tochter-Beziehung für bedeutsam. Sie gehen davon aus, dass die Mutter ihre Tochter im Kindesalter emotional ablehnte. Aufgrund dessen suche das Mädchen zum Ausgleich verstärkt Zuneigung beim Vater bzw. bei einem Vaterersatz. Die Erniedrigung in der Prostitution sei als Bestrafung der Mutter für nicht empfangene Zuwendung zu werten. Das aus der Prostitution erhaltene Geld werde zum - letztlich unbefriedigenden - Ersatz für nicht empfangene Mutterliebe[823].

Hinsichtlich der These einer belasteten Eltern-Kind-Beziehung von Prostituierten bleibt festzuhalten, dass verschiedene Untersuchungen diese Annahme bestätigen[824]. Letztlich sollte dieser Aspekt jedoch keine Überbewertung erfahren, denn nicht alle Frauen mit Problemen im Sozialisationsprozess gehen der Prostitution nach. Umgekehrt stammen einige auch aus intakten Familien, so dass weder von einer notwendigen noch von einer hinreichenden Bedingung gesprochen werden kann[825]. Ein Mangel des psychoanalytischen Erklärungsmodells besteht zudem darin, dass die einzelnen Instanzen der Psyche empirisch nicht nachgewiesen werden können[826].

III. Soziologische Theorien

Soziologisch orientierte Theorien konzentrieren sich auf den Druck, den bestimmte gesellschaftliche Verhältnisse auf Betroffene ausüben. Von den psychologischen Ansätzen unterscheiden sie sich durch den Grad der Einbeziehung gesellschaftlicher Prozesse, indem sie die Prostitutionsursache als Form der sozialen Abweichung auf sozialstrukturell bedingte Missstände zurückführen[827]. Im Bereich der soziologischen Theorien werden vor allem ökonomische Erklärungsmodelle in verschiedener Ausprägung relevant.

1. Ökonomische Theorie

Die vor allem während des 19. Jahrhunderts vertretene strenge ökonomische Theorie führt die Ursache der Prostitution auf unzureichende wirtschaftliche

---

[822] So etwa Deutsch, 1925, S. 35, die die Reaktion des enttäuschten Mädchens wie folgt beschreibt: „Wenn mich der Vater nicht haben will, werfe ich mich jedem hin. Weil er mich verschmäht hat, verschmähe ich mich selbst".

[823] H. J. Schneider, 1986, S. 263; v. Schumann, 1969, S. 126.

[824] Vgl. etwa die auf Befragungen Prostituierter beruhenden Ergebnisse von Giesen/ Schumann, 1987, S. 146; siehe auch Röhr, 1972, S. 78; Stallberg, 1988, S. 18.

[825] Stallberg, 1988, S. 18; kritisch auch Laskowski, 1997, S. 96; H. J. Schneider, 1986, S. 263.

[826] Göppinger, 1997, S. 111.

[827] Schwind, 2004, § 7, Rn. 2 in Bezug auf Kriminalität.

Bedingungen zurück, unter denen Frauen zu leiden haben[828]. Die Vertreter dieses Ansatzes gingen davon aus, dass sich Prostituierte primär aus den unteren Gesellschaftsschichten rekrutieren[829], wobei sich die Beurteilung der sozialen Herkunft in erster Linie nach dem Beruf des Vaters richtete[830]. Die Verdienstmöglichkeiten dieser meist als Fabrikarbeiterinnen, Dienstmädchen oder Kellnerinnen tätigen Frauen wurden für derart gering gehalten, dass sie sich nach jener Auffassung zwangsläufig der Prostitution zuwenden mussten, um ihrer Not zu entkommen. Im Umkehrschluss glaubte man, dass die Prostitution durch eine Verbesserung der wirtschaftlichen Verhältnisse verschwinden könnte[831]. Letztlich basiert der ökonomische Ansatz auf einer Klassentheorie, die zwischen Besitzenden und Besitzlosen unterscheidet und in ihrer strengen Ausprägung einer Kapitalismuskritik gleichkommt[832]. Während die Prostituierten als Verkäuferinnen der Ware Prostitution dem besitzlosen Proletariat zugeordnet wurden, sollten die Freier als Käufer sexueller Dienstleistungen meist der Ober- oder zumindest der Mittelschicht angehören[833].
Der ökonomische Ansatz zur Erklärung von Prostitution existiert in zwei verschiedenen Ausprägungen. Neben der wirtschaftlichen Armut halten andere die unterschiedliche Einkommenssituation in der Gesellschaft sowie ein übermäßiges Gewinnstreben Prostituierter für ausschlaggebend[834]. Mittelbar basiert auch dieser Ansatz auf einer sozialistischen Weltanschauung. Das Ziel, möglichst viel zu verdienen, folgt danach aus dem Konsumanreiz der kapitalistischen Gesellschaft, in der Reichtum und Besitz als grundlegende Wertmaßstäbe Anerkennung finden[835]. Personen mit hohem Einkommen und vielfältigen Konsummöglichkeiten erzeugen Neid bei Personen mittlerer oder niederer Einkommen. Sie wecken bei ihrem Umfeld materielle Bedürfnisse, die sich aus normalen Quellen nicht mehr befriedigen lassen. Aus diesem Grunde versuche der kapitalistisch geprägte Mensch, bestehende Klassenunterschiede durch materielle Güter zu kompensieren, was die Entstehung von Prostitution begünstige[836].

[828] So etwa Bebel, 1918, S. 195 ff.
[829] Blaschko, 1910, S. 16; Ellis, 1911, S. 38; Scheven, 1919, S. 145 ff.
[830] Bernsdorf, 1971, S. 200.
[831] Bebel, 1918, S. 195 ff.
[832] Kahmann/ Lanzerath, 1981, S. 33.
[833] Blaschko in Elster/ Conrad/ Lexis/ Loening, 1910, S. 1230.
[834] Richter, Kriminalistik 1957, S. 455.
[835] Teuber, 1963, S. 101.
[836] Kahmann/ Lanzerath, 1981, S. 34; zur Gemeinsamkeit der Ursachen von Prostitution und Verbrechen vgl. Hirsch, 1907, S. 120 ff.

2. Milieutheorie

Die Milieutheorie steht in enger Beziehung zur strengen ökonomischen Theorie und wurde in etwa zeitgleich zu dieser vertreten. Während es sich bei dem ökonomischen Ansatz um einen rein soziologischen handelte, der von psychischen Fragestellungen gänzlich absah und die Prostitution allein aus der wirtschaftlichen Not von Frauen ableitete, bezog die Milieutheorie zusätzlich die auf der Armut basierenden psychischen Folgen für Betroffene ein[837]. Die Ursachen der Prostitution lagen nach dieser Theorie in der desolaten Lebenssituation sozial schwacher Familien begründet, die sich auf die Persönlichkeitsentwicklung heranwachsender Mädchen destruktiv auswirken musste[838]. Scheven nannte etwa die in diesen Familien herrschenden schlechten Erziehungsmethoden als einen ausschlaggebenden Faktor[839]. Die Armut zwinge die Ehefrau und Mutter meist zur Berufstätigkeit. Aus diesem Grunde fehle ihr die zu einer guten Erziehung notwendige Zeit, was ein Abgleiten der Töchter in die Prostitution begünstige. Daneben sollte der beengten Wohnungssituation[840], dem in diesen Familien angeblich weit verbreiteten Alkoholismus[841] sowie den negativen Einflüssen großstädtischer Vergnügungsindustrie[842] eine entscheidende Bedeutung bei der Entstehung von Prostitution zukommen.

3. Stellungnahme

Zugunsten der ökonomischen und der Milieutheorie lässt sich anführen, dass Krisenzeiten tatsächlich das Angebot an Prostitution begünstigten. Gleichwohl wird aus verschiedenen Gründen zutreffend vor einer Überschätzung ökonomischer Faktoren im Rahmen der Ursachenanalyse gewarnt[843]. Die genannten Theorien leisten zunächst keinen Aufschluss darüber, weshalb Frauen, die unter ähnlich schlechten oder sogar schlechteren sozialen Bedingungen als Prostituierte leiden, nicht den Ausweg der Prostitution wählen. Offergeld, der die Ursachen der Prostitution in Bochum untersuchte, stellte fest, dass die von ihm be-

837 Borelli/ Starck, 1957, S. 87.
838 Kahmann/ Lanzerath, 1981, S. 32; Oestereich, 1959, S. 37.
839 Scheven, 1919, S. 155, 157.
840 Aufgrund beengter Wohnverhältnisse war es zu jener Zeit üblich, dass die gesamte Familie sich ein Zimmer zum Schlafen teilte. Aus diesem Grunde wurde vertreten, die Töchter des Proletariats würden bereits in jungen Jahren Zeuginnen sexueller Betätigungen ihrer Eltern, so dass es kein Wunder sei, „dass jedes Schamgefühl im Keime erstickt, das Geschlechtsleben früh geweckt“ werde und solche Mädchen „fast mit Naturnotwendigkeit“ zur Prostitution kämen (Kempf zitiert nach Scheven, 1919, S. 157.
841 Scheven, 1919, S. 159.
842 Scheven, 1919, S. 163.
843 Bernsdorf, 1971, S. 200; Ellis, 1911, S. 38; Oestereich, 1959, S. 36.

fragten Frauen zwar durchweg aus normalen bis einfachen Verhältnissen stammten, dass allerdings in keinem der Fälle eine derartige Not herrschte, die automatisch den Schritt in die Prostitution nach sich ziehen musste. Für jede von ihnen bestand die Möglichkeit, in einem bürgerlichen Beruf ihr Auskommen zu finden[844], so dass die These der wirtschaftlichen Not als notwendige Grundbedingung der Prostitution nicht bestätigt werden konnte. Darüber hinaus bedeutet die strenge ökonomische Theorie im Umkehrschluss, dass eine gefestigte Sozialstruktur sowie eine Verbesserung ökonomischer Bedingungen ein Abnehmen von Prostitution hervorrufen. Wie historische Erfahrungen belegen, erweist sich dies jedoch als unzutreffend. Vielmehr erhöhen offenbar auch Zeiten des wirtschaftlichen Hochs das Prostitutionsangebot[845].
Strenge ökonomische Theorie und Milieutheorie erscheinen vor allem aus ihrer Zeit heraus plausibel. Im westlichen Wohlfahrtsstaat vermögen sie das Phänomen der Prostitution dagegen nur begrenzt zu erklären, denn aufgrund des bestehenden sozialen Netzes hat sich die Situation sozial schwacher Familien seit 1900 deutlich verbessert. Schon die Grundlage ökonomischer Ansätze, dass Prostituierte zum Großteil der sozialen Unterschicht angehören, wird seit einiger Zeit bezweifelt. Neueren Untersuchungen zufolge dominiert unter Prostituierten keine soziale Schicht eindeutig[846], so dass die These von der Unterschichtsangehörigkeit inzwischen als widerlegt gilt[847]. Letztlich verdient im Rahmen ökonomischer Ansätze am ehesten diejenige Variante Zustimmung, die den Aspekt der wirtschaftlichen Not zugunsten eines zusätzlichen Gewinnstrebens Prostituierter zurücktreten lässt. Denn die sozialen Sicherungssysteme sowie schlecht bezahlte Berufe gewährleisten zwar den notwendigsten Lebensunterhalt, ermöglichen darüber hinaus aber kaum eine Teilnahme am Konsumleben, was für viele junge Frauen inakzeptabel erscheinen mag[848].

IV. Lerntheoretischer Ansatz

Die von Bryan[849] und Heyl[850] vertretene Lerntheorie basiert auf der Prämisse, dass abweichendes Verhalten - ebenso wie normgerechtes - in einem Kommunikationsprozess innerhalb kleiner Gruppen erlernt wird[851]. Eine Person weicht

---

844 Offergeld, 1965, S. 116.
845 Bernsdorf, 1971, S. 200; Witschi, Kriminalistik 1963, S. 17.
846 Vgl. zur Schichtzugehörigkeit von Prostituierten die Untersuchungen von Borelli/ Starck, 1957, S. 134; Kahmann/ Lanzerath, 1981, S. 59 ff.; Röhr, S. 102.
847 Giesen/ Schumann, 1980, S. 33.
848 Vgl. dazu auch Laskowski, 1997, S. 95.
849 Bryan, Apprenticeships in Prostitution, 1969.
850 Heyl, The Madam as Entrepreneur, 1979.
851 Allgemein zu lerntheoretischen Ansätzen vgl. Göppinger, 1997, S. 114 ff.; Kaiser, 1996, § 45, Rn. 17 ff.

ab, wenn sie im Rahmen dieses Lernprozesses mehr Definitionen erlernt, die abweichendes Verhalten begünstigen, als solche, die dies als negativ bewerten[852].

Bryan stellte im Rahmen seiner Forschungen zur Prostitution fest, dass Prostituierte vor Beginn ihrer Tätigkeit eine regelrechte Ausbildung absolvieren, innerhalb derer sie sich ihre Verhaltensstrukturen aneignen. In der Gegend von Los Angeles untersuchte er 33 Call-Girls im Alter von 18 bis 32 Jahren, die sich mit ihren Kunden über das Telefon verabredeten, um sie später in einem Appartement zu treffen. Seine Studie ergab, dass nahezu alle der Frauen vor Beginn ihrer Tätigkeit Kontakte zu Professionellen des Call-Girl-Gewerbes suchten[853]. Nach einem ersten Schritt des Knüpfens von Verbindungen und der Entscheidung, selbst Call-Girl zu werden, schloss sich eine weitere Stufe an: Die Frauen absolvierten eine ca. zwei bis drei, im Einzelfall acht Monate andauernde Lehre, die idR. unter Aufsicht eines erfahrenen Call-Girls stattfand[854]. Für die Anwärterinnen bestand innerhalb dieser Zeit die Möglichkeit, mit Hilfe der Professionellen erste Kundenkontakte zu knüpfen, was auf eigene Faust sehr viel schwieriger gewesen wäre[855]. Für die Vermittlung der Kundenkontakte erhielt die Ausbilderin zwischen 40 und 50 % des von der Anwärterin erzielten Prostitutionslohnes[856]. Die Lehrzeit umfasste verschiedene Bereiche[857]. Die Anwärterinnen erfuhren zunächst Näheres über das Wertesystem des Call-Girl-Milieus. Sie lernten, wie sie sich gegenüber Zuhältern, anderen Call-Girls sowie in Konfliktsituationen mit Kunden zu verhalten hatten[858]. Daneben erhielten sie Informationen zur telefonischen Kundengewinnung, zu Hygienefragen, zur Erlangung des vereinbarten Lohnes vom Freier, aber auch zur Problematik von Alkohol- und Drogenkonsum. Sexuelle Techniken spielten dagegen lediglich eine untergeordnete Rolle[859]. Das Ziel ihrer Tätigkeit sollte für die Anwärterinnen darin bestehen, innerhalb kurzer Zeit viel Geld zu verdienen[860]. In einem weiteren Schritt wurden die Frauen von den herkömmlichen Werten der Gesellschaft entfernt. Die Ausbilder vermittelten ihnen, dass Prostitution kein unehrliches Gewerbe darstellt, riefen sie dazu auf, sich gegenüber Angehörigen des Milieus solidarisch zu zeigen und verfremdeten sie auf diese Weise zunehmend von der Außengruppe der „Spießbürger“[861].

---

852 Schwind, 2004, § 6, Rn. 21.
853 Bryan, 1969, S. 206.
854 Bryan, 1969, S. 207.
855 Bryan, 1969, S. 206, 210.
856 Bryan, 1969, S. 211.
857 Dazu auch Heyl, 1979, S. 114 ff.
858 Bryan, 1969, S. 207 ff.; dazu auch ausführlich H.J. Schneider, 1986, S. 264.
859 Bryan, 1969, S. 210.
860 Bryan, 1969, S. 209.
861 Vgl. H. J. Schneider, 1986, S. 264.

Der lerntheoretische Ansatz Bryans erscheint auf den ersten Blick plausibel. Er vermag die Entwicklung der Anwärterinnen, die das Wertesystem und die Geschäftstechniken der Professionellen in kleiner Gruppe erlernen und dadurch selbst allmählich zu Professionellen werden, zu erklären. Allerdings sieht sich sein Erklärungsmodell zur Prostitution einem wesentlichen Vorwurf ausgesetzt: Die entscheidende Frage, weshalb manche Frauen - im Gegensatz zu anderen - die Motivation entwickeln, Kontakte zu Professionellen des Call-Girl-Gewerbes zu knüpfen, um im Anschluss daran von diesen lernen zu können, bleibt unbeantwortet[862].

V. Theorie der Prostituiertenkarriere

Die neuere kriminologische Literatur zieht zur Erklärung von Prostitution vor allem die Theorie der Prostituiertenkarriere heran[863]. Vertreter dieses Karriere-Modells ist etwa Hess, der in den siebziger Jahren die Laufbahn von Appartement-Prostituierten ausführlich untersuchte[864]. Sein Erklärungsansatz beruht auf der Prämisse, dass sich der Weg zur Prostitution in verschiedenen Schritten vollzieht, wobei in jedem Stadium die Möglichkeit eines Karriereabbruchs besteht[865]. Der Karriere-Ablauf stellt sich als Prozess des langsamen Hineingleitens dar, als eine Kette kleinerer Entscheidungen der Prostituierten, die letztlich in der Prostitution mündet. Grundlegend für das Karriere-Modell bleibt die Vorstellung, dass eine Ursachenanalyse abweichenden Verhaltens nicht durch eine einzige Hypothese erfolgen kann[866], denn in jedem neuen Stadium herrschen andere Ausgangsbedingungen, die neue Verhaltensweisen begünstigen. Dementsprechend integriert der Ansatz verschiedene Theorien, denen jeweils in der einen oder anderen Stufe eine besondere Bedeutung zukommen kann[867].

Zunächst muss eine Person die Motivation entwickeln, sich zu prostituieren. Eine Klärung der Motivationsursache nimmt Hess anhand der Anomie-

---

862 Zur Kritik an lerntheoretischen Ansätzen in Bezug auf kriminelles Verhalten vgl. Göppinger, 1997, S. 116.

863 Siehe etwa Kaiser, 1996, § 65, Rn. 69; H. J. Schneider, 1986, S. 264.

864 Hess, Das Karriere-Modell und die Karriere von Modellen, 1978, S. 1 ff.

865 H. J. Schneider, 1986, S. 265.

866 Damit steht die Theorie der Prostituierten-Karriere dem Mehrfaktorenansatz sehr nahe (grundlegend zu den Mehrfaktorenansätzen Cohen, 1968, S. 219 ff.). Denn auch dieser soll der Vielschichtigkeit des menschlichen Verhaltens Rechnung tragen und hält dementsprechend mehrere Ursachen für bedeutsam. Gründe für die Aufnahme der Prostitution sollen danach etwa Unvollständigkeit der Familie, Schulschwierigkeiten, sexueller Missbrauch des Mädchens oder übermäßiger Alkoholismus in der Familie sein. Das Erklärungsmodell der Prostituiertenkarriere unterscheidet sich vom Mehrfaktorenansatz dadurch, dass es nicht nur auf mehrere Faktoren abstellt, sondern zusätzlich die Dynamik und Prozesshaftigkeit des Verlaufes deutlich macht (Schneider, 1986, S. 264, 265).

867 Hess, 1978, S. 3.

Theorie[868] vor. Der Zustand der Anomie kennzeichnet sich durch das Auseinanderfallen von Zielen (etwa materielle Prestigeobjekte) und den zur Erreichung dieser Ziele notwendigen Mitteln (etwa Geld). Eine der zur Bewältigung dieser Stresssituation möglichen Reaktionen besteht in abweichendem Verhalten. Die Anomie-Theorie beruht auf der Annahme, dass diejenigen, die auf konformem Wege nicht zu Wohlstand gelangen, eher als andere geneigt sind, ihn auf abweichendem Wege - etwa durch Prostitution - zu erreichen[869]. Die von Hess befragten Frauen gaben tatsächlich zum Großteil an, Konsum- und Verdienstchancen sowie die Möglichkeit des unabhängigen und selbstbestimmten Arbeitens habe sie zur Prostitution veranlasst[870].
Aus der Motivation allein folgt jedoch noch nicht zwingend, dass eine Person sich tatsächlich prostituiert. Innere (z.B. moralische Bedenken) oder äußere Kontrollmechanismen (z.B. soziales Umfeld) können eine zur Prostitution motivierte Frau davon abhalten, diesen Schritt tatsächlich zu wagen. Eine weitere Stufe des Karrieremodells besteht daher in der Neutralisierung bzw. Außerstandsetzung dieser Kontrollmechanismen[871]. Der Schritt von der Motivation zur Bereitschaft soll um so eher erfolgen, je weniger eine Person nach Anerkennung durch konforme Bezugsgruppen strebt. Im Rahmen dieses kontrolltheoretischen Ansatzes spielen soziale Bindungen, familiäre Situation, Partnerschaft, Berufstätigkeit oder wechselnde Heimaufenthalte eine entscheidende Rolle[872]. Hess fand unter den von ihm untersuchten Fällen zwar nur eine Vollwaise, allerdings gingen der Prostitution meist in gleicher Weise relevante Ereignisse voran, die zwar nicht zwangsläufig zur Prostitution führen, eine solche Entwicklung aber durchaus begünstigen können[873].
In der dritten Karrierephase erlangt der von Bryan vertretene lerntheoretische Ansatz Bedeutung[874]. Die Anwärterin sucht die Nähe zu Angehörigen des Prostitutionsmilieus, weil sie sich dadurch Hilfe beim Einstieg in die Prostitution verspricht. Sie eignet sich auf diese Weise Fähigkeiten zum Aufbau eines eigenen Kundenstamms an und erlernt die Gepflogenheiten und Wertmaßstäbe des Metiers. Trotz dieser Erleichterung beim Prostitutionseinstieg berichteten die meisten der von Hess befragten Frauen von grundlegenden Anfangs-

868 Grundlegend zur Anomie-Theorie Merton, 1968, S. 283 ff.
869 Merton, 1968, S. 296 ff.
870 Hess, 1978, S. 5 ff.
871 Hess, 1978, S. 8, führt beispielhaft an, dass moralische Bedenken gegen die Prostitution minimiert werden können, „indem man sich zunächst einmal gar nicht gleich als Hure sieht, sondern als jemand, der etwa Ähnliches, aber nichts so Schlimmes tut, als jemand, auf den das Stigma noch nicht in voller Stärke zutrifft“.
Dazu auch Schneider, 1986, S. 266.
872 Dazu Hirschi, 1969, S. 200.
873 Hess, 1978, S. 9; zur neueren Entwicklung im Bereich der Kontroll-Theorien vgl. H. J. Schneider, JZ 2000, S. 390.
874 Dazu oben B.IV.

schwierigkeiten. Einige von ihnen begannen ihre Tätigkeit in der von einem strengen Regiment beherrschten Straßenprostitution. Diese Regeln waren den Frauen zu Beginn ihrer Tätigkeit noch weitgehend unbekannt und mussten erst erlernt werden[875].

Nach Aufnahme der Prostitution erkennt die Betroffene in einem weiteren Stadium, dass die Gesellschaft ihr Verhalten stigmatisiert. Grundsätzlich bestehen verschiedene Möglichkeiten, mit dieser Erfahrung umzugehen. In vielen Fällen wird sie sich schützen, indem sie ihre Tätigkeit verheimlicht[876], was allerdings gegenüber potentiellen Kunden nicht möglich ist. Ihnen muss sie sich zu erkennen geben[877]. Das Bemühen um eine Geheimhaltung ihrer beruflichen Tätigkeit erschwert die Aufrechterhaltung bestehender Kontakte zu Freunden und Familie sowie das Knüpfen neuer Sozialkontakte zu Nicht-Prostituierten. Zur Befriedigung ihres Kontaktbedürfnisses wendet sich die Betroffene vermehrt Personen des Prostitutionsmilieus zu. Sie wächst zunehmend in die Szene hinein[878]. Gelingt es ihr gegenüber Außenstehenden nicht, ihre prostitutive Tätigkeit zu verheimlichen, so sieht sie sich in besonderem Maße gesellschaftlichen Vorurteilen und Zuschreibungsprozessen ausgesetzt. Dies soll nach Hess auch dann der Fall sein, wenn sie hauptsächlich einen anderen Beruf ausübt und die Prostitution lediglich zum Nebenerwerb betreibt. Denn die Gesellschaft misst der Tatsache, dass eine Frau sich (auch) prostituiert, eine weitaus größere Bedeutung zu als jeder anderen von ihr ausgeübten Tätigkeit. Sie betrachtet die Betroffene in jeder Situation als Prostituierte und schreibt ihr alle jene Eigenschaften zu, die

---

[875] Hess, 1978, S. 16 ff. An dieser Stelle des Karriere-Modells scheint auch die sog. Subkulturtheorie von Bedeutung zu sein. Diese von Whyte entwickelte Theorie fußt auf seiner Beobachtung, dass sozial abweichende Gruppen keineswegs desorganisiert sind, sondern vielfach ihr eigenes subkulturelles Normensystem entwickeln und dieses auch befolgen. Cohen konnte diesen Ansatz für den Bereich der Straßen- und Autoprostitution in New York bestätigen. Seine Untersuchungen ergaben, dass diese Prostitutionsformen festen Regeln unterliegen. Die von ihm beobachteten Prostituierten verfügten über einen eigenen, ihnen zugewiesenen Standplatz am Straßenrand, so dass Stammkunden sie leichter finden und Zuhälter sie beschützen konnten. Darüber hinaus stellte Cohen fest, dass die Frauen innerhalb des Prostitutionsbezirks in einer bestimmten Ordnung verteilt waren. Eines der Kriterien war etwa die Art der Dienstleistungen, die sie anboten (Cohen, Deviant Street Networks, 1980, S. 37 ff.; dazu auch H. J. Schneider, 1986, S. 260; zur Organisation des Straßenstrichs in St. Pauli vgl. Prostituiertenprojekt Hydra, Beruf: Hure, 1991, S. 102).

[876] Hess, 1978, S. 19 ff.

[877] Hess, 1978, S. 20; Hirschi, 1969, S. 203.

[878] Hess, 1978, S. 20.

nach allgemeiner Auffassung zum Stereotyp der Prostituierten gehören[879]. Dieser Vorgang kann zu einer Festigung abweichenden Verhaltens führen. Die Betroffene nimmt die ihr zugeschriebene Identität der Prostituierten an, ändert also ihr Selbstbild[880]. Mit der Akzeptanz der gesellschaftlichen Zuschreibung „Prostituierte“ beginnt in einer weiteren Karriere-Stufe die Phase der sekundären Abweichung[881]. Betroffene passen das eigene Leben zunehmend im Sinne der neuen Identität an. Zur Erhaltung ihrer Selbstachtung betonen sie die positiven Seiten der prostitutiven Tätigkeit, wie etwa ein hohes Einkommen oder berufliche Unabhängigkeit. Letztlich gelingt es der Betroffenen jedoch nicht, das herrschende Wertesystem vollständig zu verdrängen. Sie betrachtet sich selbst als Abweichlerin, entwickelt ein negatives Selbstbild und erwartet von sich selbst nichts anderes mehr als das Verhalten einer Prostituierten. Diesem Umstand kommt die Bedeutung einer „self-fulfilling prophecy“ zu. Er erhöht die Wahrscheinlichkeit, dass die abweichende Prostituierten-Karriere weiter fortgesetzt wird, denn aufgrund der veränderten inneren Einstellung werden andere Handlungsalternativen gar nicht mehr in Betracht gezogen[882].

VI. Feministischer Erklärungsansatz

Der feministische Erklärungsansatz erachtet Prostitution zum Teil als konsequentes Resultat patriarchalischer Unterdrückung. Prostitution stellt nach jener Auffassung den sichtbarsten Ausdruck des generellen Prostitutionsstatus aller Frauen dar[883]. In der männerdominierten Gesellschaft erkenne die Heranwachsende bereits in jungen Jahren die Kapitalisierbarkeit des weiblichen Körpers und mache sich diesen - als einziges in ihrem Besitze befindliches „Produkti-

---

879 In diesem Stadium wird der so genannte labeling approach (Etikettierungsansatz) relevant. Die Vertreter dieses Ansatzes gehen davon aus, dass abweichendes Verhalten nicht auf sozialem Versagen von Menschen, sondern auf gewissen Definitions- und Zuschreibungsprozessen durch das Umfeld beruht. Soziale Abweichung stellt nach diesem Ansatz keine einer Person oder Handlung innewohnende Eigenschaft dar. Sie entsteht vielmehr dadurch, dass gesellschaftliche Gruppen Regeln aufstellen, deren Verletzung abweichendes Verhalten bedeuten soll. Die Anwendung dieser Regeln auf bestimmte Menschen stempelt diese zu Außenseitern ab. Der Etikettierungsansatz wird vor allem im Zusammenhang mit Kriminalität herangezogen. Er lässt sich aber auch auf alle anderen Verhaltensweisen anwenden, die als sozial negativ bewertet werden und auf die sich formelle oder informelle Instanzen der sozialen Kontrolle beziehen. Neben der Prostitution kommen etwa Drogenkonsum, Selbstmord oder sonstige soziale Probleme in Betracht (vgl. dazu Göppinger, 1997, S. 133 ff.).

880 Hess, 1978, S. 22 ff.; H. J. Schneider, 1986, S. 266.

881 Zur Sekundärabweichung vgl. Lemert, 2003, S. 183.

882 Hess, 1978, S. 25 ff.

883 Dazu A.II.4.

onsmittel" – gezielt zunutze[884]. Die Vertreterinnen dieses Ansatzes gehen davon aus, dass für Frauen nur begrenzte Möglichkeiten bestehen, auf dem Arbeitsmarkt hohe Einkommen zu erzielen. Gegenüber ihren männlichen Kollegen seien sie ökonomisch benachteiligt und in weitaus stärkerem Maße als diese unterdrückerischen Arbeitsbedingungen ausgesetzt. Angesichts dieser Umstände stelle es für einige von ihnen eine ernsthafte Alternative dar, sich zu prostituieren[885]. Frauen verkaufen ihren Körper, weil sie sich mit der traditionellen Frauenrolle nicht länger abfinden und nach materieller Unabhängigkeit streben[886], so dass der Prostitution letztlich auch eine emanzipatorische Funk-tion zukommt[887].

Der feministische Ansatz ist empirisch nicht belegt[888]. Indem er allen Frauen einen genuinen Prostituiertenstatus zuschreibt, den lediglich eine um Unabhängigkeit bemühte Minderheit professionell umsetzt, treten weitere spezifische Umstände und/ oder Lebensbedingungen, die für den Entschluss, der Prostitution nachzugehen, maßgeblich gewesen sein könnten, in den Hintergrund. In dieser Pauschalität kann dem Erklärungsmodell daher nicht gefolgt werden. Daneben bleibt jedoch festzuhalten, dass Sexualität – und in besonderem Maße die weibliche – in den Medien gezielt vermarktet wird[889]. Dies geschieht auf vielfältige Weise, etwa in Form von Werbung in Zeitschriften, im Fernsehen oder Internet. Aus diesem Grunde stellt Sexualität tatsächlich einen gewissen Marktwert dar, was im Einzelfall die Motivation begünstigen mag, diesen materiell für eigene Zwecke umzusetzen.

VII. Neoklassische Schule

Die neoklassische Schule beruht auf der Vorstellung, dass Prostituierte sich aufgrund rationaler Erwägungen nach Vornahme einer Kosten-Nutzen-Analyse zur Prostitution entscheiden[890]. Basierend auf den ihr zur Verfügung stehenden Informationsmöglichkeiten prüft die Betroffene ihre Chancen auf dem Arbeitsmarkt und wählt bewusst die Prostitution, da sie sich durch diese Form der Erwerbstätigkeit bei geringen Kosten und ohne berufliche Ausbildung einen hohen Gewinn verspricht[891]. Frauen werden danach zu Prostituierten, weil sie aus

[884] Giesen/ Schumann, 1987, S. 153.
[885] Giesen/ Schumann, 1987, S. 156.
[886] James, 1976, S. 178 ff.; James, 1978, S. 186 ff.
[887] Giesen/ Schumann, 1987, S. 155.
[888] Zur Kritik am feministischen Erklärungsmodell vgl. Laskowski, 1997, S. 96; H. J. Schneider, 1986, S. 263 ff.; Stallberg, 1988, S. 10.
[889] So auch Laskowski, 1997, S. 47.
[890] Benjamin/ Masters, 1964, S. 88 ff.; Boyer/ James, 1983, S. 134 ff.; James, 1978, S. 183 ff.; James, 1979, S. 4.
[891] H. J. Schneider, 1986, S. 262; vgl. auch Schwind, 2004, § 6, Rn. 19a.

ihrer Kosten-Nutzen-Analyse andere Konsequenzen ziehen als Nicht-Prostituierte[892].

Im Unterschied zu den meisten Erklärungsansätzen erkennt die neoklassische Schule die freie Entscheidung zur Prostitution an. Sie erscheint vor allem auf diejenigen Prostituierten anwendbar, die ihrer Tätigkeit weitgehend unabhängig nachgehen und unter guten Arbeitsbedingungen ein überdurchschnittlich hohes Einkommen erzielen. Diese Möglichkeiten bestehen jedoch nicht für alle in der Prostitution tätigen Frauen. Vielmehr beklagen viele ihre Erwerbssituation, die zum Teil nicht unerheblich von rechtlichen Beschränkungen[893], einem unregelmäßigen Tagesablauf, hohen Zimmermieten, Abgaben an Zuhälter und mangelnder sozialer Absicherung geprägt ist[894]. Der Nachteil der neoklassischen Schule besteht darin, dass sie nicht zu erklären vermag, weshalb Frauen, die unter ihrer Erwerbssituation leiden, häufig trotzdem in der Prostitution verbleiben und sich nicht aufgrund einer veränderten Kosten-Nutzen-Analyse beruflich neu orientieren.

VIII. Gründe nach Angabe Betroffener

Prostituierte, die sich an öffentlichen Diskussionen über ihre Tätigkeit beteiligen, beklagen zum Teil, dass die meisten Erklärungsansätze zur Prostitution sich in einer Bekräftigung zentraler Vorurteile gegen sie erschöpfen. Die autonom getroffene Entscheidung einer Frau, für eine bestimmte Zeit als Prostituierte zur arbeiten, werde von der Gesellschaft nicht akzeptiert[895]. Sofern sich Prostituierte in Interviews über die Gründe ihrer Erwerbstätigkeit äußern, stimmen ihre Angaben am ehesten mit der neoklassischen Schule überein. Nach Einschätzung vieler Frauen überwiegen die Vorteile der Prostitution deren Nachteile. Die meisten führen an, sich aus freien Stücken für ihre berufliche Tätigkeit entschieden zu haben. Sie nennen in erster Linie die Aussicht, innerhalb kurzer Zeit viel Geld verdienen zu können, sowie die damit verbundenen erhöhten Konsummöglichkeiten als zentrales Motiv[896]. Weitere ausschlaggebende Faktoren bestehen etwa im Wunsch nach finanzieller Unabhängigkeit von Eltern bzw. Ehemännern oder in der Ablehnung, sich innerhalb eines „normalen“ Arbeitsverhältnisses unterordnen zu wollen. Viele schätzen es, sich ihre Zeit frei einteilen zu können und nicht täglich eine gewisse Anzahl von Stunden an einem fes-

---

[892] H. J. Schneider, 1986, S. 262.

[893] Dazu Teil 2, Punkt B.II, B.III.

[894] Dazu Deutsche Hurenbewegung, 1996, S. 1 ff.

[895] Molloy, 1991, S. 15; zur Kritik an der Wissenschaft vgl. auch Hübner/ Roper, 1988, S. 61.

[896] Vgl. etwa die Berichte von Betroffenen in Biermann, 1982, S. 22 ff.; Girtler, 1994, S. 59, 261; Hess, 1978, S. 5; Hübner/ Roper, 1988, S. 36, 52, 62, 89; Niesner/ Anonuevo/ Aparicio/ Sonsiengchai-Fenzl, 1997, S. 153; Prostituiertenprojekt Hydra, 1991, S. 41 ff.

ten Arbeitsplatz verbringen zu müssen[897]. Einige arbeiteten zuvor in einer Animierbar, wo sie die Szene näher kennenlernen konnten[898]. Physischen oder psychischen Zwangssituationen kam eigenen Angaben zufolge nur in seltenen Fällen eine Bedeutung zu[899].

IX. Fazit

In der modernen Kriminologie besteht Einigkeit darüber, dass „die" Ursache abweichenden Verhaltens aufgrund der Vielschichtigkeit menschlichen Denkens und Handelns nicht existiert[900]. Jeder monokausale Erklärungsversuch scheint daher zum Scheitern verurteilt. Bezogen auf die Prostitution bedeutet diese Erkenntnis, dass eine verbindliche Aussage darüber, warum gerade jene Frau in einem bestimmten Lebensabschnitt die Alternative der Prostitution wählte, obwohl für sie grundsätzlich auch noch andere berufliche Möglichkeiten bestanden hätten, nicht möglich ist[901]. Die Ursachenanalyse muss sich darauf beschränken, einige Aspekte zu nennen, die die Entscheidung zur Prostitution begünstigt haben könnten. Dabei muss auch der - in der Ursachenforschung meist ungenannte - Gesichtspunkt der konstanten Nachfrage nach entgeltlicher Sexualität Berücksichtigung finden[902], denn dieser Umstand vermittelt Frauen

---

897 Hübner/ Roper, 1988, S. 12, 49, 58.
898 Hübner/ Roper, 1988, S. 35, 91.
899 Giesen/ Schumann, 1980, S. 38; Stallberg, 1988, S. 19.
900 Göppinger, 1997, S. 103.
Einschlägige Theorien zur Erklärung abweichenden Verhaltens sehen sich im Wesentlichen folgenden Kritikpunkten ausgesetzt, die im Rahmen einer Bewertung ihrer Plausibilität Berücksichtigung finden müssen (dazu Kaiser, 1996, § 25, Rn. 1 ff.):
- sie bewerten einseitig bestimmte Faktoren über und beziehen andere Aspekte, die ebenfalls ursächlich sein könnten, nicht ein,
- sie treten mit Absolutheitsanspruch auf,
- sie sind empirisch nicht nachgewiesen bzw. gar nicht nachweisbar,
- sie beziehen sich auf kleine Probandengruppen, so dass sich aus den Untersuchungen kein allgemeingültiges Ergebnis ableiten lässt,
- sie sind in sich unschlüssig,
- sie sind praxisfern,
- bestimmte Personengruppen sind im Rahmen empirischer Untersuchungen überrepräsentiert und verfälschen das Ergebnis.

901 Vgl. zu dieser Problematik Hess, 1978, S. 12: „Die für viele Human- und Sozialwissenschaftler bittere Erfahrung, dass Prognosen in ihrem Arbeitsbereich weit weniger zuverlässig sind als etwa Prognosen von Physikern in dem ihren, wird stets bitter bleiben müssen, wenn sie nicht anerkennen, dass ihr Forschungsobjekt im Gegensatz zu dem der Physiker zugleich ein Subjekt ist, dessen zukünftiges Verhalten nicht durch vorhergehende Umstände vollständig determiniert wird".
902 So auch Laskowski, 1997, S. 99.

die Gewissheit, dass grundsätzlich Chancen und lukrative Erwerbsaussichten innerhalb des Gewerbes bestehen.

Zur Erklärung moderner Prostitutionsformen verdient zum einen die neoklassische Schule Aufmerksamkeit[903], die nicht unerheblich durch Aussagen Betroffener bestätigt wird. Allerdings bleibt anzumerken, dass es sich bei diesem Modell um ein relativ einfaches handelt, welches die Prostitutionsursache im Wesentlichen auf eine rationale Kosten-Nutzen-Analyse beschränkt. Die Aussicht, in schneller Zeit ohne langjährige berufliche Ausbildung und bei - je nach Prostitutionsform[904] - freier Zeiteinteilung viel Geld verdienen zu können, dürfte für die meisten Menschen verlockend klingen. Dennoch schrecken viele aus den verschiedensten Gründen davor zurück, sich zu prostituieren. In aller Regel werden daher weitere relevante Umstände hinzutreten, die den Schritt in die Prostitution begünstigen, etwa in Form von Arbeitslosigkeit, einer günstigen Gelegenheit zur Prostitution oder Kontakten zu Prostituierten. Diesem Aspekt widmet das Karriere-Modell Aufmerksamkeit. Die Stärke dieses Ansatzes besteht darin, dass er die Vielschichtigkeit menschlichen Verhaltens anerkennt und dementsprechend verschiedene Ansätze integriert, denen in den einzelnen Karriere-Phasen eine besondere Bedeutung zukommen kann. Im Gegensatz zur neoklassischen Schule, die sich lediglich mit der Motivation zur Prostitution beschäftigt, widmet dieser Ansatz daher zu Recht auch den Schritten von der Motivation zur Bereitschaft und schließlich zur tatsächlichen Umsetzung Aufmerksamkeit. Maßgeblich bleibt jedoch letztlich die Einsicht, dass bestimmte Faktoren nicht zwangsläufig zur Prostitution führen müssen, eine solche Entwicklung aber begünstigen können[905].

Inwieweit sich physischer oder psychischer Zwang als prostitutionsursächlich erweist, bleibt unklar. In den Medien finden sich immer wieder Berichte über Frauen, die unter körperlichen und seelischen Misshandlungen der Prostitution zugeführt werden[906]. In den meisten dieser Fälle handelt es sich um Ausländerinnen, die sich in der Bundesrepublik ein besseres Leben versprechen und Menschenhändlern zum Opfer fallen, welche ihnen lukrative Tätigkeiten - etwa im Gastronomiebereich oder als Modell - in Aussicht stellen[907]. Die Klärung dieser Frage erfordert letztlich zuverlässige Angaben über die Anzahl der Zwangsprostituierten im Vergleich zur Gesamtprostitution[908]. Angesichts der geschätzten hohen Dunkelziffer[909] erweist sich dies jedoch als schwierig.

---

903 Dazu oben B.VI.

904 Dazu unten C.II.

905 Hess, 1978, S. 9.

906 Vgl. etwa „Der Spiegel“ 26/2003, S. 44 ff.

907 Zum Zusammenhang zwischen Prostitution und Menschenhandel: Hofmann, 2002, S. 47 ff.; Lenz/ Ramil-Weiss/ Thiemann, 1995, S. 16 ff.

908 Laskowski, 1997, S. 100.

909 Hofmann, 2002, S. 90.

C. Umfang und Erscheinungsformen

I. Umfang

Über das tatsächliche Ausmaß der Prostitution in der Bundesrepublik Deutschland existieren keine gesicherten Erkenntnisse. Einigkeit besteht allein darüber, dass von einer erheblichen Dunkelziffer auszugehen ist[910]. Prostitution stellt nach wie vor einen mit Vorurteilen behafteten gesellschaftlichen Randbereich dar. Viele Frauen üben ihre Tätigkeit heimlich aus, um die damit einhergehende Stigmatisierung zu vermeiden. Auch Ausländerinnen, die sich illegal in Deutschland aufhalten[911], bekennen sich aus nahe liegenden Gründen überwiegend nicht zur Prostitution. Bestehende Schätzungen zum Prostitutionsumfang basieren idR. noch auf den Zahlen der unter Geltung des GeschlKrG[912] behördlich registrierten Prostituierten, die der Verpflichtung nachkommen mussten, sich in regelmäßigen Zeitabständen auf bestehende Geschlechtskrankheiten untersuchen zu lassen. Gelegenheitsprostituierte sowie in der Beschaffungsprostitution tätige Frauen bemühten sich jedoch meist um eine Vermeidung behördlicher Kontakte, so dass diese Zahlen – wenn überhaupt – nur professionell arbeitende Frauen erfassten[913]. Offiziellen Angaben zufolge gehen in Deutschland zwischen 200.000[914] und 400.000[915] Frauen der Prostitution nach. Der Ausländeranteil unter ihnen liegt bei etwa 30 %[916]. Prostitution findet in erster Linie in den Vergnügungsvierteln von Großstädten statt[917] und prägt dort zum Teil ganze Stadtteile (z.B St.Pauli in Hamburg)[918]. In einer Stadt wie Hamburg sollen allein mindestens 4.500 Prostituierte leben[919]. Seit den achtziger Jahren ist auch in ländlichen Gebieten eine Zunahme an Clubs, Bars und ähnlichen Etablissements zu beobachten, in denen Prostitution ausgeübt wird[920].

Da viele Prostitutionsbesuche aus Angst vor negativen Konsequenzen heimlich erfolgen[921], lässt sich über den Anteil der Prostitutionskunden unter der männli-

---

910 Kahmann/ Lanzerath, 1981, S. 55; Kaiser, 1996, § 56, Rn. 64; Schmackpfeffer, 1989, S. 85.

911 Zur Problematik ausländerrechtlicher Regelungen siehe Teil 2, Punkt D.

912 Dazu Teil 1 Punkt G.II.4.

913 Kleiber/ Velten, 1994, S. 10 ff.

914 Deutsche Hurenbewegung, 1996, S. 1; Feltes in Kerner, 1991, S. 264; Kaiser, 1996, § 65, Rn. 64; Sieber/ Bögel, 1993, S. 134; Stallberg, 1988, S. 11.

915 BT-Drs.14/5958, S. 1; Del Carmen Gonzalez Gamarra, 2001, S. 95; Hofmann, 2002, S. 79; Quambusch, ZFSH/SGB 2002, S. 131.

916 Lenz/ Ramil-Weiss/ Thiemann, 1993, S. 1.

917 Kaiser, 1996, § 56, Rn. 64.

918 Sieber/ Bögel, 1993, S. 134.

919 Feltes in Kerner, 1991, S. 264; Kahmann/ Lanzerath, 1981, S. 55.

920 Lux, Kriminalistik 1985, 402.

921 Kleiber/ Velten, 1994, S. 16; Prostituiertenprojekt Hydra, Freier, 1991, S. 148 ff., 220 ff.

chen Bevölkerung ebenfalls keine zuverlässige Aussage treffen. Auch hier bleibt man letztlich auf Schätzungen verwiesen, die – je nach zugrunde liegender Methodik – zum Teil vollkommen unterschiedlich ausfallen[922]. Hinsichtlich der Aussagekraft dieser Freierstudien erscheint weiter problematisch, dass sich das Spektrum abgefragter Angaben von auf Neugierde beruhenden lebensgeschichtlichen Einmalbesuchen Prostituierter bis zu regelmäßigen Prostitutionskontakten erstreckt[923]. Vermutungen zufolge nehmen täglich zwischen 500.000 und 1,2 Millionen Männer die Dienste Prostituierter in Anspruch[924]. Nach Angaben des Prostituiertenprojekts Hydra gehören 75 % aller Männer im geschlechtsaktiven Alter zu den Kunden Prostituierter[925]. Die aus den 90iger Jahren stammende Berechnung von Hydra beruht auf der Grundlage, dass in der Bundesrepublik 400.000 Prostituierte leben, die pro Tag durchschnittlich 3 Kunden empfangen, so dass täglich rund 1,2 Millionen Männer die Dienste der Frauen nachfragen[926]. Diese Zahl wird in Berechnungen bzw. Ausführungen zur Prostitution inzwischen überwiegend zugrunde gelegt[927]. Manche Experten halten diese Schätzung im Hinblick auf Vergleichszahlen aus anderen europäischen Ländern, etwa Schweden, den Niederlanden oder der Schweiz[928], für zu hoch gegriffen. Sie gehen davon aus, in einer Gesellschaft, in der Frauen gleiche Rechte wie Männer genießen und sich die traditionelle Geschlechterrolle allmählich auflöst, nehme die Anzahl der Freier ab[929].

In Anbetracht ihres Ausmaßes stellt Prostitution in Deutschland einen erheblichen Wirtschaftsfaktor dar, von dem nicht nur die Prostitutionsbetriebe selbst, sondern auch angrenzende Lokalitäten, Sexshops, Sex-Kinos, Pornoläden, Striptease-Shows, Vermieter von Zimmern zur Ausübung der Prostitution und letztlich die gesamte Alkohol- und Vergnügungsindustrie profitieren[930]. Schätzungen zufolge erwirtschaftet der Sexualdienstleistungsbereich allein in Deutschland einen Jahresumsatz von ca. 6 Mrd. Euro[931].

---

922 Vgl. dazu die Übersicht zu den Schätzungen der Freierzahlen in Deutschland in Kleber/ Velten, 1994, S. 16.

923 Kleiber/ Velten, 1994, S. 18.

924 Vgl. Hofmann, 2002, S. 80; Quambusch, ZFSH 2002, S. 131.

925 Prostituiertenprojekt Hydra, Freier, 1991, S. 20.

926 Prostituiertenprojekt Hydra, Freier, 1991, S. 20.

927 BT-Drs. 14/4456, S. 5; BT-Drs. 14/5958, S. 4.

928 Zwischen 1989 und 1996 lag der Freieranteil in Schweden bei 12,7%, in den Niederlanden bei 14,3% und in der Schweiz bei 18,7% (Domentat 2003, S. 85).

929 Dazu Domentat, 2003, S. 85.

930 Dazu Laskowski, 1997, S. 107; Feltes in Kerner, 1991, S. 264.

931 Feige, 2003, S. 9; Quambusch, ZFSH/SGB, 2002, S. 131; aufgrund der hohen Dunkelziffer verbleiben jedoch letztlich auch zum Jahresumsatz im Sexualdienstleistungsbereich Unsicherheiten.

II. Erscheinungsformen

Eine Unterteilung der Prostitution in verschiedene Erscheinungsformen richtet sich in der Literatur meist nach dem Ort, an dem deren Ausübung stattfindet, aber auch nach der vermeintlichen Ursache (z.B. Nachkriegs-, Hungerprostitution) oder dem Beruf, den die Betroffene zur Verschleierung ihrer prostitutiven Tätigkeit angibt bzw. noch nebenbei ausübt (z.B. Bar-, Kindermädchen-, Kellnerinnenprostitution)[932]. Die beiden letzten Klassifizierungen erscheinen überholt und wenig aussagekräftig. Gegenwärtig besteht in der Bundesrepublik ein vielfältiges Spektrum an Prostitutionsangeboten, etwa auf dem Straßen- und Autostrich, in Bordellen, Massagesalons, Saunaclubs oder in Form von Appartementprostitution[933]. Aus diesem Grunde erweist es sich als sachgerechter, die verschiedenen Erscheinungsformen auf den Ort der Prostitutionsausübung zu beziehen[934].

Die Entwicklung der Sexualdienstleistungsbranche hängt - wie alle Dienstleistungsbereiche - von wirtschaftlichen Gegebenheiten und konjunktureller Lage ab. Auch technische Neuerungen lassen neue Prostitutionsformen entstehen[935]. Während in den ersten Nachkriegsjahren die Autoprostitution florierte und sich als lukrativste Form des Gewerbes erwies[936], knüpfen Prostituierte und Kunde gegenwärtig in zunehmendem Maße Kontakte über Internetanzeigen. Arbeitsbedingungen und Verdienstmöglichkeiten im Gewerbe hängen entscheidend von der jeweiligen Prostitutionsbranche ab[937]. Bei der Entscheidung für eine bestimmte Prostitutionsform scheinen verschiedene Faktoren ursächlich zu sein. Manche Frauen nutzen die Chance, die sich ihnen gerade bietet. Andere wägen Vor- und Nachteile genau ab, wobei Aspekte wie Sicherheit, Unabhängigkeit, Aufmachung oder der Grad an Intensität, mit welcher auf den Kunden eingegangen werden muss, eine Rolle spielen können[938]. Viele von ihnen verfügen über Erfahrungen in verschiedenen Prostitutionsbereichen[939]. Schätzungen zufolge finden 40% des Prostitutionsaufkommens auf der Straße und in Bordellen statt, weitere 40% verteilen sich auf Massagesalons, der Rest auf sonstige Prostitutionsformen[940].

---

932 H. J. Schneider, 1986, S. 258; Sieverts, 1971, S. 307.

933 Eine Übersicht zu den Prostitutionsformen in Frankfurt findet sich bei Molloy, 1992, S. 67.

934 So auch Leopold/ Steffan/ Paul, 1994, S. 14.

935 Leopold/ Steffan/ Paul, 1994, S. 16.

936 Kreuzer, Kriminalistik 1990, S. 239.

937 Giesen/ Schumann, 1980, S. 42; Schmackpfeffer, 1989, S. 93.

938 Hoigard/ Finstad, 1987, S. 180; Stallberg, 1988, S. 21.

939 Hoigard/ Finstad, 1987, S. 177.

940 Kaiser, 1996, § 65, Rn. 64.

1. Straßenprostitution

Bei der Straßenprostitution handelt es sich um die für Außenstehende auffälligste Form der Prostitutionsausübung. Hier bieten Prostituierte ihre Dienste langsam heranfahrenden Autofahrern auf den Straßen der verbleibenden Toleranzzonen[941] an. Meist verfügen die Frauen über einen festen, ihnen zugewiesenen Standplatz, damit Stammkunden sie leichter finden und Zuhälter sie besser kontrollieren können[942]. Die Ausübung sexueller Betätigungen erfolgt etwa im PKW des Kunden, in einer in der Nähe des Straßenstrichs gelegenen Steige oder im Freien[943]. Die Straßenprostitution erweist sich für Freier vor allem deshalb als attraktiv, weil sie zu vergleichsweise niedrigen Preisen angeboten wird. Dagegen birgt sie für Prostituierte stets eine gewisse Gefahr. Bei den Gebieten, in denen Prostitution zulässig ist, handelt es sich häufig um dunkle und unübersichtliche Randgegenden ohne ausreichende Straßenbeleuchtung. Diese Faktoren schaffen Nährboden für Gewaltverbrechen[944], so dass Prostituierte sich dort in viktimogene Situationen begeben[945]. Aus Sicherheitsgründen suchen daher viele zum Vollzug der Prostitution immer wieder denselben Ort auf[946].
Die Arbeitssituation der Frauen hängt wesentlich davon ab, ob in der Stadt Sperrbezirksverordnungen existieren und wie stark diese die räumliche und zeitliche Ausübung der Prostitution beschränken. Wo auf Sperrgebiete verzichtet wird, können Betroffene relativ selbstbestimmt arbeiten. In Städten mit wenigen Toleranzzonen herrschen dagegen ungeschriebene strenge Gesetze. Zuhälterorganisationen teilen das gesamte Toleranzgebiet unter sich auf, so dass für Prostituierte praktisch keine Chance besteht, ohne Zuhälter zu arbeiten[947]. Mancherorts erzwingen Schutzgelderpresser von den Frauen auch „Standortgelder" für ihren Teilabschnitt auf der Straße[948].

2. Bordell und Eros-Center

Bei Bordellen handelt es sich um große Prostitutionsbetriebe, die auch als „Eros-Center" bezeichnet werden und sich meist in den Prostitutionsvierteln von Großstädten befinden. Als Lokalität dienen umgebaute Wohnhäuser, Gasthöfe oder Häuserzusammenschlüsse, in denen Prostituierte oft nur ca. 15 qm große Zimmer anmieten können. Die Kontaktaufnahme zum Kunden erfolgt idR. in

941 Zur Problematik von Prostitution und Sperrbezirk siehe Teil 2, Punkt B.II.1.
942 Ringhoff/ Jans, 1986, S. 21.
943 Feige, 2003, S. 626; Jolin, 1993, S. 139; Sieber/ Bögel, 1993, S. 135.
944 Deutsche Hurenbewegung, 1996, S. 7, 14; Feige, 2003, S. 627.
945 H. J. Schneider, 1986, S. 261.
946 H. J. Schneider, 1986, S. 260.
947 Schmackpfeffer, 1989, S. 96.
948 Deutsche Hurenbewegung, 1996, S. 7; Feige, 2003, S. 627.

einem dafür vorgesehenen Kontakthof oder direkt vor den Zimmern[949]. Den reibungslosen Betriebsablauf, die Zimmervermietungen sowie das Einkassieren des Geldes von den Prostituierten organisieren sog. „Wirtschafter“[950]. Die Erwerbssituation der dort tätigen Frauen ist meist von einem wesentlichen Kostenapparat geprägt, so dass sie allein zu dessen Deckung schon eine bestimmte Anzahl an Freiern benötigen[951] und dafür durchschnittlich 12 Stunden pro Tag – zum Teil in verschiedenen Schichten – arbeiten[952]. Neben den nicht selten extrem hohen Tagesmieten für Zimmer[953] gehören Kosten für frische Wäsche, Hygieneartikel, Verpflegung sowie Abgaben für Wirtschafter und Zuhälter zu den üblichen Aufwendungen[954]. In den meisten Fällen verbleibt der Prostituierten die Hälfte ihrer Einnahmen, selten mehr, teilweise auch nur bis zu 30 %. Dafür fallen keine weiteren Ausgaben für Kundenwerbung an. Vielen Frauen erscheint die Tätigkeit im Bordell sicherer als die auf der Straße[955]. Die Mehrzahl der Betriebe verfügt über Türsteher sowie entsprechendes Personal, das im Bedarfsfalle bei Kundenangriffen einschreitet.

3. Lokalprostitution

Die Erscheinungsorte der Lokalprostitution reichen von primitiven Bars, unauffälligen Diskotheken bis hin zu exklusiven Nachtclubs, in denen Prostituierte ihre Dienste anbieten[956]. In manchen Lokalitäten finden pornographische Film- oder Stripteasevorführungen zur Animation der Gäste statt. Die genannten Örtlichkeiten dienen idR. nur der Kontaktanbahnung, während die tatsächliche Prostitutionsausübung in angrenzenden Pensionen oder Hotels erfolgt. Teilweise stehen auch vor Ort Séparées zur Verfügung, in die sich Kunde und Prostituierte zurückziehen können[957].

---

949 Feige, 2003, S. 126; Feltes in Kerner, 1991, S. 261.
950 Sieber/ Bögel, 1993, S. 139.
951 Niesner/ Anonuevo/ Aparicio/ Sonsiengchai-Fenzl, 1997, S. 153.
952 Deutsche Hurenbewegung, 1996, S. 17; Lux, Kriminalistik 1985, S. 403.
953 Deutsche Hurenbewegung, 1996, S. 18; die Tagesmieten für die zum Teil sehr kleinen Zimmer belaufen sich nicht selten auf über 200 bis 250 DM pro Tag (Agisra, 1990, S. 111; Schmackpfeffer, 1989, S. 94 spricht von 120 bis 140 DM Tagesmiete).
954 Hofmann, 2002, S. 83; Probst, Kriminalistik 1986, S. 612 ff.
955 Ahlemeyer, 1996, S. 54.
956 Kahmann/ Lanzerath, 1981, S. 78; Ringhoff/ Jans, 1986, S. 21.
957 Girtler, 1994, S. 254 ff.; Schmackpfeffer, 1989, 95.

4. Saunaclubs und Massagesalons

Saunaclubs[958] und Massagesalons[959] erscheinen in besonderem Maße dienstleistungsorientiert, indem sie ihren Kunden neben der Prostitution zusätzlich andere Serviceleistungen wie Massagen, Sauna, Körperpflege oder Unterhaltung anbieten[960]. Sie unterscheiden sich von anderen Prostitutionsbetrieben durch eine extravagante Ausstattung und eine gediegene Atmosphäre. Das Preisniveau für Sexualdienstleistungen bewegt sich daher weit über dem gewöhnlicher Bordelle[961]. Die Bezahlung der Dienste erfolgt auf vielfältige Weise, etwa durch Eintrittsgelder oder über Getränkerechnungen[962]. Den höheren Preisen steht im Gegenzug ein stärker an Kundenzufriedenheit orientiertes Verhalten der dort tätigen Prostituierten gegenüber, die im Vergleich zu anderen Prostitutionsformen nicht so stark unter Zeitdruck stehen und mehr Zeit mit den Kunden verbringen[963].

Den Frauen bieten diese Etablissements meist bequeme Erwerbsbedingungen bei guter Bezahlung[964]. Viele von ihnen arbeiten über einen längeren Zeitraum in der gleichen Einrichtung und verfügen über Stammkunden.

5. Anzeigenprostitution, Escortservice und Hausbesuche

In den letzten beiden Jahrzehnten lässt sich vor allem eine starke Zunahme der Anzeigenprostitution beobachten[965]. Models, Callgirls, Hostessen und „Erostessen“[966] werben ihre Kunden durch Anzeigen in einschlägigen Tageszeitungen[967] oder über das Internet. Kontaktaufnahme und Terminvereinbarung erfolgen über die dort angegebene Telefonnummer, die anschließende Prostitutionsausübung in der Wohnung der Prostituierten, der des Kunden[968], einem angemieteten Appartement bzw. Hotelzimmer. Manche Frauen schließen sich aus Gründen der Praktikabilität Callgirl-Ringen an, die die Kontakte mit den Freiern organisieren. Andere wiederum arbeiten auf privater Basis und werben selbst für ihre Dienste[969].

---

958 Dazu Feige, 2003, S. 568.
959 Dazu Domentat, 2003, S. 51; Feige, 2003, S. 425.
960 Hofmann, 2002, S. 83; Feltes in Kerner, 1991, S. 261.
961 Der Preis für eine reine „Entspannungsmassage“ liegt bei etwa 100 Euro (Feige, 2003, S. 425).
962 Sieber/ Bögel, 1993, S. 135.
963 Ahlemeyer, 1996, S. 66.
964 H. J. Schneider, 1986, S. 259.
965 Hofmann, 2002, S. 84; Probst, Kriminalistik 1987, S. 23.
966 Stümper, Kriminalistik 1974, S. 89.
967 Zur Problematik der Prostitutionswerbung siehe oben Teil 2, Punkt B.III.
968 Ausführlich Girtler, 1994, S. 245.
969 Feige, 2003, S. 160; Feltes in Kerner, 1991, S. 261.

Betroffene finden hier vergleichsweise gute Arbeitsbedingungen vor. Sie werden überdurchschnittlich bezahlt, können sich ihre Zeit idR. frei einteilen und Kunden selbst aussuchen[970]. Dies gilt in besonderem Maße, wenn sie selbstständig tätig sind. Inzwischen existieren verschiedene Agenturen, die sich auf ein besonders exklusives Publikum mit hohem Anspruchsniveau spezialisiert haben und die besonderen Wert auf Diskretion und ästhetische Standards legen. Die Kunden können ihre Wünsche an die Frauen telefonisch mitteilen, die Agentur wählt im Anschluss daran die passende Mitarbeiterin aus, die den Kunden besucht. Über die sehr hohen Preise der Sexualdienstleistungen, denen entsprechende Kundenerwartungen gegenüberstehen, findet sowohl eine Selektion der Kunden als auch des Personals statt[971].

D. Prostitution und Kriminalität

I. Kriminologische Bedeutung von Prostitution

Aus kriminologischer Sicht stellt Prostitution als solche zwar abweichendes[972], nicht aber kriminelles Verhalten[973] als extreme Form sozialer Abweichung dar. Trotz grundsätzlicher Straflosigkeit von Prostitution[974] wird diese jedoch vielfach mit Kriminalität assoziiert und als ein Milieu bezeichnet, das Basis und Nährboden für die Begehung von Straftaten bildet. In diesem Zusammenhang erfolgt meist der Hinweis auf die so genannte „Milieukriminalität"[975]. Unter diesen Begriff lassen sich im Wesentlichen zwei verschiedene Deliktsgruppen subsumieren. Eine der Gruppen bilden die eigentlichen Prostitutionsdelikte[976], welche begriffsnotwendig mit der Prostitutionsausübung in Verbindung stehen. Es handelt sich um diejenigen Straftatbestände des Sexualstrafrechts, die unter bestimmten Voraussetzungen eine Strafbarkeit der Prostituierten bzw. der Or-

---

970 Ringhoff/ Jans, 1986, S. 22.

971 Ahlemeyer, 1994, S. 74; die Preise für ein einstündiges, komplettes Dienstleistungsprogramm liegen bei etwa 450 Euro (Feige, 2003, S. 160).

972 Dazu oben A.II.2.

973 Der Begriff der Kriminalität wird an dieser Stelle i.S.d. formellen Verbrechensbegriffs verstanden. Danach verwirklichen all diejenigen Handlungen kriminelles Verhalten, die durch ein Gesetz mit strafrechtlichen Rechtsfolgen versehen sind (Schwind, 2004, § 1, Rn. 2; ausführlich zu den verschiedenen Verbrechensbegriffen Kaiser, 1996, § 36, Rn. 2 ff.).

974 Zu den strafbaren Formen der verbotenen und jugendgefährdenden Prostitution siehe Teil 2, Punkt B. II.

975 Vgl. etwa Frickel, Kriminalistik 1990, S. 243; Probst, Kriminalistik 1986, S. 549; Schmidt, Kriminalistik 1989, S. 423.

976 Dazu oben, Teil 2, Punkt B.I. und B.II.

ganisatoren der Prostitution normieren[977] und die Gesellschaft auf diese Weise vor ungewollter Konfrontation mit der Prostitution bzw. die Prostituierte in ihrem sexuellen Selbstbestimmungsrecht schützen sollen. Eine weitere im Bereich der „Milieukriminalität“ relevante Straftatengruppe stellen die Begleitdelikte zur Prostitution dar, die nicht notwendigerweise direkt mit der Prostitutionsausübung zusammenhängen müssen[978]. Hier handelt es sich etwa um Drogen- und Körperverletzungsdelikte, Erpressung, Betrug oder Diebstahl.

Nach einer im Jahre 1991 veröffentlichten Untersuchung Friedrichsmeiers zum Sozialverhalten Prostituierter[979] weisen diese vor allem im Bereich der Betäubungsmitteldelikte und bei der in der PKS geführten Gruppe „Ausnutzen sexueller Neigungen“[980] eine höhere Kriminalitätsbelastung im Vergleich zu anderen Frauen auf[981]. Letzteres lässt sich darauf zurückführen, dass der Gesetzgeber die Ausübung der Prostitution bei Verstößen gegen Sperrbezirksverordnungen und im Falle der jugendgefährdenden Prostitution kriminalisiert[982]. Für den Bereich der Drogenkriminalität bleibt fraglich, ob aus Friedrichsmeiers Ergebnissen eine repräsentative Aussage für die „Gesamtgruppe der Prostituierten“ abgeleitet werden kann. Vielmehr scheint es sich hier in erster Linie um drogensüchtige Prostituierte zu handeln, die ihre Tätigkeit als Form der „Beschaffungsprostitution“ für Drogen betreiben. Diese Sonderform der Prostitution erlaubt aber keine allgemein gültige Schlussfolgerung für die Gesamtprostitution, denn sie steht dem Problemkreis der Drogenabhängigkeit weitaus näher als dem der Prostitution[983]. Betroffenen geht es weniger um ein erwerbsmäßiges Geldverdienen in der Prostitution als darum, über hinreichende Mittel zur Drogenbeschaffung und Befriedigung ihrer Sucht zu verfügen[984].

Bei den übrigen Straftaten bestehen keine nennenswerten Unterschiede zur Kriminalitätsbelastung von Nicht-Prostituierten. Gerade dem („Beischlaf“)-

[977] Dies sind etwa: § 184a StGB (Ausübung der verbotenen Prostitution), § 184b StGB (Jugendgefährdende Prostitution), § 180a StGB (Ausbeutung von Prostituierten), § 181a StGB (Zuhälterei).

[978] Kahmann/ Lanzerath, 1981, S. 96.

[979] Friedrichsmeier, Das Sozialverhalten von Prostituierten, 1991.

[980] Diese Deliktsgruppe findet sich in der PKS unter dem Straftatenschlüssel 1400 und enthält folgende Straftatbestände: § 180 StGB (Förderung sexueller Handlungen Minderjähriger), § 180a StGB (Ausbeutung von Prostituierten), § 180b StGB (Menschenhandel), § 181 StGB (Schwerer Menschenhandel), § 181a StGB (Zuhälterei), § 184 StGB Verbreitung pornographischer Schriften), § 184a StGB (Ausübung der verbotenen Prostitution), § 184b StGB (Jugendgefährdende Prostitution).

[981] Friedrichsmeier, 1991, S. 110.

[982] Zur Kritik an diesen Straftatbeständen siehe Teil 2, Punkt B.II.3.

[983] Stallberg, 1988, S. 17.

[984] Ahlemeyer, 1996, S. 71.

Diebstahl[985] kommt nach Friedrichsmeier praktisch keine Bedeutung zu. In einem Vergleich der gesamten weiblichen Delinquenz mit der Kriminalitätsbelastung Prostituierter stellte er fest, dass die Diebstahlsquote bei Prostituierten erheblich unter der weiblichen Gesamtquote liegt[986]. Letztlich existieren jedoch über das tatsächliche Ausmaß der Begleitkriminalität keine gesicherten Erkenntnisse; aussagekräftiges Zahlenmaterial steht nicht zur Verfügung[987]. Dafür lassen sich verschiedene Ursachen anführen. Zum einen weist die PKS milieubedingte Begleitstraftaten nicht gesondert aus, sondern sie erscheinen gemeinsam mit nicht-mileubedingten Straftaten unter der jeweiligen Deliktsrubrik, so dass nicht ersichtlich ist, wie oft der betreffende Straftatbestand im Zusammenhang mit der Prostitution verwirklicht wurde. Darüber hinaus weisen Straftaten, die in unmittelbarem Zusammenhang mit der Prostitutionsausübung stehen, eine hohe Dunkelziffer auf[988], da die Opfer ihren Kontakt zu Prostituierten im Falle einer Strafanzeige offen legen müssten und daran aus Angst vor negativen Konsequenzen im Regelfall nicht interessiert sind[989]. Kaiser geht davon aus, dass die Strafverfolgungsbehörden nur von einem Zehntel aller im Prostitutionsmilieu begangenen Delikte Kenntnis erlangen. Schließlich erscheint fraglich, ob der Begleitkriminalität gegenüber Kunden, etwa in Form von Diebstahl oder Betrug, tatsächlich eine so große Bedeutung zukommt wie vielfach angenommen. Für diese These spricht nicht zuletzt die Untersuchung Friedrichsmeiers, aus der hervorgeht, dass es sich bei der Delinquenz Prostituierter - wie bei der allgemeinen Frauendelinquenz[990] - eher um eine bagatellhafte Form von Kriminalität handelt[991]. In aller Regel liegt ein reibungsloser Geschäftsablauf im Interesse aller Beteiligten[992]. Dies gilt sowohl für die Prostituierte, die ihre Freier als

---

985 In der kriminologischen Literatur findet sich häufig der Hinweis auf den so genannten „Beischlafdiebstahl“ (vgl. etwa Kahmann/ Lanzerath, 1981, S. 97; Kaiser, 1996, § 65, Rn. 64), der angenommen wird, wenn der Freier vor oder nach dem Geschlechtsverkehr von der Prostituierten bestohlen wird oder wegen Trunkenheit leicht zu bestehlen ist.

986 Friedrichsmeier, 1991, S. 110, 111; hinsichtlich dieses Ergebnisses bleibt jedoch zu beachten, dass im Rahmen der Prostitutionsdelikte von einer erheblichen Dunkelziffer auszugehen ist. Schätzungen zufolge wird nur ein Zehntel aller im Prostitutionsmilieu begangenen Delikte überhaupt bekannt (Kaiser, 1996, § 65, Rn. 65).

987 Kaiser, 1996, § 65, Rn. 65.

988 Kaiser, 1996, § 65, Rn. 65.

989 Wie verschiedene Freierstudien belegen, erfolgt der Prostituiertenbesuch i.d.R. heimlich. Ein Großteil der Kunden bekennt sich nicht zum Freierdasein. Vor allem verheiratete Männer befürchten, dass ein Bekanntwerden ihre Ehe ernsthaft gefährden könnte (dazu Laskowski, 1997, S. 104).

990 Der Frauenanteil an der Gesamtkriminalität liegt fast konstant unter zwanzig Prozent. Darüber hinaus sind Frauen hauptsächlich an Bagatelldelikten beteiligt (Gipser, 1983, S. 427 ff.); vgl. zur Problematik weiblicher Delinquenz auch Keupp, MSchrKrim 1982, S. 219 ff.

991 Friedrichsmeier, 1991, S. 112.

992 So auch Friedrichsmeier, 1991, S. 117.

Stammkunden gewinnen kann, als auch für Bordellbetreiber und Clubbesitzer. Der Ruf, kriminell zu sein, wirft letztlich ein schlechtes Licht auf deren Etablissements und schadet langfristig.

II. Kriminalstatistische Aussagen zur Prostitution

1. Zur Problematik kriminalstatistischer Daten

Kriminalitäts-[993] und Strafverfolgungsstatistik[994] informieren über Stand, Bewegung, Trends und Strukturen der registrierten Kriminalität[995], indem sie die Ergebnisse staatlicher Ermittlungs- und Strafverfolgungstätigkeit aufführen. Obwohl den genannten Statistiken bei der Beurteilung der Kriminalitätsentwicklung eine wichtige Bedeutung zukommt, existieren bestimmte Fehlerquellen, die zu einer Missinterpretation des Datenmaterials führen können. Die dort aufgeführten Zahlen sind abhängig von Unsicherheitsfaktoren, wie etwa der Anzeigebereitschaft der Opfer, der Intensität der Strafverfolgung, vom Personalbestand der Strafverfolgungsbehörden, aber auch von Veränderungen in Gesetzgebung oder Rechtsprechung[996]. Wie stark gerade Gesetzesänderungen die Statistik beeinflussen, zeigte im Rahmen der Sexualstraftaten die Änderung des § 181a StGB (Zuhälterei) durch das 4. StrRG[997]. Bei relativer Konstanz bis zum Jahre 1974 war unmittelbar nach Inkrafttreten der Novellierung ein starker Rückgang der Kriminalitätsbelastung um ca. 50 % zu verzeichnen[998].
Hinsichtlich der Strafverfolgungsstatistik ist anzumerken, dass diese nur das schwerste Delikt eines Urteils erfasst. Alle weiteren Straftatbestände, die der Täter gleichfalls verwirklichte, bleiben außer Betracht. Zudem führt sie nur ab-

---

[993] Die vom Bundeskriminalamt herausgegebene Polizeiliche Kriminalstatistik (PKS) zählt alle der Polizei bekannt gewordenen Straftaten und der in diesem Zusammenhang ermittelten Tatverdächtigen. Als „bekannt gewordener Fall" gilt jede im Straftatenkatalog aufgeführte rechtswidrige Tat einschließlich der mit Strafe bedrohten Versuche, der eine polizeilich bearbeitete Anzeige zugrunde liegt. „Tatverdächtiger" ist jede Person, die aufgrund des polizeilichen Ermittlungsergebnisses zumindest hinreichend verdächtig ist, eine mit Strafe bedrohte Handlung begangen zu haben (vgl. Eisenberg, 2000, § 17, Rn. 25, 29).

[994] Die Strafverfolgungsstatistik (StVStat) wird vom Statistischen Bundesamt herausgegeben und bezieht sich auf die von den Gerichten abgeurteilten Tatverdächtigen.

[995] Kaiser, 1996, § 37, Rn. 72.

[996] Eisenberg, 2000, § 17, Rn. 53 ff.; Kaiser, 1996, § 37, Rn. 74.

[997] Im Rahmen des 4. StrRG wurde der Tatbestand der Zuhälterei weitgehend umgestaltet und mit einer neuen Schutzrichtung versehen. Die Norm sanktioniert seither nicht mehr die parasitäre Lebensweise des Zuhälters, aus der Prostitution anderer Gewinn zu schöpfen, sondern die aktive Zuhältertätigkeit, welche die Gefahr begründet, dass Prostituierte in Abhängigkeitsverhältnisse verstrickt werden (Horstkotte, JZ 1974, S. 89); zu § 181a StGB siehe Teil 2, Punkt B.I.2.

[998] Dazu Bargon, 1982, S. 142; Kaiser, 1996, § 65, Rn. 64.

geurteilte Personen - d.h. freigesprochene Tatverdächtige, verurteilte Täter sowie Tatverdächtige, deren Verfahren das Gericht nach Eröffnung einstellte - auf. Fälle, die die Staatsanwaltschaft noch im Ermittlungsverfahren einstellte, etwa weil der Täter unbekannt blieb, werden nicht ausgewiesen[999]. Auch im Verhältnis der Abgeurteilten zu den Verurteilten verbergen sich Unsicherheitsfaktoren, denn einige Straftäter können etwa aufgrund mangelnder Beweislage nicht verurteilt werden, obgleich sie delinquent handelten[1000].
Zusammenfassend bleibt daher festzuhalten, dass eine sachgerechte Bewertung kriminalstatistischer Daten sich nicht absolut an den dort aufgeführten Zahlen orientieren kann, sondern darüber hinaus die genannten Fehlerquellen berücksichtigen muss.

2. Kriminalitätsbelastung im Rahmen der Prostitutionsdelikte

§ 184a StGB (jugendgefährdende Prostitution) und § 184b StGB (Ausübung der verbotenen Prostitution) sind in der PKS nicht gesondert aufgeführt. Sie befinden sich unter der Rubrik des „Ausnutzens sexueller Neigungen“ innerhalb der Straftaten gegen die sexuelle Selbstbestimmung[1001]. Ein Blick auf die Strafverfolgungsstatistik zeigt, dass strafrechtlichen Sanktionen wegen jugendgefährdender Prostitution in der Bundesrepublik lediglich eine untergeordnete Bedeutung zukommt. Im Zeitraum von 1991 bis 2001 sprachen die Gerichte insgesamt nur 17 Verurteilungen aus, wobei die Zahlen zwischen 0 und 4 pro Jahr schwankten. Im Jahre 2001 wurden 2 Personen aufgrund dieses Straftatbestandes verurteilt[1002]. Insgesamt besitzt § 184b StGB im Rahmen der Prostitutionsdelikte praktisch keine Relevanz.
Auch § 184a StGB (Ausübung der verbotenen Prostitution) weist in Anbetracht des Ausmaßes an Prostitution keine hohen Verurteilungszahlen auf. Dies verwundert umso mehr, wenn man bedenkt, dass in vielen Städten der Bundesrepublik von der Ermächtigung zum Erlass von Sperrbezirksverordnungen großzügig Gebrauch gemacht wird, so dass sich die legale Prostitutionsausübung dort meist nur auf wenige Gebiete beschränkt, die für Prostituierte schlechte Arbeitsbedingungen aufweisen[1003]. Diese Situation begünstigt die Entscheidung Betroffener, sich besserer Erwerbsaussichten wegen den bestehenden Sperrgebietsverordnungen (beharrlich) zu widersetzen, was letztlich in einem Verstoß gegen 184a StGB mündet. Zu Beginn der 90er Jahre lagen die statistischen Zah-

---

999 Bargon, 1982, S. 145; Schwind, 2004, § 2, Rn. 10.
1000 Bargon, 1982, S. 144.
1001 Innerhalb dieser Deliktsrubrik wurden im Jahre 2001 insgesamt 10853 Fälle, in 2002 insgesamt 9707 Fälle erfasst. Dies bedeutet eine Abnahme von 10,6 % (PKS 2002, S. 31)
1002 Statistisches Bundesamt, Fachserie 10, Reihe 3 (Strafverfolgung), 2001, S. 27.
1003 Siehe Teil 2, Punkt B.II.3.b.bb.

len bei 150 bis 170 Verurteilungen pro Jahr[1004]. Der Umfang stieg auf 326 im Jahre 1998[1005], wobei zu Beginn des 21. Jahrhunderts wieder ein zahlenmäßiger Rückgang auf 179 Verurteilungen im Jahre 2001 zu verzeichnen ist[1006]. Diese im Vergleich zum Prostitutionsausmaß niedrigen Verurteilungszahlen lassen sich auf ein faktisches Tolerieren der Prostitutionsausübung in Sperrbezirken durch die zuständigen Behörden zurückführen[1007]. Darüber hinaus existieren äußerst diskrete Prostitutionsformen, deren Ausübung Außenstehende schwerlich bemerken. Im Gegensatz zur Straßenprostitution[1008], die sich dadurch kennzeichnet, dass die Geschäftsanbahnung – für Außenstehende sichtbar – auf der Straße erfolgt, findet die Kontaktaufnahme bei der Anzeigenprostitution[1009] idR. über das Telefon statt, während spätere Treffen meist in einem anonymen Umfeld und von der Öffentlichkeit unbehelligt erfolgen. Verstößt die Prostituierte gegen bestehende Sperrbezirksverordnungen, indem sie ihre Kundschaft etwa in einem im Sperrbezirk gelegenen Gebäude mit ohnehin großem Publikumsverkehr empfängt, so wird sich daran im Regelfall niemand stören. Aus diesem Grunde bleibt anzunehmen, dass die niedrigen Verurteilungszahlen für Verstöße gegen § 184b StGB nicht zuletzt auf einer hohen Dunkelziffer beruhen.
Für den Bereich der Strafbarkeit der Organisatoren der Prostitution (§§ 180a, 181a StGB) ergibt sich aus der Strafverfolgungsstatistik von Beginn der 90er bis zum Jahre 2001 eine stetige Zunahme der Verurteilungszahlen. Während die Gerichte in den Jahren 1991/92 noch zwischen 85 und 90 Personen pro Jahr[1010] wegen Verstoßes gegen § 180a StGB (Förderung der Prostitution)[1011] verurteilten, beliefen sich die Zahlen in den Jahren 2000 und 2001 auf 153 bzw. 138 Personen[1012]. Bei § 181a StGB (Zuhälterei) beträgt die Zunahme der Verurteilungen sogar mehr als 50 %. Zu Beginn der 90er Jahre lagen die Zahlen noch bei knapp 80 Personen[1013], in 2001 dagegen bei 163[1014].

1004 Statistisches Bundesamt, Fachserie 10, Reihe 3 (Strafverfolgung), 1991, S. 23; 1992, S. 23; 1993, S. 23.

1005 Statistisches Bundesamt, Fachserie 10, Reihe 3 (Strafverfolgung), 1998, S. 23.

1006 Statistisches Bundesamt, Fachserie 20, Reihe 3 (Strafverfolgung), 2001, S. 27.

1007 Vgl. etwa Friedrichsmeier, 1991, S. 115.

1008 Dazu oben C.II.1.

1009 Dazu oben C.II.5.

1010 Statistisches Bundesamt, Fachserie 10, Reihe 3 (Strafverfolgung), 1991, S. 23 und 1992, S. 23.

1011 Seit Inkrafttreten des Prostitutionsgesetzes am 1.1.2002 lautet die Überschrift des § 180a StGB nicht mehr „Förderung der Prostitution“ sondern „Ausbeutung von Prostituierten“ (Dazu Teil 2, Punkt B.I.1.a).

1012 Statistisches Bundesamt, Fachserie 10, Reihe 3 (Strafverfolgung), 2000, S. 23; Statistisches Bundesamt, Fachserie 10, Reihe 3 (Strafverfolgung), 2001, S. 27.

1013 Statistisches Bundesamt, Fachserie 10, Reihe 3 (Strafverfolgung), 1991, S. 23; 1992, S. 23.

1014 Statistisches Bundesamt, Fachserie 10, Reihe 3 (Strafverfolgung), 2001, S. 27.

Die geschilderten statistischen Aussagen beziehen sich auf die Zeit vor Inkrafttreten des Prostitutionsgesetzes am 1.1.2002. Im Rahmen dieses Gesetzes, welches die rechtliche und soziale Situation Prostituierter verbessern soll[1015], erfuhren die §§ 180a, 181a StGB grundlegende Novellierungen. Der umstrittene § 180a Abs. 1 Nr. 2 StGB, der bereits das Schaffen guter Arbeitsbedingungen eines Bordellbetreibers für die bei ihm tätigen Prostituierten sanktionierte, wurde gestrichen[1016], § 181a Abs. 2 StGB um das zusätzliche Tatbestandsmerkmal der „Beeinträchtigung der persönlichen oder wirtschaftlichen Bewegungsfreiheit" ergänzt[1017]. Insgesamt erfolgte eine Lockerung der Strafbarkeit der Organisatoren der Prostitution, um Prostituierten den Abschluss sozialversicherungspflichtiger Beschäftigungsverhältnisse zu ermöglichen[1018]. Es bleibt zu erwarten, dass diese Gesetzesänderungen sich auch auf die Kriminalitätsstatistiken auswirken werden, denn Verhaltensweisen, die der Gesetzgeber vor Inkrafttreten des Prostitutionsgesetzes noch pönalisierte, stellen nun kein strafbares Verhalten mehr dar. Daher ist mit einer Abnahme der Kriminalitätsbelastung zu rechnen. Für diese Annahme sprechen nicht zuletzt die ersten Zahlen der PKS nach Inkrafttreten des Prostitutionsgesetzes. Während die Statistiken Ende der 90er Jahre noch regelmäßig über 1200 Fälle für § 180a StGB auswiesen[1019], sank diese Zahl für das Jahr 2002 (also nach Inkrafttreten des Prostitutionsgesetzes) bereits auf 620 erfasste Fälle[1020].

E. Die Diskussion um die gesellschaftliche Funktion der Prostitution

Ungeachtet aller strafrechtlichen Bekämpfungsversuche und trotz weit verbreiteter moralischer Bedenken gegen entgeltlichen Geschlechtsverkehr bestand stets eine kontinuierliche Nachfrage für die Dienste Prostituierter. Zur Rechtfertigung des Bedürfnisses nach prostitutivem Sexualkontakt werden der Prostitution zum Teil wichtige soziale Funktionen – so genannte „Ventilfunktionen" – zugeschrieben.

1015 Siehe Teil 2, Punkt A.I.
1016 Siehe Teil 2, Punkt B.I.1.a.
1017 Siehe Teil 2, Punkt B.I.2.cc.
1018 Siehe Teil 2, Punkt A.II.3.
1019 PKS 1998, S. 33 (1272 erfasste Fälle); PKS 1999, S. 33 (1228 erfasste Fälle); PKS 2000, S. 31 (1365 erfasste Fälle); § 180a StGB findet sich unter dem Straftatenschlüssel 1412.
1020 PKS 2002, S. 31.

I. Befriedigung genetisch vorgegebener Bedürfnisse und Schutz der Ehe

Bereits in der Antike intendierte die Einrichtung von Bordellen die Stabilisierung und Aufrechterhaltung von Ehe und Familie, indem die männliche Bevölkerung bestehende Bedürfnisse nach unterschiedlichen Sexualpartnern dort ausleben konnte, anstatt verheiratete Frauen zum Ehebruch zu verführen oder unverheiratete, ehrbare Bürgerinnen sexuell zu belästigen. Prostitution erschien zu jener Zeit als kleineres Übel im Vergleich zu den ohne sie existierenden Zuständen der Zerrüttung und Lockerung der Sexualmoral[1021]. Der Bordellbesuch des verheirateten Mannes galt nicht als Ehebruch, so dass die Prostitution eine bestehende Ehe nicht gefährdete. Auch im Mittelalter war sie als legitime Form des außerehelichen Geschlechtsverkehrs für Männer allgemein akzeptiert[1022], während jeder außereheliche Sexualkontakt der Frau, auch der einer Unverheirateten, als Sünde galt[1023].

Die These vom Schutz der unbescholtenen Frau durch Prostitution setzte sich kontinuierlich fort. Während des 19. Jahrhunderts schlossen herrschende Sittlichkeitsvorstellungen des Bürgertums vor- und außereheliche sexuelle Betätigungen für Frauen weitgehend aus. Die Bewahrung der Jungfräulichkeit für den späteren Ehemann galt als wichtiges Gebot, dessen Verletzung eine gutbürgerliche Ehe idR. unmöglich machte und letztlich die Existenzgrundlage der Betroffenen vernichtete. Die sittliche Bescholtenheit zerstörte auch zu jener Zeit lediglich das gesellschaftliche Ansehen der Frau und nicht das des Mannes[1024]. Da sich die Töchter des Bürgertums aufgrund der geltenden Sexualmoral meist nicht zu außerehelichem Geschlechtsverkehr bereiterklärten, deckten Prostituierte dieses Bedürfnis ab[1025].

Die vergangenen Jahrzehnte kennzeichnen sich durch eine deutliche Lockerung sexualmoralischer Wertvorstellungen, die vor- wie außerehelichen Beziehungen nicht mehr entgegenstehen. Die gleichwohl verbleibende Nachfrage nach prostitutiver Sexualität führen verschiedene Autoren zum Teil auf genetische Vorgaben des Mannes sowie dessen im Vergleich zur Frau angeblich größere Neigung

---

[1021] Schelsky, 1955, S. 42.
[1022] Hesse, 1968, S. 340 ff.
[1023] Blaschko, 1910, S. 7.
[1024] Schulte, 1994, S. 168.
[1025] Blaschko, 1910, S. 12 ff.; Schulte, 1994, S. 170.

zu Promiskuität zurück[1026]. Könnten promiskuitive Bedüfnisse nicht innerhalb einer bestehenden Ehe durch verschiedene Maßnahmen aufgefangen oder im Rahmen eines außerehelichen sexuellen Verhältnisses ausgelebt werden, so resultiere aus der sexuellen Situation des Mannes letztlich die Berechtigung der Prostitution[1027]. Nach Schelsky stellt die Ehe keine primär sexuelle Institution, sondern in erster Linie eine Fürsorgegemeinschaft dar, bei der „eher der Brutpflegetrieb als der Geschlechtstrieb“ im Vordergrund steht[1028]. Sexuelle Vorlieben könnten dort daher nicht immer zufriedenstellend ausgelebt werden[1029], zumal die Ehefrau mitunter nicht bereit sei, den sexuellen Vorlieben ihres Mannes zu entsprechen[1030]. Dieser Umstand mache bestimmte „Ventilsitten“ – etwa in Form der Prostitution – erforderlich[1031]. Auch in diesem Zusammenhang soll der Prostitution eine grundlegende Funktion zur Aufrechterhaltung der Ehe zukommen. Die Vertreter dieser Stabilisierungsthese gehen davon aus, dass der Wunsch nach außerehelichem Geschlechtsverkehr auf verschiedene Weise ausgelebt werden kann: einerseits in Form einer außerehelichen Dauerpartnerschaft, andererseits in der Prostitution[1032]. Während sich das feste Verhältnis idR. nicht nur auf sexuelle Kontakte beschränkt, sondern überwiegend mit psycho-sozialen Bindungen der Partner einhergeht, erschöpft sich der Besuch einer Prostituierten meist in bloßer Sexualität. Die typischen Begleiterscheinungen einer alternativen Dauerpartnerschaft, etwa in Form emotionaler oder materieller Beeinträchtigungen, entfallen. Es ergeben sich keinerlei bindende Konsequenzen und Erwartungen für die Zukunft[1033]. Aus dieser Erkenntnis ziehen manche die Schlussfolgerung, die Prostitution eigne sich vor allem für Männer, die sich in einer auf Dauer angelegten Partnerschaft – etwa der Ehe - befinden[1034]. Den positiven Nutzen für Ehe und Familie erblicken sie darin, dass die Prostitution die Neigung zur außereheähnlichen Dauerpartnerschaft mit all ihren emotionalen Folgen reduziert und sich stattdessen auf ein kurzfristiges Dienst-

---

1026 Vgl. etwa Quambusch, ZfSH/SGB, 2002, S. 132; Bauer, 1982, S. 14 beschreibt dies wie folgt: „Die Beantwortung der Frage, ob der Mann polygam, die Frau monogam veranlagt sei, hängt davon ab, ob bei beiden eine geschlechtsverschiedene Anlage vorhanden ist; das muss, wenn man von gewissen Einflüssen der Kultur und Zivilisation absieht, bejaht werden. Biologisch gesehen ist eben der Mann ohne eine gewisse Triebstärke geschlechtsunfähig. Die Frau jedoch ist stets aktionsfähig; auch ohne die geringsten sexuellen Empfindungen. Der Geschlechtstrieb des Mannes benötigt daher weit mehr als der weibliche eines steten Anreizes. Da dieser bei dem gleichen Partner, unehelich wie ehelich, vielfach abstumpft, bedarf es des Neuartigen“.

1027 Quambusch, ZfSH/SGB, 2002, S. 132.

1028 Schelsky, 1955, S. 27.

1029 Bernsdorf, 1971, S. 209, 219; Schelsky, 1955, S. 39.

1030 Kahmann/ Lanzerath, 1981, S. 49.

1031 Vierkandt, 1959, S. 537.

1032 Quambusch, ZFSH/SGB, 2002, S. 132.

1033 Ahlemeyer, 1996, S. 51; Röhr, 1972, S. 45.

1034 Quambusch, ZFSH/SGB, 2002, S. 132.

leistungsverhältnis begrenzt[1035]. Kahmann/ Lanzerath sprechen in diesem Zusammenhang vom „personenorientierten Koitus“ im Rahmen eines festen Verhältnisses, der sich fundamental vom „körperorientierten Koitus“ mit Prostituierten unterscheide[1036]. Die Unpersönlichkeit des Prostitutionsverhältnisses ermögliche es, unmittelbar nach der sexuellen Betätigung wieder in die Ehe zurückzukehren, ohne dass soziale Konsequenzen befürchtet werden müssten. Der Ausbruch aus der Ehe sei nur von kurzer Dauer und beschränke sich auf den Vollzug sexueller Wünsche. Da die Prostitution grundsätzlich nicht der Befriedigung psycho-sozialer Bedürfnisse diene, könne man einem verheirateten Mann, der eine Prostituierte aufsucht und somit sexuell untreu ist, durchaus „soziale Treue“ gegenüber seiner Ehefrau bescheinigen[1037].
Für die Annahme, die Prostitution diene der Stabilisierung der Ehe, existieren bislang keinerlei Nachweise. Wie Stallberg argumentiert, erfordert die Klärung des Verhältnisses zwischen Ehe und Prostitution eine wesentlich differenziertere Betrachtung. Das Bedürfnis, sich dauerhaft an das andere Geschlecht zu binden, scheint unabhängig davon vorhanden, in welchem Maße auf Prostitution zurückgegriffen werden kann[1038]. Zudem spricht die Zunahme der Scheidungsraten gegen die Stabilisierungsthese. Prostitution bleibt in der konsumorientierten und von sexuellen Leitbildern geprägten Gesellschaft in all ihren Erscheinungsformen[1039] für viele Männer erreichbarer denn je. Sexualmoralische Vorstellungen stehen sowohl vor- und außerehelichen Beziehungen als auch kurzfristigen „Affären“ nicht mehr entgegen. Gleichwohl vermag dieser Umstand offenbar nicht zu einer größeren Ehezufriedenheit beizutragen. Die These von der Stabilisierung der Ehe durch Prostitution konzentriert sich allein auf das Ausleben von Sexualität außerhalb der Ehe. Demgegenüber wird aber vielfach gerade dem Faktor der Sexualität innerhalb bestehender Partnerschaften eine nicht unerhebliche Bedeutung beigemessen. Die gegenseitige sexuelle Attraktivität der (Ehe-)Partner gilt als maßgebliche Komponente einer glücklichen Beziehung[1040], so dass die Möglichkeit der Inanspruchnahme von Prostitution offensichtlich keine dauerhafte Alternative darstellt.

II. Schutz vor Sexualstraftaten

Eine weitere der Prostitution zugeschriebene soziale Funktion besteht im Schutz vor sexuellen Übergriffen auf Frauen[1041]. Die Vertreter dieser These gehen da-

---

[1035] Quambusch, ZFSH/SGB, 2002, S. 133.
[1036] Kahmann/ Lanzerath, 1981, S. 49, 50.
[1037] Kahmann/ Lanzerath, 1981, S. 50.
[1038] Stallberg, 1988, S. 15.
[1039] Dazu oben Punkt C.II.
[1040] Laskowski, 1997, S. 102.
[1041] Kahmann/ Lanzerath, 1981, S. 52; Quambusch, ZFSH/SGB 2002, S. 133.

von aus, dass Vergewaltigungen und sexueller Missbrauch durch die Existenz der Prostitution vermindert werden können, da für potentielle Täter grundsätzlich die Möglichkeit bestehe, Sexualität bei Prostituierten auszuleben, so dass es dafür keines Gewaltaktes bedürfe.

Auf den ersten Blick mag diese Erklärung plausibel erscheinen. Letztlich handelt es sich jedoch lediglich um eine bloße Vermutung, die bislang durch keinerlei wissenschaftliche Erkenntnisse gestützt wird. Die Entscheidungen, Prostituierte aufzusuchen und Frauen zu missbrauchen, stehen offenbar unabhängig nebeneinander und sind nicht austauschbar[1042]. Wissenschaftlichen Untersuchungen zufolge erfordert sexuelle Gewalt ein Machtgefälle zwischen Opfer und Täter, welches sich durch Abhängigkeit, Altersunterschied, Unterlegenheit und gegebenenfalls weitere Faktoren kennzeichnet. Die Unterlegenheit des Opfers führt zu einer sexuellen Reaktion auf Seiten des Täters, der schließlich den bestehenden Machtüberhang zur Befriedigung seiner sexuellen Bedürfnisse an der unterlegenen Person benutzt[1043]. Die eigentliche Befriedigung besteht bei sexuellen Gewaltverbrechen aus Unterwerfung und Demütigung des Opfers[1044] und nicht allein in der sexuellen Betätigung als solcher. Damit bleibt neben rein sexuellen Motiven auch das Streben nach repressiver Dominanz in der jeweiligen Tatsituation ausschlaggebend[1045]. Die Tatsache der grundsätzlichen Erreichbarkeit prostitutiver Sexualität scheint in diesem Augenblick bedeutungslos zu sein[1046]. Daher kann nicht davon ausgegangen werden, dass der zur Tat Entschlossene die Möglichkeit, eine Prostituierte aufzusuchen, als Tatalternative in Erwägung zieht und aus diesem Grunde von seinem Opfer ablässt. Zwar vertreten einige Autoren die Auffassung, auch im Rahmen der Prostitution stehe auf Seiten des Kunden die Ausübung von Macht im Vordergrund. Er erwerbe durch den Prostitutionsvertrag nicht die sexuelle Dienstleistung, sondern in erster Linie die Möglichkeit, über einen anderen Menschen dominieren zu können[1047]. Selbst wenn man diese Auffassung als zutreffend zugrunde legte, verbleiben jedoch wesentliche Unterschiede zwischen beiden Handlungsalternativen. Denn im Gegensatz zum Tatopfer erklärt die Prostituierte sich letztlich freiwillig im Rahmen ihrer Erwerbstätigkeit zur Ausübung sexueller Betätigungen bereit. Sie handelt in erster Linie gewerbsmäßig und befindet sich aus diesem Grunde nicht in einer mit der des Tatopfers vergleichbaren Situation.

1042 Stallberg, 1988, S. 16.
1043 Heiliger, 1996, S. 208.
1044 Kaiser, 1996, § 65, Rn. 27.
1045 Eibl-Eibesfeldt, 1997, S. 362; vgl. auch H. J. Schneider, 1994, S. 96 ff.
1046 Stallberg, 1988, S. 16.
1047 Millet, 1973, S. 73.

III. Prostitution als „Sozialarbeit“

Neben der Stabilisierungsthese und der Annahme, die Prostitution diene dem Schutz vor Sexualstraftaten, soll dem Gewerbe schließlich noch eine grundlegende soziale Funktion im Zusammenhang mit physisch und psychisch Benachteiligten zukommen. Prostitution stellt nach dieser Auffassung eine wichtige Institution für Personen mit Kontaktschwierigkeiten dar, die aus diesem Grunde keine sexuelle Beziehung aufbauen können. Dies gelte vornehmlich für besonders zurückhaltende Menschen, aber auch für solche, die unter einer Behinderung leiden[1048] oder die aufgrund ihres unansprechenden Äußeren beim anderen Geschlecht auf körperliche Ablehnung stoßen[1049]. Jenen ermögliche die Prostitution vielfach erste sexuelle Erfahrungen, was das Selbstwertgefühl der Betroffenen positiv beeinflusse. Kahmann/ Lanzerath sprechen in diesem Zusammenhang sogar vom „therapeutischen Effekt der Prostitution“[1050], Kinsey von der „Gewinnung der Selbstachtung“ des Kunden[1051]. Weit verbreitet scheint auch die Vorstellung, die Prostitution diene dem Ausleben von Perversionen. Nach Kinsey stellen Prostituierte die willigsten Objekte der Triebbefriedigung für Sadisten, Masochisten und Fetischisten dar[1052]. Giese bezeichnet die Prostitution als „Auffangsystem“ für Menschen mit abnormen Triebzielen[1053], Schneider spricht von einer „wichtigen Ventilfunktion“ für sexuell Unbefriedigte, Perverse und Fremde in der Gesellschaft[1054]. Nicht zuletzt soll für Männer mit pädophilen Neigungen die Möglichkeit bestehen, diese bei sehr jungen Prostituierten auszuleben[1055].

Dieses Bild der Prostitutionskunden[1056] als psychische, physische oder sexuelle Abweichler scheint der Realität nicht zu entsprechen[1057], wie aus einer Freierstudie der Prostituiertenselbsthilfegruppe Hydra hervorgeht[1058]. Grundlage der von Hydra in den Jahren 1989 und 1990 vorgenommenen Untersuchung bildeten die Interviews von 38 Kunden weiblicher Prostituierter im Alter zwischen 19 und 72 Jahren[1059]. Die Hälfte der Befragten befand sich zu diesem Zeitpunkt

---

1048 Kahmann/ Lanzerath, 1981, S. 51; Kinsey, 1955, S. 562.
1049 Bargon, 1982, S. 163.
1050 Kahmann/ Lanzerath, 1981, S. 51.
1051 Kinsey, 1955, S. 562.
1052 Kinsey, 1955, S. 561.
1053 Giese, 1973, S. 183.
1054 H. J. Schneider, 1986, S. 257.
1055 Bargon, 1982, S. 163.
1056 Ausführlich Girtler, 1994, S. 183 ff.
1057 Hoigard/ Finstad, 1987, S. 60 ff.
1058 Prostituiertenprojekt Hydra, Freier, 1991; vgl. auch die vom Bundesministerium für Gesundheit in Auftrag gegebene Studie über Prostitutionskunden von Kleiber/ Velten, 1994.
1059 Prostituiertenprojekt Hydra, Freier, 1991, S. 34.

in einer festen Partnerschaft, 11 von ihnen waren verheiratet, 3 der Männer lebten in Trennung. Die restlichen 16 Personen hatten keine Partnerin, darunter befanden sich 3 Geschiedene[1060]. Das Ziel der Befragung bestand darin, mehr über die eigenen „Geschäftspartner“ und deren Motive für die Inanspruchnahme der Prostitution zu erfahren. Darüber hinaus intendierten die Autorinnen eine Überprüfung gängiger Vorurteile, denn das Stigma des Freiers als minderbemittelt, chancenlos, verklemmt oder pervers bleibt letztlich auch ein Stigma der Prostituierten, die sich mit derartigen Personen abgibt[1061].
Die Befragten repräsentierten den Durchschnitt der deutschen Bevölkerung; unter ihnen befanden sich alle Bildungsschichten, Einkommenshöhen und Berufsgruppen, so dass sich keine Präferenz für eine bestimmte Gesellschaftsschicht erkennen ließ. Zum Kundenkreis gehörten etwa Auszubildende, Studenten, Lehrer, Bäcker, Taxifahrer und Rechtsanwälte. Für einen Großteil der Interviewten schien vor allem der Faktor der sexuellen Unzufriedenheit ausschlaggebend für den Besuch von Prostituierten zu sein[1062]. Daneben nannten sie etwa den Wunsch nach sexueller Abwechslung, Zärtlichkeit oder das Ausleben von Phantasien. Manche fühlten sich vom Prostitutionsmilieu magisch angezogen[1063]. Als weiterer Vorteil der Prostitution wurde die Möglichkeit des schnellen unkomplizierten Sexualkontakts ohne Verantwortung und längere Anbahnungsgespräche genannt. Bei einigen der Kunden bestand schlicht der Wunsch nach einer neuen Sexualpartnerin, ohne dafür eine feste Bindung eingehen zu müssen[1064].
Die These, bei Prostitutionskunden handele es sich primär um solche Personen, die auf gewöhnlichem Wege keine sozialen Kontakte zum anderen Geschlecht aufbauen können, erweist sich nach dieser Studie als unzutreffend. Dafür spricht nicht zuletzt die Tatsache, dass sich die Hälfte der Prostitutionskunden in einer festen Partnerschaft befand. Die meisten der von Hydra Befragten beurteilten ihre Chancen bei Frauen als weder besonders gut noch besonders schlecht[1065]. Zu einem ähnlichen Resultat gelangt die Freierstudie von Kleiber/ Velten. Die Autoren der vom Bundesministerium für Gesundheit in Auftrag gegebenen Untersuchung unterteilten die Angaben der Prostitutionskunden über die Gründe ihres Prostitutionsbesuches in sexuelle und soziale Motive, wobei die sexuellen eindeutig überwogen. Soziale Motive, wie etwa Schüchternheit, Chancenlosigkeit beim anderen Geschlecht oder die Suche nach Anerkennung, lehnten 70,9 % der Befragten als nicht bedeutsam ab[1066]. Auch das Bild des Sa-

[1060] Prostituiertenprojekt Hydra, Freier, 1991, S. 35.
[1061] Prostituiertenprojekt Hydra, Freier, 1991, S. 17 ff., 21.
[1062] Die Studie von Kleiber/ Velten ergab, dass ein nicht unerheblicher Teil der Prostitutionskunden (41,3 %) mit ihrem Sexualleben ausgesprochen unzufrieden ist.
[1063] Prostituiertenprojekt Hydra, Freier, 1991, S. 72 ff.
[1064] Kleiber/ Velten, 1994, S. 66; Prostituiertenprojekt Hydra, Freier, 1991, S. 102.
[1065] Prostituiertenprojekt Hydra, Freier, 1991, S. 238.
[1066] Kleiber/ Velten, 1994, S. 66, 67.

disten, Masochisten oder Fetischisten, der seine Neigungen allein in der Prostitution ausleben kann, weil keine Nicht-Prostituierte sich dazu bereit erklären würde, fand keine Bestätigung. Aus den Berichten der Freier über deren Präferenzen schlossen die Autorinnen von Hydra, das Sexualverhalten ihrer Kunden entspreche weitgehend dem der durchschnittlichen männlichen Bevölkerung[1067]. Die These des Freiers als sozialer und sexueller Außenseiter, der der Prostitution als Form der „Sozialarbeit" bedarf, lässt sich somit weder nach der Freierstudie von Hydra noch nach der von Kleiber/ Velten aufrechterhalten. Es handelt sich schlicht um „Otto Normalverbraucher"[1068] ohne besondere Charakteristika, die ihn vom Nicht-Prostitutionskunden unterscheiden würden[1069].

[1067] Prostituiertenprojekt Hydra, Freier, 1991, S. 82, 248.
[1068] Prostituiertenprojekt Hydra, Freier, 1991, S. 18.
[1069] Hoigard/ Finstad, 1987, S. 58; Kleiber/ Velten, 1994, S. 52 ff., sprechen von einer Bestätigung der „Jedermann-Hypothese".

Teil IV: Zusammenfassung und Ausblick

Prostitution hat unter Anerkennung einer grundlegenden sozialen Funktion in der städtischen Gesellschaft stets existiert. Reglementierungsmaßnahmen galten in erster Linie nicht der Ausmerzung von Prostitution, sondern vor allem deren staatlicher Kontrolle, um unerwünschte „Auswüchse" verhindern, die Prostitutionsausübung auf Randbezirke beschränken und Prostituierte somit gesellschaftlich ausgrenzen zu können. Auf diese Weise stellte Prostitution den herrschenden Moralkodex nicht in Frage und konnte in sozial verträglicher Form gewährleistet werden. Die Behandlung Prostituierter unterlag zwar epochal bedingten Unterschieden, ihnen wurde jedoch zu allen Zeiten eine Position zugewiesen, die ihre Stellung als sozial abweichendes Gesellschaftsmitglied erkennen ließ.

Diese zwiespältige Moral erscheint prägend für die gesamte Geschichte und Rechtsgeschichte der Prostitution und lässt sich bis zur Antike zurückverfolgen. Der griechische Gesetzgeber Solon institutionalisierte die Prostitution, indem er im Rahmen einer umfassenden Sexualreform in Griechenland erste staatliche Bordelle errichtete. Diese Maßnahme intendierte den Schutz von Ehe und ehrbaren Bürgerinnen vor sexuellen Übergriffen, ohne Männern die Möglichkeit zu versagen, Bedürfnisse nach vor- oder außerehelicher Sexualität auszuleben. Der Verkehr mit Prostituierten galt zu jener Zeit nicht als Ehebruch. Zum Schutze ehrbarer Frauen schuf man sittlich nicht mehr zu verderbende, in den Staatsbordellen tätige Prostituierte, die gesellschaftlich auf niederster Stufe standen und als Sklavinnen von staatlichen Geldern gekauft und kontrolliert wurden.

Unter dem Einfluss des frühen Christentums mit seiner starken Betonung des Jenseits sollte das Leben in Erwartung des Jüngsten Gerichts möglichst auf geschlechtliche Enthaltsamkeit ausgerichtet werden. Sexualität galt als Teufelswerk und somit als Sünde, Prostituierte als Sünderinnen schlechthin. Dennoch standen die kirchlichen Konzilien der Prostitutionsausübung ambivalent gegenüber. Ungeachtet aller Abscheu erblickten sie darin ein „notwendiges soziales Übel", welches sich zwar nicht gänzlich ausrotten, aber zumindest verheimlichen und gesellschaftlich ausgrenzen lässt.

Auch im Mittelalter nahm Prostitution eine Doppelstellung ein. In fast allen mittelalterlichen Städten gehörte das Frauenhaus als mittelalterliches Bordell zur festen Einrichtung. Prostituierte waren in Zünften organisiert, was dem Gewerbe einen offiziellen, anerkannten Charakter verlieh. Obwohl Prostituierte ihren Platz im Gemeinwesen fanden, in manchen Städten sogar das Bürgerrecht besaßen und öffentliche Veranstaltungen besuchen durften, gehörten sie als „unehrliche Leute" nicht vollständig zur städtischen Gesellschaft. Für Unehrliche galten zu jener Zeit strengere Aufenthalts-, Kleidungs- und Verhaltensvor-

schriften. Meist lebten sie in den Randbereichen der Stadt. Ihre Rechte waren im Vergleich zu anderen Bürgern zum Teil erheblich eingeschränkt. Die für Prostituierte geltenden Sonderregelungen erfüllten die Funktion, den abweichenden Lebenswandel Prostituierter nach außen hin sichtbar zu machen und ehrliche Frauen von „lasterhaften" Prostituierten unterscheiden zu können.
War Prostitution im Mittelalter als Form des Sexuallebens noch grundsätzlich akzeptiert, so änderte sich dies zur Wende des 15. zum 16. Jahrhundert mit dem Auftreten der Syphilis schlagartig. Nach Kenntnis des Übertragungsweges dieser meist tödlich endenden Geschlechtskrankheit nahm die gesellschaftliche Integration Prostituierter rapide ab. Sie galten zu jener Zeit als hauptsächlicher Infektionsherd für die Ausbreitung der „Lustseuche". Die Ächtung Prostituierter wurde durch die in etwa zeitgleich einsetzende Reformationsbewegung und den dadurch bedingten Wandel der Sexualideologie verstärkt. Luther als maßgeblicher Vordenker der Reformation wetterte gegen öffentliche Frauenhäuser und propagierte, Sexualität habe ausschließlich innerhalb der Ehe stattzufinden. Diese sexualmoralische Auffassung ließ keinen Platz für Prostitution und Prostituierte. Im fortgeschrittenen 16. Jahrhundert folgte dementsprechend eine Zeit strengster Sittengesetzgebung. Die mittelalterlichen Frauenhäuser wurden nach und nach geschlossen, Prostituierte aus Angst vor der Syphilis aus den Städten vertrieben. Diese Maßnahmen bescherten jedoch nur einen kurzzeitigen Erfolg. Die Bekämpfung der öffentlichen Prostitution führte während des 17. Jahrhunderts zu einer drastischen Zunahme an geheimer Prostitution und somit auch zur weiteren Ausbreitung der Syphilis. Aufgrund dieser Problematik war Prostitution im 18. Jahrhundert wieder geduldet. Der Gesetzgeber bemühte sich in einer für das Aufklärungszeitalter typischen Weise um eine sehr detaillierte, gesetzlich geregelte und gesundheitlich beobachtete Prostitutionsausübung. Das Allgemeine Preußische Landrecht von 1794 normierte diverse Verpflichtungen für Hurenwirte und Prostituierte und gestattete Prostitution fortan allein in angemeldeten und polizeilich kontrollierten Bordellen.
Im 19. Jahrhundert, dem Zeitalter des Bürgertums, veränderte sich die Stellung der Prostitution erneut. Bedingt durch den sexualideologischen Wandel, die Entwicklung des bürgerlichen Frauenideals und die Neuinterpretation des Gewerbebegriffs durch „ehrliche" Arbeit gerieten Prostituierte weiter ins gesellschaftliche Abseits. Das Bürgertum kannte in seinen Kreisen keine unsittlichen Frauen. Die Existenz staatlich beobachteter, konzessionierter Bordelle schien mit bürgerlichen Wertvorstellungen unvereinbar, weshalb Hurenwirten und Prostituierten die zum Betrieb ihres „schändlichen" Gewerbes erteilten Konzessionen ersatzlos entzogen wurden. Die in der Folgezeit erlassenen Rechtsvorschriften führten zu einer massiven Kriminalisierung. Prostituierte blieben nur dann straflos, wenn sie ihre Tätigkeit entsprechend den polizeilichen Anordnungen betrieben, was bedeutete, dass sie sich als staatliche „Kontrollmädchen" in polizeilich geführte Listen eintragen lassen und sich in regelmäßigen Zeitab-

ständen bestimmten Zwangsuntersuchungen durch Polizeiärzte unterziehen mussten.
Gegen dieses ineffektive, entwürdigende Reglementierungssystem, das einseitig Prostituierten die Verantwortlichkeit für Geschlechtskrankheiten auferlegte, wandte sich gegen Ende des 19. Jahrhunderts die abolitionistische Bewegung als Teil der Frauenbewegung in Europa. Im Ergebnis mündeten die Reformbemühungen jener Zeit im Erlass des Gesetzes zur Bekämpfung der Geschlechtskrankheiten von 1927. Dieses für seine Zeit fortschrittliche Gesetz befreite Prostituierte von der sittenpolizeilichen Kontrolle, indem es die Gesundheitsbehörden mit der Wahrnehmung gesundheitlicher Aufgaben betraute. Man glaubte, Prostituierte würden sich auf freiwilliger Basis in ärztliche Kontrolle begeben, wenn sie keine zusätzlichen sittenpolizeilichen Konsequenzen mehr zu befürchten hätten. Im Vordergrund der Regelungen standen gesundheitsrechtliche Belange. Unabhängig vom Geschlecht sollten sich Geschlechtskranke oder einer Geschlechtskrankheit verdächtige Personen ärztlichen Untersuchungen unterziehen. Da Prostituierte aufgrund ihres Berufes grundsätzlich als in diesem Sinne verdächtig galten, erwies sich das gut gemeinte Gesetz in der Praxis als Grundlage der medizinischen Prostituiertenreglementierung.
Das NS-Regime negierte die Bemühungen der Abolitionisten um eine Entkriminalisierung der Prostitution. Bald nach Übernahme der Regierungsgewalt wurden Prostituierte als „Asoziale“ bekämpft und in Gefängnisse, Arbeits- und Konzentrationslager verbracht. Die Doppelmoral gipfelte während des Zweiten Weltkrieges in der Errichtung staatliche legitimierter Bordelle, in denen Prostituierte zum Wohle des Volkes Frontarbeit leisten mussten.
Nach Kriegsende mit Inkrafttreten des Grundgesetzes erklärten die Besatzungsmächte die Prostitutionsfrage zur deutschen Angelegenheit. In der Bundesrepublik war Prostitution als solche zwar zu keiner Zeit verboten, dennoch blieb ihr eine Anerkennung als legitime Erwerbstätigkeit jahrzehntelang versagt. Die gesundheitsrechtliche Kontrolle des Gewerbes erfolgte anhand zweier Gesetze: dem Gesetz zur Bekämpfung der Geschlechtskrankheiten von 1953 und dem Bundesseuchengesetz. Zwar beinhalteten diese Gesetze keinerlei Regelungen, die besagten, dass Prostituierte aufgrund ihrer Erwerbstätigkeit einer besonderen Gesundheitskontrolle bedürfen. Gleichwohl bildeten sie vielerorts die Grundlage der Prostituiertenreglementierung. Wie schon unter dem Geschlechtskrankheitengesetz von 1927 galten Prostituierte auch nach dem neuen Gesetz als Personen, die dringend verdächtig waren, geschlechtskrank zu sein und diese Krankheit weiterzuverbreiten. Aus diesem Grunde verpflichtete sie das Gesetz auf Verlangen des Gesundheitsamts zur regelmäßigen Vorlage von Gesundheitszeugnissen. Verweigerte eine Prostituierte eine solche Anordnung, so bestand die Möglichkeit von Zwangsmaßnahmen. Das Bundesseuchengesetz erlaubte den Behörden seuchenrechtliche Ermittlungseingriffe und

diente als Rechtsgrundlage zur zwangsweisen Anordnung von HIV-Antikörpertests.

Neben der gesundheitsrechtlichen Beeinträchtigung vollzog sich die rechtliche Diskriminierung der Prostitution vor allem anhand des Verdikts der Sittenwidrigkeit. Diese Einschätzung führte zur Nichtigkeit grundlegender im Sexualdienstleistungsbereich abzuschließender Verträge, so dass Prostituierte weder Arbeitsverträge mit Bordellbetreibern eingehen noch ihren mit den Freiern vereinbarten Lohn gerichtlich durchsetzen konnten. Die Rechtslage ließ insgesamt erkennen, dass Gesetzgeber wie Rechtsprechung die freie Entscheidung einer Frau zur Prostitution nicht akzeptierten. Dementsprechend bestrafte § 180a Abs. 1 Nr. 2 StGB Bordellbetreiber wegen Förderung der Prostitution, wenn sie in ihrem Betrieb mehr als das „bloße Gewähren von Wohnung, Unterkunft oder Aufenthalt" boten. Als in diesem Sinne prostitutionsfördernd galten bereits Maßnahmen, die das Arbeitsumfeld Prostituierter angenehmer gestalteten, wie etwa das Herstellen einer gehobenen und diskreten Atmosphäre[1070], ein aufwendiges Ambiente, das Bereitstellen einer Sauna zur Erleichterung der Kontaktaufnahme mit Kunden[1071] oder das Vorhandensein besonders guter sanitärer Anlagen im Prostitutionsbetrieb[1072]. Diese Rechtspraxis beruhte auf der Vorstellung, Prostituierte müssten vor einer „Verstrickung" in ihre Tätigkeit geschützt werden: Je angenehmer die Arbeitsbedingungen, umso tiefer die „Verstrickung" in die Prostitution, was die Wahrscheinlichkeit der Prostitutionsaufgabe nach herrschender Auffassung verringerte. Der Gesetzgeber bediente sich somit des Sexualstrafrechts, um Prostituierte zur Rückgängigmachung einer autonom getroffenen Entscheidung zu bewegen, was sich als rechtspolitisch bedenklich und in der Praxis als Nachteil Prostituierter erwies. Das Fundament dieser Rechtslage bildete ein antiquierter, nicht mehr zeitgemäßer Moralkodex, demzufolge Sexualität ausschließlich innerhalb einer auf Gegenseitigkeit beruhenden Liebesbeziehung - möglichst in Form der Ehe - stattfinden sollte.

Während des 20. Jahrhunderts hatte sich jedoch ein grundlegender sexualmoralischer Wertewandel vollzogen, dessen Anerkennung Gesetzgeber und Rechtsprechung lange Zeit verweigerten. Das zu Beginn dieses Jahrhunderts für das Bürgertum noch verbindliche Dogma der sexuellen Enthaltsamkeit bis zur Ehe verlor zunehmend an Bedeutung. Das Rollenverständnis zwischen den Geschlechtern veränderte sich seither deutlich. Frauen werden nicht mehr allein auf Ehe und Familie reduziert, müssen überwiegend nicht der materiellen Existenzsicherung wegen eine gutbürgerliche Ehe eingehen, sondern nehmen selbst aktiv am Gesellschafts- und Erwerbsleben teil. Diese Entwicklung begünstigte einen offeneren Umgang mit Sexualität und einen Abbau von Berührungsängs-

---

[1070] BGH NJW 1986, 596.

[1071] OLG Köln NJW 1979, 728.

[1072] BGH NJW 1986, 596 ff.

ten gegenüber Prostituierten[1073]. Die Medien bemühen sich inzwischen um eine sachliche, entmoralisierende Darstellung von Prostitution, was sich nicht zuletzt auf die Öffentlichkeitsarbeit der Prostituiertenorganisationen zurückführen lässt. Rechtspolitiker, Sozialwissenschaftler, Juristen und vor allem die Deutsche Hurenbewegung selbst sprachen sich in einem langjährigen Reformprozess gegen die rechtliche Diskriminierung und Reglementierung Prostituierter aus.

Im Jahre 2001 wurden in einem ersten Reformschritt die beiden Gesetze zur gesundheitsrechtlichen Kontrolle Prostituierter – das Gesetz zur Bekämpfung der Geschlechtskrankheiten und das Bundesseuchengesetz - durch das Infektionsschutzgesetz ersetzt. Die rechtliche Neuregelung betont in besonderem Maße Aufklärung, Beratung und freiwillige Hilfsangebote im Bereich der Infektionsprävention. Diese Maßnahme erweist sich als Reaktion auf verschiedene sozialwissenschaftliche Untersuchungen, die belegen, dass medizinische Zwangsmaßnahmen stets dazu führten, dass Personen mit erhöhtem Infektionsrisiko ärztliche und gesundheitsbehördliche Kontakte meiden[1074].

Nach Vorlage verschiedener Reformpläne durch die Deutsche Hurenbewegung und Bundestagsfraktionen verschiedener Parteien verabschiedete der Gesetzgeber in einem zweiten Reformschritt schließlich das am 1.1.2002 in Kraft getretene Prostitutionsgesetz. Seither ist die freiwillig ausgeübte Prostitution in Deutschland nicht mehr sittenwidrig. Diese gesetzgeberische Entscheidung beeinflusst nicht nur das Zivilrecht, sondern sämtliche Rechtsbereiche, so dass sich der Einwand der Prostitution als sittenwidrige Erwerbstätigkeit insgesamt verbietet. Kernvorschrift dieses Gesetzes ist insofern § 1 S. 1 ProstG, der klarstellt, dass gegen ein vorher vereinbartes Entgelt vorgenommene sexuelle Handlungen „eine rechtswirksame Forderung begründen." Gemäß § 1 S. 2 ProstG gilt dies auch, „wenn sich eine Person, insbesondere im Rahmen eines Beschäftigungsverhältnisses, für die Erbringung sexueller Handlungen gegen ein vorher vereinbartes Entgelt für eine bestimmte Zeitdauer bereithält." Wesentliche im Sexualdienstleistungsbereich abzuschließende Verträge – die Prostitutionsvereinbarung zwischen Prostituierter und Freier sowie Arbeitsverträge zwischen Prostituierten und Bordellbetreibern – sind nunmehr zivilrechtlich wirksam. Zum Schutz des sexuellen Selbstbestimmungsrechts Prostituierter gestaltete der Gesetzgeber die genannten Vertragsbeziehungen als einseitige Verpflichtung von Freier bzw. Arbeitgeber aus. Das Direktionsrecht des Arbeitgebers erscheint unter dem Prostitutionsgesetz im Vergleich zu anderen Arbeitsverhältnissen stark eingeschränkt. Es bezieht sich lediglich auf die Bestimmung von Zeit und Ort der Bereithaltung zur Prostitution und nicht auf die tatsächliche Prostitutionsausübung mit bestimmten Kunden oder einer bestimmten Anzahl an Kunden.

1073 Laskowski, 1997, S. 366.

1074 Bales/ Baumann/ Schnitzler, 2003, § 19 IfSG, Amtliche Begründung zu Absatz 1.

Das Anliegen, Prostituierten den Abschluss sozialversicherungspflichtiger Beschäftigungsverhältnisse zu ermöglichen, erforderte neben zivilrechtlichen auch sexualstrafrechtliche Änderungen. Die zivilrechtliche Wirksamkeit arbeitsrechtlicher Vereinbarungen im Sexualdienstleistungsbereich hätte sich in der Praxis als wirkungslos erwiesen, wenn der Gesetzgeber die Betreiber bordellartiger Betriebe, die ihren Mitarbeiterinnen im Rahmen einer abhängigen Beschäftigung angenehme und lukrative Arbeitsbedingungen bieten, weiterhin sexualstrafrechtlich verfolgte. Aus diesem Grunde erfolgte die Streichung von § 180a Abs. 1 Nr. 2 StGB, die in § 181a Abs. 2 StGB normierte Strafandrohung der fördernden Zuhälterei ergänzte man um das zusätzliche Tatbestandsmerkmal der Beeinträchtigung der persönlichen oder wirtschaftlichen Bewegungsfreiheit. Die Streichung des § 180a Abs. 1 Nr. 2 StGB wurde seit langem von Prostituierten, Sozialwissenschaftlern, Rechtspolitikern und Juristen gefordert[1075], die tatsächliche Umsetzung dieses Vorhabens durch den Gesetzgeber erscheint begrüßenswert. Trotz dieser positiven Rechtsentwicklung erweisen sich die sexualstrafrechtlichen Änderungen des Prostitutionsgesetzes aber als unzureichend. Es bleibt zu erwarten, dass das Sexualstrafrecht nach wie vor geeignet ist, Bordell- oder Clubbetreiber aus Angst vor einer strafrechtlichen Verfolgung vom Abschluss sozialversicherungspflichtiger Beschäftigungsverhältnisse mit Prostituierten abzuhalten, wie vor allem der Tatbestand der dirigierenden Zuhälterei verdeutlicht. § 181a Abs. 1 Nr. 2 2. Alt. StGB sanktioniert mit der Bestimmung von Zeit und Ort der Prostitutionsausübung auf den ersten Blick vom eingeschränkten Direktionsrecht des Arbeitgebers erfasste Verhaltensweisen. Auch die Begehungsalternative des Überwachens der Prostitutionsausübung (§ 180a Abs. 1 Nr. 2 1. Alt. StGB) erweist sich als problematisch. Denn der Lohnanspruch Prostituierter gegen den Arbeitgeber setzt nach § 1 S. 2 ProstG voraus, dass diese sich für die Erbringung sexueller Handlungen gegen ein vorher vereinbartes Entgelt bereithält. Bricht sie die zeitliche Vereinbarung, so steht dem Arbeitgeber gemäß § 2 S. 2 ProstG eine Einrede zu. Konsequenterweise muss ihm daher das Recht zugebilligt werden, zu überprüfen, ob eine Bereithaltung der Prostituierten tatsächlich erfolgte. Eine Strafbarkeit nach § 181a Abs. 1 Nr. 2 StGB erscheint nach geltender Rechtslage allein dann gerechtfertigt, wenn der Arbeitgeber Handlungen vornimmt, die mit dem sexuellen Selbstbestimmungsrecht Prostituierter kollidieren, wie etwa Kontrollmaßnahmen hinsichtlich des tatsächlichen Stattfindens sexueller Handlungen oder Bestimmungen über Art und Ausmaß der vorzunehmenden Betätigungen. Zu diesem Ergebnis gelangt man jedoch nur bei einer Auslegungsweise, die die zivilrechtlichen Wertungen des Prostitutionsgesetzes berücksichtigt, was in einem nicht unerheblichen Maße zur Rechtsunsicherheit beiträgt. Die Existenzberechtigung des § 181a Abs. 1

[1075] BT-Drs. 11/7140, S. 3; Deutsche Hurenbewegung, 1996, S. 6; Drößler/ Kratz, 1994, S. 73.

Nr. 2 StGB wurde schon vor Inkrafttreten des Prostitutionsgesetzes aus verfassungsrechtlichen Gründen verneint[1076], sie erscheint nunmehr noch fragwürdiger.
Die durch das Prostitutionsgesetz getroffenen Neuregelungen lassen darüber hinaus weitere Rechtsvorschriften unangetastet, die die Erwerbstätigkeit Prostituierter in erheblichem Maße beeinträchtigen. Art. 297 EGStGB erweist sich nach wie vor als Instrumentarium, Prostitution in vielen Gegenden zu untersagen. Durch die Existenz der auf diese Vorschrift gestützten Sperrbezirksregelungen bleibt die Prostitutionsausübung in vielen Städten Deutschlands häufig nur in wenigen Randbezirken gestattet, die für Betroffene schlechte Arbeitsbedingungen aufweisen. Die Tätigkeit von Zuhältern wird auf diese Weise begünstigt, da Frauen, die ansonsten eigenständig arbeiten würden, nicht auf andere Bereiche ausweichen können, ohne sich einer straf- oder ordnungsrechtlichen Verfolgung durch § 184a StGB bzw. § 120 Abs. 1 Nr. 1 OWiG auszusetzen. In der Praxis sehen Betroffene sich daher gezwungen, die in den knapp bemessenen Toleranzzonen herrschenden, schlechten Arbeitsbedingungen zu akzeptieren. Die rechtliche Anerkennung von Prostitution bedarf daher einer Aufhebung des Art. 297 EGStGB. Mit der Streichung dieser Norm würden zugleich § 184a StGB und § 120 Abs. 1 Nr. 1 OWiG, welche Sanktionen an die Verletzung von Sperrbezirksregelungen knüpfen, hinfällig. Die rechtlichen Beschränkungen durch das Straf- und Ordnungsrecht beruhen letztlich auf der inzwischen überkommenen Betrachtungsweise der Prostitution als sittenwidrige, gemeinschaftsschädliche Tätigkeit und stehen somit in einem gewissen Wertungswiderspruch zum Prostitutionsgesetz. Besonders deutlich wird dies anhand des Straftatbestandes der jugendgefährdenden Prostitution (§ 184b StGB). Wie dem Wortlaut dieser Vorschrift zu entnehmen ist, soll sie Jugendliche vor einer sittlichen Gefährdung durch Prostitution bewahren. Unabhängig davon, dass Jugendliche permanent durch Zeitungen, Fernsehen oder das Internet mit Sexualität konfrontiert werden, bleibt nunmehr uneinsichtig, wie ein nicht sittenwidriges Verhalten eine sittliche Gefahr darstellen soll[1077].
Die Widersprüchlichkeit der Rechtslage zeigt sich weiter anhand der Vorschriften zum Verbot der Prostitutionswerbung. § 120 Abs. 1 Nr. 2 OWiG beruht auf der Vorstellung, Prostitutionswerbung als solche – auch wenn sie in diskreter Form, etwa durch Angabe des Vornamens und einer Telefonnummer erfolgt - sei grob anstößig[1078]. In der Konsequenz bedeutet dies zwangsläufig, dass der Gesetzgeber bei Erlass der Norm die Prostitutionsausübung selbst als Gegenstand des Werbeverbotes für grob anstößig erachtete. Diese Einschätzung widerspricht jedoch der Aussage des Prostitutionsgesetzes, wonach Prostitution eine rechtlich geschützte, anerkannte und nicht mehr sittenwidrige Form der Er-

---

1076 Laskowski, 1997, S. 314; Leo, 1995, S. 188.
1077 So auch Tröndle/ Fischer, 2003, § 184b, Rn. 3.
1078 Göhler, 2002, § 120, Rn. 11.

werbstätigkeit darstellt. Der Sinn des Werbeverbotes wird umso fragwürdiger, wenn man bedenkt, dass einschlägige Zeitschriften unter behördlicher Duldung verschleierte Prostitutionswerbung gegen Zahlung eines Risikozuschlages drucken. Das Werbeverbot erschöpft sich in der Praxis in der Rechtfertigung überhöhter Anzeigenpreise und stellt somit eine ungerechtfertigte Beeinträchtigung der Erwerbstätigkeit Prostituierter dar.
Trotz dieser deutlichen Mängel erweisen sich die gegen Ende des 20. und zu Beginn des 21. Jahrhunderts getätigten Reformbemühungen als ein Schritt in die richtige Richtung. Der Gesetzgeber sollte diesen Prozess fortsetzen, eine Streichung der auf dem Verdikt der Sittenwidrigkeit beruhenden, überkommenen Regelungen vornehmen und unter Beteiligung der Prostituiertenorganisationen eine interessengerechte Lösung erarbeiten.

Literaturverzeichnis

Abraham, Karl
Psychoanalytische Studien, Band 2, Frankfurt a.M. 1971

Agisra (Hrsg.)
Frauenhandel und Prostitutionstourismus. Eine Bestandsaufnahme zu Prostitutionstourismus, Heiratsvermittlung und Menschenhandel mit ausländischen Mädchen und Frauen; mit einer Rechtsexpertise zur Situation in der Bundesrepublik Deutschland; eine Studie im Auftrag des Bundesministeriums für Jugend, Familie, Frauen und Gesundheit, München 1990

Ahlemeyer, Heinrich W.
Prostitutive Intimkommunikation. Zur Mikrosoziologie heterosexueller Prostitution, Stuttgart 1996

Alexander, Rolf
Die Prostitution in Deutschland, München 1969

Allensbacher Jahrbuch der Demoskopie 1993 – 1997
Herausgegeben von Noelle-Neumann, Elisabeth/ Köhler, Renate, Band 10, München 1997

Armbrüster, Christian
Zivilrechtliche Folgen des Gesetzes zur Regelung der Rechtsverhältnisse der Prostituierten, in: NJW 2002, S. 2763 ff.

Aschaffenburg, Gustav
Das Verbrechen und seine Bekämpfung, 3. Auflage, Heidelberg 1923

Bales, Stefan/ Baumann, Hans Georg/ Schnitzler, Norbert
Infektionsschutzgesetz. Kommentar und Vorschriftensammlung, 2. Auflage, Stuttgart 2003

Bargon, Michael
Prostitution und Zuhälterei. Zur kriminologischen und strafrechtlichen Problematik mit einem geschichtlichen und rechtsvergleichenden Überblick, Lübeck 1982

Barry, Kathleen
Sexuelle Versklavung von Frauen, Berlin 1983

Bassermann, Lujo
Das älteste Gewerbe. Eine Kulturgeschichte, aktualisierte Neuausgabe, Frankfurt a.M. 1992

Bauer, Will
Geschichte und Wesen der Prostitution, 3. Auflage, Stuttgart 1960

Baumann, Jürgen
„Glücklichere Menschen" durch Strafrecht? In: JR 1974, S. 370 ff.

Baumbach, Adolf/ Lauterbach, Wolfgang/ Albers, Jan/ Hartmann, Peter
Zivilprozessordnung, 62. Auflage, München 2004

De Beauvoir, Simone
Das andere Geschlecht. Sitte und Sexus der Frau, Hamburg 1951

Bebel, August
Die Frau und der Sozialismus, Stuttgart 1918

Beccaria, Cesare
Über Verbrechen und Strafen, nach der Ausgabe von 1766 übersetzt und herausgegeben von Wilhelm Alff, Frankfurt a.M. 1988

Becker, W.
Der „Unbequemlichkeitszuschlag", in: FamRZ 1956, S. 8 ff.

Behm, Ulrich
Anmerkung zu BayObLG, Urteil vom 21.7.1988, in: JZ 1989, S. 301 ff.

Behrend, J.
Die Prostitution in Berlin und die gegen sie und die Syphilis zu ergreifenden Maßregeln. Eine Denkschrift, im Auftrage, aufgrund amtlicher Quellen abgefasst, Erlangen 1850

Benjamin, Harry/ Masters, R.E.L.
Prostitution and Morality, New York 1964

Bernsdorf, Wilhelm
Soziologie der Prostitution, in: Die Sexualität des Menschen. Handbuch der medizinischen Sexualforschung, herausgegeben von Hans Giese, 2. Auflage, Stuttgart 1971, S. 191 ff.

Biermann, Pieke (Hrsg.)
„Wir sind Frauen wie andere auch“ - Prostituierte und ihre Kämpfe, Reinbek bei Hamburg 1982

Biermann, Pieke
Prostitution in: Beyer, Johanna / Lamott, Franziska / Meyer, Birgit (Hrsg.), Frauenhandlexikon, München 1983

Blaschko, Alfred
Die Prostitution im 19. Jahrhundert, 2. Auflage, Berlin 1910

Blaschko, Alfred
Prostitution in: Elster, L./ Conrad, J./ Lexis, W./ Loening, E. (Hrsg.), Handwörterbuch der Staatswissenschaften, Band 6, 3. Auflage, Jena 1910 (zitiert: Blaschko in: Elster/ Conrad/ Lexis/ Loening)

Bloch, Iwan
Die Prostitution - Handbuch der gesamten Sexualwissenschaft in Einzeldarstellungen, Band I, Berlin 1912

Bloch, Iwan/ Loewenstein, Georg
Die Prostitution- Handbuch der gesamten Sexualwissenschaft in Einzeldarstellungen, Band II, Berlin 1925

Bock, Gisela
„Keine Arbeitskräfte in diesem Sinne“- Prostituierte im Nazi-Staat, in: Biermann, Pieke (Hrsg.), „Wir sind Frauen wie andere auch“ – Prostituierte und ihre Kämpfe, Reinbeck bei Hamburg, 1982, S. 70 ff.

Borelli, Siegfried/ Starck, Willy
Die Prostitution als psychologisches Problem, München 1957

Boyer, Debra K./ James, Jennifer
Prostitutes as Victims in: MacNamara, Donal E.J. / Karmen, Andrew, Deviants - Victims or Victimizers? Beverly Hills 1983, S. 109 ff.

Braun, Stefan
Auswirkungen des Prostitutionsgesetzes, in: AuA 2002, S. 457 ff.

Bresser, Paul H.
Psychopathologie in der Kriminologie, in: Schneider, Hans Joachim (Hrsg.), Kriminalität und abweichendes Verhalten, Band 1, Weinheim 1983, S. 86 ff.

Brinitzer, Carl
Strafrechtliche Maßnahmen zur Bekämpfung der Prostitution. Eine rechtshistorische Untersuchung, Kiel 1933

Bryan, James H.
Apprenticeships in Prostitution, in: William A. Rushing (Hrsg.), Deviant Behavior and Social Process, Chicago, 1969

Caspar, Johannes
Prostitution im Gaststättengewerbe? Zur Auslegung des Begriffs der Unsittlichkeit im Gaststättengesetz, in: NVwZ 2002, S. 1322 ff.

Cohen, Albert K.
Mehr-Faktoren-Ansätze in: Sack, Fritz / König, René (Hrsg.), Kriminalsoziologie, Frankfurt a.M. 1968, S. 219 ff.

Cohen, Bernard
Deviant Street Networks, Lexington 1980

Delbanco, Ernst/ Blumenfeld, Annie
Das moderne Prostitutionswesen in: Pappritz, Anna (Hrsg.), Einführung in das Studium der Prostitutionsfrage, Leipzig 1919, S. 20 ff.

Del Carmen Gonzalez Gamarra, Maria
Prostitution 9 – Die Grenzproblematik oder Das Problem mit der Prostitution ist die Nachfrage, d.h. die männliche Identitätsbildung, in: Sozialwissenschaftliche Forschung & Praxis für Frauen e.V. (Hrsg.), Beiträge zur feministischen Theorie und Praxis, Heft 58, Prostitution, 2001, S. 58

Deutsch, Helene
Psychoanalyse der weiblichen Sexualfunktionen, Leipzig 1925

Deutsche Hurenbewegung (Hrsg.)
Prostitution, Job, Beruf, Arbeit – Broschüre zum Gesetzesentwurf zur rechtlichen und sozialen Gleichstellung von Prostituierten mit anderen Erwerbstätigen, Nürnberg 1996

Deutscher Bundestag (Hrsg.)
Aids: Fakten und Konsequenzen. Endbericht der Enquete-Kommission des 11. Deutschen Bundestages „Gefahren von AIDS und wirksame Wege zu ihrer Eindämmung“, 1990

Die Grünen im Bundestag (Hrsg.)
Beruf: Hure, Dokumentation der „Anhurung“ vom 5. März 1990, Bonn 1991

Domentat, Tamara
Laß Dich verwöhnen: Prostitution in Deutschland, Berlin 2003

Dreher, Eduard
Die Neuregelung des Sexualstrafrechts eine geglückte Reform?, in JR 1974, S. 45 ff.

Drößler, Christine/ Kratz, Jasmin
Handbuch Prostitution, Marburg 1994

Dufour, Pierre
Geschichte der Prostitution - Band I: Altertum, Griechen, Römer, übersetzt von Adolf Stille, 5. Auflage, Frankfurt a.M., Nachdruck 1995

Dufour, Pierre
Geschichte der Prostitution - Band II: Römisches Kaiserreich, übersetzt von Bruno Schweigger, 5. Auflage, Frankfurt a.M., Nachdruck 1995

Dufour, Pierre
Geschichte der Prostitution - Band III: Christliche Ära, Byzanz, Frankreich I., übersetzt von Bruno Schweigger, 5. Auflage, Frankfurt a.M., Nachdruck 1995

Dufour, Pierre
Geschichte der Prostitution - Band IV: Frankreich II, übersetzt von Bruno Schweigger, fortgeführt von Franz Hilbig, 5. Auflage, Frankfurt a.M., Nachdruck 1995

Dufour, Pierre
Geschichte der Prostitution – Band V: Romanen, Slaven, Germanen I., bearbeitet von Franz Hilbig, 5. Auflage, Frankfurt a.M., Nachdruck 1995

Dufour, Pierre
Geschichte der Prostitution- Band VI: Germanen II, Außereuropäische Völker, bearbeitet von Franz Hilbig, 5. Auflage, Frankfurt a.M., Nachdruck 1995

Eibl-Eibesfeldt, Irenäus
Die Biologie des menschlichen Verhaltens. Grundriss der Humanethologie, 3. Auflage, München 1997

Eisenberg, Ulrich
Kriminologie, 5. Auflage, München 2000

Ellis, Havelock
Geschlecht und Gesellschaft, Band 2, Würzburg, 1911

Elster, Alexander/ Lingemann, Heinrich/ Sieverts, Rudolf/ Schneider, Hans Joachim
Handwörterbuch der Kriminologie, 2. Auflage, Berlin 1998

Erbs, Georg /Kohlhaas, Max
Strafrechtliche Nebengesetze, Band 3, 149. Ergänzungslieferung, Stand: Mai 2003, München 2003

Erman, Walter
Bürgerliches Gesetzbuch. Handkommentar, 10. Auflage, Köln 2000

Feige, Marcel
Das Lexikon der Prostitution. Das ganze ABC der Ware Lust – Die käufliche Liebe in Kultur, Gesellschaft und Politik, Berlin 2003

Felix, Dagmar
Die Einheit der Rechtsordnung, Tübingen 1998

Felix, Dagmar
Die Wertneutralität des Sozialrechts. Zum Bestehen eines Beschäftigungsverhältnisses bei sittenwidrigem oder verbotenem Tun. In: NZS 2002, 225

Feustel, Gotthard
Käufliche Lust. Eine Kultur- und Sozialgeschichte der Prostitution, Leipzig 1993

Flexner, Abraham
Prostitution in Europe, New York 1914

Frank, Hans (Hrsg.)
Nationalsozialistisches Handbuch für Recht und Gesetzgebung, München 1935

Freud, Sigmund
Gesammelte Werke, Band 13: Jenseits des Lustprinzips, Massenpsychologie und Ich-Analyse, London 1940

Freud, Sigmund
Gesammelte Werke, Band 17: Schriften aus dem Nachlass, London 1941

Frickel, Horst W.
Prostitution – ein Milieu mit Problemen. Eine Betrachtung aus Sachbearbeitersicht, in: Kriminalistik 1990, S. 243 ff.

Friedrichsmeier, Hans
Das Sozialverhalten von Prostituierten, München 1991

Gallwas, Hans-Ullrich
Gefahrenerforschung und HIV-Verdacht, in: NJW 1989, S. 1516 ff.

Gauweiler, Peter
„Kasernierung von Aids-kranken Prostituierten?" in: ZRP 1989, S. 85 ff.

Geerds, Friedrich
Anmerkung zum Urteil des BayObLG v. 21.12.1976, in: JR 1978, S. 80 ff.

Geerds, Friedrich
Anmerkung zum Urteil des OLG Köln v. 5.12.1978, in: JR 1979, S. 343 ff.

Gemeinschaftskommentar zum Ausländerrecht
Bearbeitet von Fritz, Roland/ Vormeier, Jürgen/ Bäuerle, Michael u.a., 67. Lieferung, Stand: Juli 2002

Giese, Hans
Zur Psychopathologie der Sexualität, Stuttgart 1973

Giesen, Rosemarie/ Schumann, Gunda
An der Front des Patriarchats. Bericht vom langen Marsch durch das Prostitutionsmilieu, Bensheim 1980

Giesen, Rosemarie/ Schumann, Gunda
Prostitution als Emanzipation?, in: Gipser, Dietlinde/ Stein-Hilbers, Marlene (Hrsg.), Wenn Frauen aus der Rolle fallen, 2. Auflage, Weinheim 1987

Gipser, Dietlinde
Kriminalität der Frauen und Mädchen, in: Hans Joachim Schneider (Hrsg.), Kriminalität und abweichendes Verhalten, Band 1, Weinheim 1983, S. 427 ff.

Girtler, Roland
Der Strich. Erotik auf der Straße, erweiterte Neuauflage, Wien 1994

Gleß, Sabine
Die Reglementierung von Prostitution in Deutschland, Berlin 1999

Gleß, Sabine
Obrigkeit und Hurenwirt, ZRP 1994, S. 436 ff.

Glover, Edward
The roots of crime, London 1960

Glover, Edward
The Psychopathology of Prostitution, 3. Auflage, London 1969

Göhler, Erich
Gesetz über Ordnungswidrigkeiten, 13. Auflage, München 2002

Göppinger, Hans
Kriminologie, 5. Auflage, München 1997

Gössel, Karl Heinz
Strafrecht Besonderer Teil Band 1: Delikte gegen immaterielle Rechtsgüter des Individuums, Heidelberg 1987

Graalmann-Scheerer, Kirsten
Die Privilegierung des Freiers im Straf- und Ordnungswidrigkeitenrecht, in: GA 1995, S. 349 ff.

Greenwald, Harold
The Call Girl, in: William A. Rushing, Deviant Behavior and Social Process, Chicago 1969, S. 194 ff.

Grziwotz, Herbert
Sexuelle (Vertrags-)Freiheit für Lebensgemeinschaften? In: FamRZ 2002, S. 1154 ff.

Gusy, Christoph
„Gute Sitten" als Grenze der Gewerbefreiheit, in: GewArch 1984, S. 151 ff.

Gusy, Christoph
Kurzkommentar zum Urteil des VG Berlin vom 1.12.2000, in: EWiR 2001, S. 375 ff.

Haldy, Wilhelm
Die Wohnungsfrage der Prostituierten. Kuppeleiparagraph und Bordellwirt, Hannover 1914

Hanack, Ernst-Walter
Empfiehlt es sich, die Grenzen des Sexualstrafrechts neu zu bestimmen? Gutachten für den 47. Deutschen Juristentag, München 1968

Hanack, Ernst-Walter
Die Reform des Sexualstrafrechts und der Familiendelikte, in: NJW 1974, S. 1 ff.

Hanauer, Wilhelm
Die Geschichte der Prostitution in: Pappritz (Hrsg.), Einführung in das Studium der Prostitutionsfrage, Leipzig, 1919

Heger, Martin
Zum Einfluss des Prostitutionsgesetzes auf das Strafrecht, in: StV 2003, S. 50 ff.

Heiliger, Anita
Jeder Mann ein potentieller Täter? Männliche Sozialisation und sexuelle Übergriffe auf Mädchen und Frauen, in: Hentschel, Gitti (Hrsg.), Skandal und Alltag, Berlin 1996, S. 203 ff.

Heinz-Trossen, Alfons
Prostitution und Gesundheitspolitik, Frankfurt a.M. 1993

Hellebrand, Hans
Kapitulation der Gerichte vor der Wirklichkeit? Zur „Förderung der Prostitution", in: Kriminalistik 1978, S. 61 ff.

Hellwig, Albert
Gesetz zur Bekämpfung der Geschlechtskrankheiten vom 18. Februar 1927, München 1928
Henne am Rhyn, Otto
Illustrierte Kultur- und Sittengeschichte des deutschen Sprachgebietes, Stuttgart 1918

Herren, Rüdiger
Zur Psychologie der Dirnenmentalität. Eine kriminologische Studie, in: MSchrKrim 1959, S. 245 ff.

Hess, Henner
Das Karriere-Modell und die Karriere von Modellen. Zur Integration mikro-perspektivischer Devianztheorien am Beispiel von Appartement-Prostituierten, in: Hess, Henner/ Störzer, Hans Udo /Streng, Franz (Hrsg.), Sexualität und soziale Kontrolle. Beiträge zur Sexualkriminologie, Heidelberg 1978, S. 1 ff.

Hesse, P.
Über die Prostitution, in: Giese, Hans (Hrsg.), Mensch, Geschlecht, Gesellschaft. Das Geschlechtsleben in unserer Zeit, Band 2, München 1968, S. 336 ff.

Heyl, Barbara S.
The madam as entrepreneur, New Brunswick, New Jersey 1979

Hillgruber, Christian
Der Schutz des Menschen vor sich selbst, München 1992

v. Hippel, Eike
Aids als rechtspolitische Herausforderung, in: ZRP 1987, S. 123 ff.

Hirsch, Paul
Prostitution und Verbrechen als soziale Krankheitserscheinungen, Berlin 1907

Hirschfeld, Magnus
Geschlechtskunde, Band 3, Stuttgart 1930

Hirschi, Travis
The Professional Prostitute, in: William A. Rushing (Hrsg.), Deviant Behavior and Social Process, Chicago 1969

His, Rudolf
Das Strafrecht des deutschen Mittelalters. Zweiter Teil: Die einzelnen Verbrechen, Weimar 1935

Höfling, Wolfram
Menschenwürde und Gute Sitten, in: NJW 1982, S. 1582 ff.

Hösch, Ulrich
Café Pssst – Abschied von der Unsittlichkeit der Prostitution? In: GewArch 2001, S. 112 ff.

Hofmann, Johannes
Menschenhandel. Beziehungen zur Organisierten Kriminalität und Versuche der strafrechtlichen Bekämpfung, Frankfurt a.M. 2002

Hoigard, Cecilie/ Liv, Finstad
Seitenstraßen. Geld, Macht und Liebe oder der Mythos von der Prostitution, Reinbek bei Hamburg 1987

Horstkotte, Hartmuth
Kuppelei, Verführung und Exhibitionismus nach dem Vierten Gesetz zur Reform des Strafrechts, in: JZ 1974, S. 84 ff.

Hromadka, Wolfgang
Das Leistungsbestimmungsrecht des Arbeitgebers,
in: DB 1995, S. 1609 ff.

Hromadka, Wolfgang/ Maschmann, Frank
Arbeitsrecht Band 1, Individualarbeitsrecht, 2. Auflage, Berlin 2002

Hübner, Irene/ Roper, Maggie
Protest im Spitzenhöschen. Huren wehren sich. Von der klassischen Hetäre zum postmodernen Bodygirl, Frankfurt a.M. 1988

Hügel, Fr. S.
Zur Geschichte, Statistik und Regelung der Prostitution. Socialmedicinische Studien in ihrer praktischen Anwendung auf Wien und andere Großstädte, Wien 1865

Ilg, Elisabeth
Der strafrechtliche Schutz der sexuellen Selbstbestimmung des Kindes, Regensburg 1997

Jäger, H./ Pätzelt, I./ Schmacke, N.
Prävention sexuell übertragbarer Erkrankungen oder Kontrolle der Prostituierten und Geschlechtskranken? Eine exemplarische, epikritische Untersuchung in Bremen, in: Gesundheitswesen 1993, S. 179 ff.

James, Jennifer
Motivations for Entrance into Prostitution, in: Crites, Laura (Hrsg.), The Female Offender, Lexington 1976, S. 177 ff.

James, Jennifer
The Prostitute as Victim, in: Chapman, Jane R./ Gates Margaret (Hrsg.), The Victimization of Women, Beverly Hills 1978, S. 175 ff.

James, Jennifer
Perspectives on Prostitution, Washington 1979

Joecks, Wolfgang
Strafgesetzbuch – Studienkommentar, 4. Auflage, München 2003

Jolin, Annette
Prostitution in Germany, in: Davis, Nanette J. (Hrsg.), Prostitution in Germany. An International Handbook on Trends, Problems and Policies, Westport 1993

Junker, Abbo
Grundkurs Arbeitsrecht, 2. Auflage, München 2003

Kahmann, Jügen/ Lanzerath, Hubert
Weibliche Prostitution in Hamburg, Heidelberg 1981

Kaiser, Günter
Kriminologie. Ein Lehrbuch, 3. Auflage, Heidelberg 1996

Kaiser, Günther/ Kerner, Hans-Jürgen/ Sack, Fritz/ Schellhoss, Hartmut
Kleines Kriminologisches Wörterbuch, 3. Auflage, Heidelberg 1993

Karlsruher Kommentar zum Gesetz über Ordnungswidrigkeiten
Herausgegeben von Boujong, Karlheinz, 2. Auflage, München 2000

Kelker, Brigitte
Die Situation von Prostituierten im Strafrecht und ein freiheitliches Rechtsverständnis – Betrachtung der Situation nach dem 26. Strafrechtsänderungsgesetz, in: KritV 1993, S. 289 ff.

Kerner, Hans-Jürgen
Kriminologie Lexikon, 4. Auflage, Heidelberg 1991

Keupp, Lutz
Zur Problematik der weiblichen Delinquenz, in: MSchrKrim 1982, S. 219 ff.

Kiegk, Georg Ludwig
Deutsches Bürgertum im Mittelalter. Neue Folge, Frankfurt, 1871

Kinsey, Alfred C.
Das sexuelle Verhalten des Mannes, Berlin 1955

Kiphuth, Bernhard
Nochmals: Die polizeirechtliche Schließung von „Massagesalons", in: NJW 1975, S. 2328 ff.

Kleiber, Dieter / Velten, Doris
Prostitutionskunden: Eine Untersuchung über soziale und psychologische Charakteristika von Besuchern weiblicher Prostituierter in Zeiten von Aids, Baden-Baden, 1994

Klimpel, Paul K.
Bevormundung oder Freiheitsschutz? Kritik und Rechtfertigung paternalistischer Vorschriften über das Leben, den Körper und die Sexualität im deutschen Recht, Frankfurt / M. u.a. 2003

Kohler, Jürgen
Hand Ware Hand oder: ein Prost auf das ProstG und die Schuldrechtsreform, in: JZ 2002, S. 345 ff.

Kreuzer, Margot
Prostitution. Eine sozialgeschichtliche Untersuchung in Frankfurt a.M. Von der Syphilis bis Aids, Stuttgart 1989

Kreuzer, Margot
Das älteste Gewerbe. Prostitution im Überblick, in: Kriminalistik 1990, S. 237 ff.

Krey, Volker
Strafrecht besonderer Teil, Band 2, Vermögensdelikte, 12. Auflage, Stuttgart 1999

Krey, Volker/ Hellmann, Uwe
Strafrecht Besonderer Teil, Band 2, Vermögensdelikte, 13. Auflage, Stuttgart 2002

Kühl, Kristian
Umfang und Grenzen des strafrechtlichen Vermögensschutzes, in: JuS 1989, S. 505 ff.

Kühl, Kristian
Verbindungen von (Straf-)Recht und Moral, in: Gedächtnisschrift für Dieter Meurer, Berlin 2002

Kühne, Hans-Heiner
Prostitution als bürgerlicher Beruf? In: ZRP 1975, 184

Kulessa, Hanne
Nachwort, in: Kern, Elga, Wie sie dazu kamen. Lebensfragmente bordellierter Mädchen, Darmstadt 1985, S. 143 ff.

Kurz, Volker
Prostitution und Sittenwidrigkeit, in: GewArch 2002, S. 142 ff.

Lackner, Karl/ Kühl, Kristian
Strafgesetzbuch mit Erläuterungen, 24. Auflage, München 2001

Landmann, Rober von/ Rohmer, Gustav
Gewerbeordnung und ergänzende Vorschriften, Band 1 – Gewerbeordnung, 43. Ergänzungslieferung, Stand: 1. Februar 2003, München

Laskowski, Silke Ruth
Die Ausübung der Prostitution. Ein verfassungsrechtlich geschützter Beruf im Sinne von Art. 12 Abs. 1 GG, Frankfurt a.M. 1997

Laskowski, Silke Ruth
Arbeits- und sozialrechtliche Auswirkungen des neuen Prostitutionsgesetzes, in: AuR 2002, S. 406 ff.

Laskowski, Silke Ruth
Das Urteil des EuGH vom 20. November 2001 (Rs. C-268/99) und seine Auswirkungen auf das deutsche Recht – Prostitution als „selbständige Erwerbstätigkeit" und „Teil des gemeinschaftlichen Wirtschaftsleben", in: EuR 2003, S. 473 ff.

Laubenthal, Klaus
Sexualstraftaten. Die Delikte gegen die sexuelle Selbstbestimmung, Berlin u.a. 2000

Leipziger Kommentar zum Strafgesetzbuch, herausgegeben von Jähnke, Burkhard/ Laufhütte, Heinrich Wilhelm/ Odersky, Walter
11. Auflage
§§ 25 – 27, Berlin 1993
§§ 174 – 184c, Berlin 1995

Lemert, Edwin M.
Primary and secondary deviation, in: Rubington, Earl (Hrsg.), The Study of social problems – Seven Perspectives, 6. Auflage, New York 2003, S. 183 ff.

Lenz, Ilse/ Ramil-Weiss, Norma/ Thiemann, Heidi
Internationaler Frauenhandel. Eine Untersuchung über Prostitution und Heiratshandel in Nordrhein-Westfalen und die Interventionsmöglichkeiten von Institutionen und Frauengruppen. Forschungsexpertise für das Ministerium für die Gleichstellung von Frau und Mann des Landes Nordrhein-Westfalen, Münster 1995

Leo, Ulrich
Die strafrechtliche Kontrolle der Prostitution –Bestandsaufnahme und Kritik, Kiel 1995

Leopold, Beate/ Steffan, Elfriede/ Paul, Nikola
Dokumentation zur rechtlichen und sozialen Situation von Prostituierten in der Bundesrepublik Deutschland, Schriftenreihe des Bundesministeriums für Familie, Senioren, Frauen und Jugend, Band 15, Stuttgart 1994

Licht, Hans
Sittengeschichte Griechenlands, neu herausgegeben, bearbeitet und eingeleitet von Herbert Lewandowski, Stuttgart 1959

Lissner, Anneliese/ Süssmuth, Rita/ Walter, Karin
Frauenlexikon, Freiburg 1988

Löwisch, Manfred
Arbeitsrecht, 6. Auflage, Düsseldorf 2002

Lombroso, Cesare
Der Verbrecher, Band 1, Hamburg 1894

Lombroso, Cesare/ Ferrero, Guglielmo
Das Weib als Verbrecherin und Prostituirte, Hamburg 1894

Lüthge-Bartholomäus, Renate
Nochmals: Die polizeirechtliche Schließung von „Massagesalons", in: NJW 1976, S. 138 ff.

Lux, Peter
„Justizfreier" Raum für Call-Girl-Ringe, Bars und Clubs, in: Kriminalistik 1985, S. 402 ff.

Mahling, Friedrich
Der gegenwärtige Stand der Sittlichkeitsfrage, Gütersloh 1916

v. Mangoldt, Hermann/ Klein, Friedrich/ Starck, Christian
Das Bonner Grundgesetz, Band 1, 4. Auflage, München 1999

Marquart, Karl-Horst
Weibliche Prostituierte und HIV/ AIDS – Literaturübersicht zur Epidemiologie und eigene Beobachtungen in einer Kontaktstelle für Drogenabhängige in: Das Gesundheitswesen 1994, S. 617 ff.

Maunz, Theodor/ Dürig, Günter/ Herzog, Roman
Grundgesetz Kommentar, Band 2 (Art. 12 – 20), 42. Ergänzungslieferung, Stand: April 2003, München

Maurach, Reinhart/ Schroeder, Friedrich – Christian/ Maiwald, Manfred
Strafrecht Besonderer Teil, Teilband 1: Straftaten gegen Persönlichkeits- und Vermögenswerte, 9. Auflage, Heidelberg 2003

Medicus, Dieter
Allgemeiner Teil des BGB, 8. neu bearbeitete Auflage, Heidelberg 2002

Meier, Hans
Gesetz über Ordnungswidrigkeiten, Band 2, 42. Ergänzungslieferung, Stand: April 2003, Frankfurt a.M. 2003

Mergen, Amand
Die Prostitution, in: Bauer, Fritz/ Bürger-Prinz, Hans/ Giese, Hans/ Jäger, Herbert (Hrsg.), Sexualität und Verbrechen, Frankfurt a.M. 1963, S. 161 ff.

Merton, Robert K.
Sozialstruktur und Anomie in: Sack, Fritz/ König, René, Kriminalsoziologie, Frankfurt a.M. 1968, S. 283 ff.

Metzner, Richard
Gaststättengesetz, Kommentar, 6. Auflage, München 2002

Michel, Elmar/ Kienzle, Werner
Das Gaststättengesetz, Kommentar, 12. Auflage, München 1995

Middendorff, Wolf
Sittlichkeitsdelikte in historischer und internationaler Sicht, in: Kriminalistik 1959, S. 277 ff.

Millet, Kate
Das verkaufte Geschlecht, München 1973

Molloy, Cora
Diskussionsbeitrag zum Thema „Repression oder Professionalisierung?“ in: Die Grünen im BT (Hrsg.), Beruf: Hure, Dokumentation der „Anhurung“ vom 5. März 1990, Bonn 1991, S. 47

Molloy, Cora
Arbeitsbedingungen und alltägliche Diskriminierungen, in: Die Grünen im BT (Hrsg.), Beruf: Hure, Dokumentation der „Anhurung“ vom 5. März 1990, Bonn 1991, S. 14 ff.

Molloy, Cora
Hurenalltag. Sperrgebiet – Stigma – Selbsthilfe, Frankfurt a.M. 1992

Münchener Kommentar zum Bürgerlichen Gesetzbuch
Band 1, München 2001, Band 1a, 4. Auflage, München 2003

Niesner, Elvira/ Anonuevo, Estrella/ Aparicio, Marta/ Sonsiengchai-Fenzl, Petchara
Ein Traum vom besseren Leben. Migrantinnenerfahrungen, soziale Unterstützung und neue Strategien gegen Frauenhandel, Opladen 1997

Oestereich, H.
Promiskuität und Prostitution. Wesen, Grundkräfte und Ursachen, Köln 1959

Oetjen, K.
Anmerkung zum Urteil des BGH vom 21.7.1993, in: StV 1994, S. 482 ff.

Olshausen, Henning von
Menschenwürde im Grundgesetz: Wertabsolutismus oder Selbstbestimmung, in: NJW 1982, S. 2221 ff.

Offergeld, Dieter
Erscheinungsformen, Ursachen und Auswirkungen der Prostitution in Bochum, Bonn 1965

Otto, Harro
Betrug bei rechts- und sittenwidrigen Rechtsgeschäften, in: Jura 1993, S. 424 ff.

Otto, Harro
Grundkurs Strafrecht. Die einzelnen Delikte, 6. Auflage, Berlin 2002

Palandt, Otto
Bürgerliches Gesetzbuch, 63. Auflage, München 2004

Pappritz, Anna (Hrsg.)
Einführung in das Studium der Prostitutionsfrage, Leipzig 1919

Paul, Christa
Zwangsprostitution. Staatlich errichtete Bordelle im Nationalsozialismus, Berlin 1994

Pauly, Renate
Gesetz zur Regelung der Rechtsverhältnisse der Prostituierten (Prostitutionsgesetz) sowie Vollzug der Gewerbeordnung und des Gaststättengesetzes. Ein Beitrag insbesondere auch unter Berücksichtigung der Probleme der gewerberechtlichen Praxis, in: GewArch 2002, S. 217 ff.

Pauly, Renate
Zur Rechtslage bei Swinger-Clubs nach BVerwG 06.11.2002, GewArch 2003, S. 122 in: GewArch 2003, S. 151 ff.

Pheterson, Gail
Huren-Stigma: Wie man aus Frauen Huren macht, Hamburg 1990

Pöltl, René
Gaststättenrecht. Kommentar zum Gaststättengesetz mit den Vorschriften des Bundes und der Länder, 5, Auflage, Heidelberg 2003

Probst, H. F.
Polizei und Prostitution, in: Kriminalistik 1986, S. 549 ff, 611 ff. und Kriminalistik 1987, S. 23 ff.

Prostituiertenprojekt Hydra (Hrsg.)
Beruf: Hure, ungekürzte Ausgabe, Frankfurt a.M. 1991
(zitiert: Prostituiertenprojekt Hydra, Beruf: Hure, 1991)

Prostituiertenprojekt Hydra (Hrsg.)
Freier. Das heimliche Treiben der Männer, Hamburg 1991
(zitiert: Prostituiertenprojekt Hydra, Freier, 1991)

Pudenz, Christiane A.
Entstehung, Struktur und Geschichte der ersten deutschen Frauenbewegung, München 1977

Quambusch, Erwin
Die gesetzliche Aufwertung der Prostitution. Zur Folgerichtigkeit und den Folgen des ProstG, in: ZFSH/SGB 2002, S. 131

Quanter, Rudolf
Die Sittlichkeitsverbrechen im Laufe der Jahrhunderte und ihre strafrechtliche Beurteilung, 8. Auflage, Berlin 1925

Rabe, A.
Die Probleme des § 180 I Nr. 2 unter besonderer Berücksichtigung des Selbstbestimmungsrechts der Prostituierten, Bochum 1998

Rautenberg, Erardo Cristoforo
Prostitution: Das Ende der Heuchelei ist gekommen, in: NJW 2002, S. 650 ff.

Rebmann, Kurt/ Roth, Werner/ Herrmann, Siegfried
Gesetz über Ordnungswidrigkeiten, Kommentar, Band 2, 3. Auflage, Stuttgart 2002

Reng, Brigitte/ Redhardt, Reinhard
Prostitution bei weiblichen und männlichen Jugendlichen, Stuttgart 1968

Rengier, Rudolf
Strafrecht Besonderer Teil 1, 6. Auflage, München 2003

Renner, Günter
Ausländerrecht, Kommentar, 7. Auflage, München 1999

Richter, Peter
Prostitution, in: Kriminalistik 1957, S. 453 ff.

Ring, Gerhard
Arbeitsrecht, Baden-Baden 1998

Ringhoff, Sybille/ Jans, Bernhard
Prostitution im Blickfeld – Daten, Erscheinungsformen, Zusammenhänge, in: Katholisch Sozialethische Arbeitsstelle (Hrsg.), Prostitution im Blickpunkt. Situation, Sichtweisen, Verpflichtungen, Hamm 1986, S. 21 ff.

Röhr, Dorothea
Prostitution. Eine empirische Untersuchung über abweichendes Sexualverhalten und soziale Diskriminierung, Frankfurt a.M. 1972

Rossiaud, Jacques
Dame Venus. Prostitution im Mittelalter, München 1989

Rotberg, Hans Eberhard
Ordnungswidrigkeitengesetz, 5. Auflage, München 1975

Rother, Werner
Sittenwidriges Rechtsgeschäft und sexuelle Liberalisierung, in: AcP 172 (1972), S. 498 ff.

Roxin, Claus
Sinn und Grenzen staatlicher Strafe, in: JuS 1966, S. 377 ff.

Rudeck, Wilhelm
Geschichte der öffentlichen Sittlichkeit in Deutschland, 2. Auflage, Berlin 1905

Schack, Haimo
BGB – Allgemeiner Teil, 9. Auflage, Heidelberg 2002

Schatzschneider, Wolfgang
Rechtsordnung und Prostitution, in: NJW 1985, S. 2793 ff.

Schelsky, Helmut
Soziologie der Sexualität, Hamburg 1955

Schermer, Günter
Ursachen und Erscheinungen der Nachkriegsprostitution in Gelsenkirchen, Köln 1957

Scheven, Katharina
Die sozialen und wirtschaftlichen Grundlagen der Prostitution, in: Pappritz, Anna (Hrsg.), Einführung in das Studium der Prostitutionsfrage, Leipzig 1919, S. 139 ff.

Schittek, Lothar
Prostitution als Selbsverwirklichung? In: NVwZ 1988, S. 804 ff.

Schmackpfeffer, Petra
Frauenbewegung und Prostitution. Über das Verhältnis der alten und neuen deutschen Frauenbewegung zur Prostitution, Oldenburg 1989

Schmidt, Volker
Das Geschäft mit der Liebe. Prostitution, Ausländerrecht und polizeiliche Praxis, in: Kriminalistik 1989, S. 423 ff.

Schmölder, Robert
Die Prostituierten und das Strafrecht, München 1911

Schneider, Hans Joachim
Das psychoanalytische Persönlichkeits- und Entwicklungsmodell, in: Schneider, Hans Joachim (Hrsg.), Kriminalität und abweichendes Verhalten, Band 1, Weinheim 1983, S. 104 ff.

Schneider, Hans Joachim
Neuere kriminologische Forschungen zur Prostitution, in: Kürzinger, J./ Müller, E., Festschrift für Wolf Middendorf zum 70. Geburtstag, 1986, S. 257

Schneider, Hans Joachim
Kriminologie, Berlin 1987

Schneider, Hans Joachim
Kriminologie der Gewalt, Leipzig 1994

Schneider, Hans Joachim
Kriminologie 2000: Neue Theorienansätze und ihre empirische Bestätigung, in: JZ 2000, S. 387 ff.

Schneider, Kurt
Die psychopathischen Persönlichkeiten, 9. Auflage, Wien 1950

Schönleiter, Ulrich
Auswirkungen des Prostitutionsgesetzes auf das Gewerberecht, in: GewArch 2002, S. 319 ff.

Schönleiter, Ulrich / Kopp, Elisabeth
Bericht über die Frühjahrssitzung 2001 des Bund-Länder-Ausschusses „Gewerberecht“ (89. Tagung am 03./ 04.05.2001), in: GewArch 2001, S. 327 ff.

Schönleiter, Ulrich / Kopp, Elisabeth
Bericht über die Herbstsitzung 2001 des Bund – Länder – Ausschusses „Gewerberecht“, (90. Tagung am 22./ 23.11. 2001), in: GewArch 2002, S. 56 ff.

Schönke, Adolf / Schröder, Horst
Strafgesetzbuch, Kommentar, 26. Auflage, München 2001

Schroeder, Friedrich-Christian
Die Reform der Straftaten gegen die Entwicklung des Sexuallebens, in: ZRP 1992, S. 295 ff.

Schroeder, Friedrich-Christian
Die Revolution des Sexualstrafrechts von 1992 – 1998, in: JZ 1999, S. 827 ff.

Schroeder, Friedrich-Christian
Neue Änderung des Sexualstrafrechts durch das Prostitutionsgesetz, in: JR 2002, S. 408 ff.

Schulte, Regina
Sperrbezirke. Tugendhaftigkeit und Prostitution in der bürgerlichen Welt, 2. Auflage, Hamburg 1994

v. Schumann, Hans-Joachim
Liebesunfähigkeit bei Frauen und ihre Behandlung, München 1969

Schuster, Beate
Die freien Frauen. Dirnen und Frauenhäuser im 15. und 16. Jahrhundert Frankfurt a.M. 1995 (zitiert: Schuster, 1995)

Schuster, Peter
Das Frauenhaus. Städtische Bordelle in Deutschland (1350-1600) München 1992 (zitiert: Schuster, 1992)

Schwab, Dieter
Einführung in das Zivilrecht, 15. Auflage, Heidelberg 2002

Schwind, Hans-Dieter
Kriminologie. Eine praxisorientierte Einführung mit Beispielen, 14. Auflage, Heidelberg 2004

Sicot, Marcel
Weltphänomen Prostitution, München 1965

Sieber, Ulrich/ Bögel, Marion
Logistik der Organisierten Kriminalität. Wirtschaftswissenschaftlicher Forschungsansatz und Pilotstudie zur internationalen Kfz-Verschiebung, zur Ausbeutung von Prostitution, zum Menschenhandel, zum Glücksspiel, BKA-Forschungsreihe Band 28, Wiesbaden 1993

Sieverts, Rudolf (Hrsg.)
Handwörterbuch der Kriminologie, 2. Band, Berlin 1971

Simson, Gerhard/ Geerds, Friedrich
Straftaten gegen die Person und Sittlichkeitsdelikte in rechtsvergleichender Sicht, München 1969

Singer, Reinhard
Vertragsfreiheit, Grundrechte und der Schutz des Menschen vor sich selbst, in: JZ 1995, 1133 ff.

Söllner, Alfred/ Waltermann, Raimund
Grundriss des Arbeitsrechts, 13. Auflage, München 2003

Sorge, Wolfgang
Geschichte der Prostitution, Berlin 1919

Stallberg, Friedrich
Prostitution als soziales Problem, Hamm 1988

J. von Staudingers Kommentar zum Bürgerlichen Gesetzbuch mit Einführungsgesetz und Nebengesetzen
Buch 1, Allgemeiner Teil, §§ 134 – 163 BGB (Allgemeiner Teil 4), 13. Auflage, Berlin 2003

Stieber, Wilhelm
Die Prostitution in Berlin und ihre Opfer, 2.unveränderte Auflage, Berlin 1846

Stümper, Alfred
Maßnahmen zur wirksamen Bekämpfung der Zuhälterei, in: Kriminalistik 1974, S. 97 ff.

Sutherland, Edwin H.
Die Theorie der differentiellen Kontakte, in: Sack, F./ König, R. (Hrsg.), Kriminalsoziologie, Frankfurt a.M. 1968, S. 395 ff.

Systematischer Kommentar zum Strafgesetzbuch
Bearbeitet von Hans-Joachim Rudolphi, Eckhard Horn, Erich Samson, Band II, 5., 6. bzw. 7. neubearbeitete Auflage, 55. Ergänzungslieferung, Stand: September 2002, Neuwied, Kriftel

Teuber, Achim
Über den charaktertypologischen Wandel der Prostitution, Frankfurt a. M. 1963

Thorbecke, Clara
Die Verwahrlosung der weiblichen Jugend, in: Pappritz, Anna (Hrsg.), Einführung in das Studium der Prostitutionsfrage, Leipzig, 1919, S. 173 ff.

Tröndle, Herbert / Fischer, Thomas
Strafgesetzbuch und Nebengesetze, 51. Auflage, München 2003

Vahle, Jürgen
Wahn und Wirklichkeit – Das neue Prostitutionsgesetz in: NZA 2002, S. 1077 ff.

Vierkandt, Alfred
Handwörterbuch der Soziologie, Stuttgart 1959

Weber, Hermann
Gesetz- oder sittenwidrig, aber steuerpflichtig- oder: Der Staat als stiller Teilhaber von Bestechungsgeldempfängern, Telefonsexunternehmern und Rauschgiftdealern – BFH, NJW 2000, 2918, 2919 und 3085, in: JuS 2000, S. 1059 ff.

Weininger, Otto
Geschlecht und Charakter, 3. Auflage, Wien 1904

Werner, Eduard
Der Begriff der Prostitution in der neuesten Rechtsprechung, in: Kriminalistik 1956, S. 84 ff.

Wesel, Uwe
Frauen schaffen an, das Patriarchat kassiert ab, in: NJW 1998, S. 121 ff.

Wesel, Uwe
Prostitution als Beruf, in: NJW 1999, 2856

Wespe, Kurt
Die rechtliche Regelung der Prostitution, Marburg 1930

Wessels, Johannes/ Hillenkamp, Thomas
Strafrecht Besonderer Teil 2, 26. Auflage, Heidelberg 2003
Westerkamp, Alix
Gesetzliche Bestimmungen, in: Pappritz, Anna (Hrsg.): Einführung in das Studium der Prostitutionsfrage, Leipzig 1919, S. 47 ff.

Witschi, Hans
Die Ursachen der Prostitution, in: Kriminalistik 1963, S. 16 ff.

Wolter, Jürgen
Notwendige Teilnahme und straflose Beteiligung, in: JuS 1982, S. 343 ff.

Wolzendorff, Kurt
Polizei und Prostitution. Eine Studie, in: Zeitschrift für die gesamte Staatswissenschaft (67) 1911, S. 3 ff., 218 ff.

Wulffen, Erich
Das Weib als Sexualverbrecherin, Berlin 1923

Ziethen, J.
Dogmatische Konsequenzen des Prostitutionsgesetzes für Dirnen- und Freierbetrug, in: NStZ 2003, S. 184 ff.

Würzburger Schriften zur Kriminalwissenschaft

Herausgegeben von Klaus Laubenthal

Band 1 Hans-Jochen Schrepfer: Die Anwesenheit des Verteidigers bei der polizeilichen Beschuldigtenvernehmung. 2001.

Band 2 Nadine Hohlfeld: Moderne Kriminalbiologie. Die Entwicklung der Kriminalbiologie vom Determinismus des 19. zu den bio-sozialen Theorien des 20. Jahrhunderts. Eine kritische Darstellung moderner kriminalbiologischer Forschung und ihrer kriminalpolitischen Forderungen. 2002.

Band 3 Robert Frank: Die Bekämpfung der Geldwäsche in den USA. High-Tech-Gewinnaufspürung, drakonische Strafen und radikale Gewinneinziehung - Ist der Amerikanische Ansatz ein Vorbild für Deutschland? 2002.

Band 4 Johannes Hofmann: Menschenhandel. Beziehungen zur Organisierten Kriminalität und Versuche der strafrechtlichen Bekämpfung. 2002.

Band 5 Hans Christian Lohmann: Arbeit und Arbeitsentlohnung des Strafgefangenen. 2002.

Band 6 Stefanie Mühlfeld: Mediation im Strafrecht. Unter besonderer Berücksichtigung von Gewalt in Schule und Strafvollzug. 2002.

Band 7 Eric Uftring: Die Auswirkungen von Entscheidungen des Bundesverfassungsgerichtes und des Europäischen Gerichtshofes im intertemporalen Steuerstrafanwendungsrecht. Dargestellt am Beispiel der Vermögensteuer, der Zinsbesteuerung und der Getränkesteuer. 2002.

Band 8 Sebastian Fickert: Die Behandlung von Zufallserkenntnissen im Ermittlungsverfahren. Unter Berücksichtigung der allgemeinen Grundsätze über Verwertungsverbote. 2002.

Band 9 Stefan Laun: Alternative Sanktionen zum Freiheitsentzug und die Reform des Sanktionensystems. 2002.

Band 10 Anette Kaufmann: Möglichkeiten der sanktionsrechtlichen Erfassung von (Sonder-)Pflichtverletzungen im Unternehmen. Unter besonderer Berücksichtigung des Zusammenspiels von § 14 StGB, (§ 9 OWiG), § 130 OWiG und § 30 OWiG. 2003.

Band 11 Martina Seeliger: Entwicklung der Kinderdelinquenz und Folgerungen im Hinblick auf eine Änderung der Strafmündigkeitsgrenze. 2003.

Band 12 Silke Elli Jäger: Behandlung von Sexualstraftätern im Strafvollzug. 2003.

Band 13 Silke Marion Hirsch: Die Kommunikationsmöglichkeiten des Strafgefangenen mit seiner Familie. 2003.

Band 14 Volker Stiebig: Vollstreckungsverzicht und Grundfreiheiten. Ein Beitrag zur Entwicklung des Europäischen Strafrechts. 2003.

Band 15 Urte Nevermann-Jaskolla: Das Kind als Opferzeuge im Strafverfahren. 2004.

Band 16 Frank Och: Der strafrechtliche Schutz gegen ungerechtfertigte Vermögensverschiebungen in England und Wales im Vergleich mit dem deutschen Strafrecht. 2004.

Band 17 Michael Arlt: Der strafrechtliche Anlegerschutz vor Kursmanipulation. 2004.

Band 18 Anja Rieder-Kaiser: Vollzugliche Ausländerproblematik und Internationalisierung der Strafverbüßung. 2004.

Band 19 Katrin Malkmus: Prostitution in Recht und Gesellschaft. 2005.

www.peterlang.de